超越绩效2.0

大规模组织变革的成功路线图

原书第2版

[美] 斯科特·凯勒　　比尔·沙宁格　　著
（Scott Keller）　　（Bill Schaninger）

施诺　译

Beyond
Performance 2.0
A Proven Approach to
Leading Large-Scale Change , 2nd Edition

机械工业出版社
CHINA MACHINE PRESS

《超越绩效2.0：大规模组织变革的成功路线图》（原书第2版）基于麦肯锡两位高级合伙人15年间从全球2000家公司收集的500多万条数据，这些数据基于作者40多年来帮助众多企业成功实现大规模变革的第一手经验，以及来自60多个国家的麦肯锡同事们与首席执行官团队密切沟通的共同经验。书中引入了"五个框架"来帮助领导者管理组织变革，通过平衡长期利益和短期利益、绩效水平与健康状况，突破变革的技术难点，进而帮助组织获得一种可以实现持续变革的能力，使其能够在不断变化和充满不确定性的外部环境中保持速度和灵活性，实现基业长青。

北京市版权局著作权合同登记 图字：01 – 2020 – 0405 号。

图书在版编目（CIP）数据

超越绩效2.0：大规模组织变革的成功路线图：原书第2版/（美）斯科特·凯勒（Scott Keller），（美）比尔·沙宁格（Bill Schaninger）著；施诺译. —北京：机械工业出版社，2024.4
书名原文：Beyond Performance 2. 0：A Proven Approach to Leading Large-Scale Change，2nd Edition
ISBN 978 – 7 – 111 – 75474 – 9

Ⅰ.①超… Ⅱ.①斯… ②比… ③施… Ⅲ.①企业组织-组织管理学-研究 Ⅳ.①F272.9

中国国家版本馆 CIP 数据核字（2024）第 063219 号

机械工业出版社（北京市百万庄大街22号 邮政编码100037）
策划编辑：李新妞 责任编辑：李新妞 侯春鹏
责任校对：张慧敏 李 杉 责任印制：张 博
北京联兴盛业印刷股份有限公司印刷
2024 年 5 月第 1 版第 1 次印刷
169mm×239mm · 19.5 印张 · 1 插页 · 276 千字
标准书号：ISBN 978 – 7 – 111 – 75474 – 9
定价：99.00 元

电话服务 网络服务
客服电话：010 – 88361066 机 工 官 网：www. cmpbook. com
　　　　　010 – 88379833 机 工 官 博：weibo. com/cmp1952
　　　　　010 – 68326294 金 书 网：www. golden-book. com
封底无防伪标均为盗版 机工教育服务网：www. cmpedu. com

推荐语

凯勒和沙宁格为当今的企业领导者提供了一个清晰、有效的优化框架来改善组织绩效和健康状况。"我们在哪里,我们如何持续发展"是永远不会结束的商业迷思。但是,有了这本富有洞察力的指南,转型之旅会更加轻松。

——萨提亚·纳德拉(Satya Nadella),微软公司首席执行官

两位作者精心制作了一份强大的指南,它值得被认真研读并被广泛运用。这本书是为勇敢、专注和坚韧的领导者以及那些渴望成为卓越领袖的人所著。

——埃里克·奥尔森(Eric Olson),美国海军上将
美国特种作战司令部(退役)

在《超越绩效2.0》一书中,凯勒和沙宁格结合了严谨的数据分析并整合自己多年的丰富经验,用循序渐进的方法阐述了如何在组织中进行重大且深度变革的解决方案。如果你希望灵活地适应不断变化的时代,这是一本终极指南。

——丹尼尔·H.平克(Daniel H. Pink),"全球50位最具影响力的思想家"之一,趋势专家,畅销书作者

许多公司未能真正改变,即使这是至关重要的。如何在不确定时代生存下来并茁壮成长?凯勒和沙宁格深刻理解这一困惑,并给出了可实践的解决之道,包含战略架构设计和操作实践的具体步骤。我的观点很明确:如果你想要彻底改变,调动管理层和全体员工更勇敢地行动起来,《超越绩效2.0》是一本必读书。

——万豪敦(Frans van Houten),飞利浦公司首席执行官

序

"改变公司"真是一件很难的事，
但幸亏，现在找到一个好方法了

自我进入这个行业，迄今已经超过 35 年，我一直对全球领先的头部公司保持长期关注，也与上述企业的首席执行官和董事会高管成员保持密切的接触，我发现，公司的管理者长期被一个问题所困扰，这个问题就是：我们如何不断优化公司运营并让公司持续地经营下去？令人遗憾的是，事与愿违，我们常常看到的场景是，公司管理层带着美好愿景以宏大激进的方式开始一系列变革，但结果往往不尽如人意、收效甚微。不可否认，公司的领导者可以通过资产配置、有形资产和特权关系来成功地"运营公司"，在一段时间内，变革未必至关重要。不过，在瞬息万变又不确定的当下，伴随日益激烈的市场竞争，如果不知道如何"改变公司"，几乎没有领导者会成功。

在《超越绩效2.0：大规模组织变革的成功路线图》一书中，斯科特·凯勒和比尔·沙宁格以最大的诚意，从多角度探索了这个时代组织变革的种种方式，并力求找到更好的方式持续应对这个严峻的挑战。

我在阅读此书和为之作序的过程中有三个特别的关注视角：首先，我非常惊喜地看到，这本书呈现了与所有已知建议不同的想法，毕竟，有时候现成的建议往往没有帮助领导者们提高成功的可能性。其次，我很期待，看到公司管理层在下周一的早晨一开工就能将这本书的建议付诸实践。最后，我很庆幸，这些有见地的建议，是来源于大量商业真实场景的事实并加以提炼，因而让这些建议地气十足。

本书的两位作者是麦肯锡公司高级合伙人和商业管理领域的经验人士，我得说，《超越绩效2.0：大规模组织变革的成功路线图》这本书用充分的大数据和丰富的研究，在最大程度上"证明"了它的标题。但当我沉浸式阅读斯科特和比尔的这本书时，我非常兴奋，感觉像发现了新大陆。首先吸引我的是他们的方法，简约而不简单，**这本书的核心理念是，成功的变革往往发生在领导者更加关注企业的健康发展而不是企业的盈利收入时。这是一个非常重要又关键的想法，与我产生了很大的共鸣。**在我过往的经验中，当我为企业转型期的 CEO 们提供建议时，我和本书两位作者的想法不谋而合。

我没想到麦肯锡公司的高级合伙人会这么做，他们能够如此全面而深刻地洞察和对待变化中人性的一面。正如斯科特和比尔所说，**"归根结底，不是企业在变，是人在变。人变了，企业的血液也跟着流失了。"**他们总结的五阶段路线图展示了如何同时关注绩效和健康，同时，他们结合行为心理学指出了如何在实际运营中控制人的心智。

这种结合了自然科学、实践经验、洞察力和人为因素的方法是非常稀有而珍贵的。我可以很自信地说，当你面对大规模的改革和挑战，《超越绩效2.0：大规模组织变革的成功路线图》绝对是一本必读书。

拉姆·查兰

2019 年 1 月

拉姆·查兰是世界著名的商业顾问、作家和演讲者。曾编撰 25 本以上销量超过 200 万册的畅销书，其中包括许多《华尔街日报》和《纽约时报》畅销书。

前 言

不确定时代如何探寻卓越

请先掩卷沉思一下，你认为有史以来人类最伟大的发明是什么？

依我们之见，不是汽车，而是组织！是组织让人们为了共同的目标而齐心协力。组织可以取得远远超越个人单独完成的成就。每一代人都在发现更有协同性的工作方式，并不断迭代，目前组织所呈现的高水平是几十年前无法想象的。随着组织能力的提升——无论是私营企业、公共机构、慈善机构、社区团体、政党或宗教团体——这些收益最后都转化为社会共同利益。典型的例子包括大规模生产、公共交通、太空旅行等创新举动，非常具有时代意义的互联网和人类基得组图谱也都是人类组织的产物。

10年前，当我们编写《超越绩效》第1版时，我们强调领导和管理一个高效的组织需要"健康的组织"，所以我们概述了管理层需要改变的理由，也就是书中的"五个框架"，然而在第2版中，我们选择忽略这个重点。为什么？

坦率地说，正是因为你——我们的读者，企业的领导者——让我们这样做！我们收到无数的电子邮件、电话和个人留言，过去艰难的变革计划已经因为应用绩效和健康五框架而得到改善。此外，很多新项目也采用绩效和健康五框架作为其改革方法论，从一开始就取得了超出预期的成效。

在变革管理的历史上，这样的反馈似乎好得令人难以置信。毫无疑问，许多读者都知道，1996年，哈佛商学院教授约翰·科特（John Kotter）出版了一本有关该主题的畅销书《引领变革》（*Leading Change*）。在书中，他指出只有30%的改革计划取得成功并提供八步流程用于管理变革。他的作品的受欢迎程度引发更多人对这个话题的思考。在随后的15年里，全球出版了超过25 000本关于变革管理的图书。与此同时，数百所商学院将变革管理纳入其课程，许多企业启动了企业变革管理的举措。可是，在2011年，《超越绩效》第 1 版公开上市时，我们遗憾地发现，企业变革成功率反而低于预计。事实很清楚，包括我们自己在内的多项研究表明，领导变革的成功率始终没有变，一直以来只有 30% 的变革是成功的。[1] 所以，在变革管理领域，尽管产出丰硕，但根本没有改变成功率。

点出以上现实状况的同时，也补充说明一下，我们并不是说这么多才华横溢的人所做的所有工作是无效或没有收益的。我们想表明的是，事实上，在不断变化的外部环境里依然保持 30% 的成功率，足以证明技术真的在不断进步，也有可能——甚至很可能——这两个变量是存在内在联系的，毕竟变革计划越成功，世界整体变化的速度就越会提升。我们现在的目标并不仅仅是解锁这些复杂的动态，更是为了提供更好的方法应对未来。

为什么要这么干？举个例子，如果我们需要从纽约到伦敦去参加一个重要会议，登机后飞行员告诉我们："欢迎您登机，今天这趟航班，我们只有 30% 的概率可以成功到达伦敦……"，想象一下，如果真发生这样的事，我们当然不会坐在座位上讨论"为什么"，我们只会立刻下飞机，选择搭乘成功率更高的其他航班！

很开心，我们提升了变革的成功率

在写完《超越绩效》第 1 版将近 5 年之后，我们觉得时间已经过去足够久，可以从真实的商业场景中收集到反馈了。于是，我们对在过往 5 年内参与过至少一次大规模变革计划的 1713 位企业高管展开了全球调研。这批样本来自不同的地区、行业、公司规模、职能专长和任期背景。结果显而易见：据报告显示，79% 完全实施了书中所推荐的绩效和健康五框架方法的企业，其变革管理更加成功了。[2]

我们当然很高兴看到这样的结果。不过，首先，我们得将成功归功于坚定地引领改革计划的企业领导者。毕竟，有工具是一回事，能善用工具达到目标则完全是另一回事。作为伦敦商学院的教授和有影响力的管理思想家，加里·哈默尔（Gary Hamel）说："大规模变革绝非易事：努力的过程充满了复杂、危险和痛苦。"[3]《快公司》杂志（*Fast Company*）的联合创始人威廉·C. 泰勒（William C. Taylor）也曾深有感触地说，"在历史悠久的企业中推动一场深度改革的工作是最辛苦的工作，没有之一。"[4]

我们在这里要致谢麦肯锡"全球领导力与组织实践"咨询团队的成员们，是他们的工作和见解为我们找到了解决问题的方法，我们也非常感谢在此期间与我们真诚沟通的那些遍及全球的诸多企业领导者，这段经历弥足珍贵，是他们的思想影响了我们的方法论——"绩效和健康五框架"内的许多工具和方法都来自他们的分享，我们作为学生受益匪浅，这真是值得我们一生努力的工作。大约 20 年前，我们俩都曾是指导该团队的成员，在职业生涯中，我们将这本书的核心理念、方法作为顾问工具应用到全球企业中去。正如《纽约客》杂志撰稿人及畅销作家马尔科姆·格拉德威尔（Malcolm Gladwell）所言，要想成为专家，在我们的职业生涯中，应该完成 10 000 小时的练习，而我们已经如期完成。[5]

回到正题，如果你是一位想要克服困难、彻底改变并取得成功的企业领导者，这本书绝对适合你。如果你想改进企业的管理和领导方式，使其具有持续增长的生命力，在市场中保持竞争优势，这本书也可以帮助你。更重要的是，理念、方法和工具适用于任何基于"人"的组织体系，无论是上市公司，还是家族企业、专业服务公司（比如我们任职的麦肯锡公司）、公共部门机构、维权团体、非政府组织或社会企业。无论是公司整体转型还是市场、销售、技术、运营、财务、风险、文化、人才等部门需要尝试变革，它们几乎都广泛适用。为何能应用如此广泛？很简单：归根结底，**不论企业是否改变，企业内的人都在变。人不在了，企业的血脉就断了，只剩下基础设施的骨架：建筑物、系统、库存。如果改革计划要求人们改变思维和行动，那么"绩效和健康五框架"被证明是领导者值得采用的最佳方法。**

为什么这本书与众不同？

我们工作的核心前提是，让领导者在重视绩效的同时，同样重视推动变革的健康因素。虽然这些将在下文各章节详细描述，但此时以一个制造企业为例可以让人一目了然。变革计划的绩效要素与需要提升企业"采购、生产和销售"的方式相关：应该如何采购原材料，将其制成产品，并更有效地将其销售到市场？另一方面，健康因素涉及需要对如何"连接、执行和更新"做出的改变：如何使整个组织在一个共同的方向上保持一致，如何执行需要在最小的内部摩擦（例如政治、官僚机构、孤岛效应等）下完成的工作，以及如何迅速适应并更新自身以应对不断变化的新环境？

为回答这个问题，本书至少从 5 个方面进行了全面阐述。

1. 具有洞察力和严谨性的建议建言

管理界充斥着各种观点和猜测。在写这本书时，我们不只是借鉴自己作为管理顾问的经验，同时必须确保我们的论点尽可能基于客观的研究事实。这并不是说市面上其他商业书籍没有强大的研究基础。有史以来最畅销、最有影响力的商业书籍之一，汤姆·彼得斯（Tom Peters）和罗伯特·沃特曼（Robert Waterman）写的《追求卓越》（*In Search of Excellence*）这本书，就是基于对美国财富 500 强中表现最佳的 43 家公司的研究。另一本极具影响力的畅销书，吉姆·柯林斯（Jim Collins）和杰里·波拉斯（Jerry Porras）在 1994 年编写的《基业长青》（*Built to Last*）一书分析了 18 家企业的成功模式。而本书借鉴了更广泛的证据，第 1 版《超越绩效》已经代表了在组织有效性和管理变革领域进行的最广泛的研究工作，而这个 2.0 版本几乎完全更新了最近 10 年最有价值的数据，包括：

- 来自全球 2000 多个组织的受访者超过 500 万份组织健康指数的调研数据。

- 两年一次、连续 5 次通过《麦肯锡季刊》（*McKinsey Quarterly*），向我们 32 000 名全球调查小组成员发送的绩效和健康相关调查数据。
- 来自麦肯锡服务的 1 000 多个客户的关于绩效和健康的数据和经验。
- 对 900 多本顶级管理书籍和学术期刊文章的深度点评。
- 来自已被全球 600 多家客户使用的解决方案——麦肯锡 "Wave" 大数据软件的数据。
- 150 多场变革领袖论坛，每场为期两天，汇聚 20 ~ 40 位来自不同行业的领导者，分享他们的经验和见解。与 30 多位 CEO 和高管进行深入的一对一访谈，分享领导力变革的个人经验和关键绩效数据。
- 5 位参与研究合作的知名学者，他们所给予的反馈进一步补充了我们的发现。

2. 工具的全面性和实用性

很多领导者告诉我们，工具是他们最看重的。工具为他们在管理变革的"软"层面带来与管理的"硬"层面相同的严谨、纪律和衡量标准。在第 1 版中，我们提供了概念和实践混合的具体步骤，在 2.0 版中，你会找到一个清晰而具体的路线图，确保绩效和健康的同步发展。我们一步一步地引导你设定适合的变革方向，评估企业当下准备变革的现状，从而制定一套可行的方案，将组织从今天你看到的样子变成你想让它成为的样子，掌握可以成功实施变革的关键，并逐渐过渡到持续改进的状态。每一个方面都提供极具深度的特定的工具、方法和现实生活中的例子，以方便你快速提炼出对企业最重要且有实际意义的措施。我们还吸收了过去 10 年管理领域的各种进步，例如敏捷、大数据和分析，以及数字转型。

3. 解决方案的唯一性

许多公司分析了西南航空（Southwest Airlines）如何提供低成本航空旅行，丽思卡尔顿（Ritz-Carlton）如何制定客户服务标准，苹果公司（Apple）

如何推动持续创新，或者奈飞公司（Netflix）如何创造了一种授权文化。然而，很少有人能够根据这些分析复制它们的成功。我们为企业提供强大的流程，帮助企业找到属于自己的答案，而不是复制其他企业的成功。这个答案基于企业的历史、员工的能力和热情、外部环境和愿景。这个答案将是独一无二的，也是你的竞争对手无法复制的。**简而言之，我们帮助你打造"终极竞争优势"。**

4. 证明该方法在实践中如所承诺的那样有效

我们已经分享了使用"绩效和健康五框架"后的数据，它让变革管理的成功概率从 30% 提升到 79%。事实还表明，你的变革努力所带来的影响平均要比其他方式高出 1.8 倍。[6] 此外，使用该方法的企业，不仅其变革计划能够顺利推行，而且在整体组织健康状况上也成为最优秀的前 25%，其股东整体回报率（TRS）比平均水平高出 3 倍，EBITDA 利润率是 2.2 倍，净收入/销售额增长是 1.5 倍，迄今为止，我们所测试的各个行业（目前共 15 个行业）的每一项可比指标的结果都更高。[7] 正如英国惠康基金会（Wellcome Trust）前任主席威廉·卡斯特尔爵士（Sir William Castell）所言，**"健康的企业可以更快更好地完成工作，比不健康的企业更具影响力。"**[8]

5. 提高组织的持续变革能力

这不仅仅是一本关于变革管理的书。通过应用绩效和健康五框架，不仅增加你成功的概率，而且从根本上提升企业持续改进的能力。当变革计划目标实现之后，正如加里·哈默尔在本书第 1 版的前言中所说，"超越绩效不仅仅是领导成功变革计划的指南，更是一种新的思考方式的宣言，关于如何……从根本上变得支持变革。"[9] 它不止教会你如何争取领先，更教你如何保持领先。

为什么变革在当下很重要

商业变化的节奏比以往任何时候都要快，这早已不是新鲜事，确实如此。

想想标准普尔 500 指数中的公司能在该指数榜单中保留多久？在 1958 年估计是 61 年；1980 年，25 年；2011 年，17 年。[10] 近 10 年来，标准普尔 500 指数中的公司每两周更换一个，这意味着在未来 10 年中，大约 75% 的公司会被新公司取代。[11] 在 60 年前的标准普尔 500 原始列表中如今只剩下 60 家。可见，60 年后，任何一家公司都不太可能继续保持领先地位。是的，我们是说亚马逊、埃克森美孚、伯克希尔哈撒韦等公司都面临风险。似乎很难相信？毫无疑问，像百视达、康柏、柯达、电路城、安然、通用食品、泛美、世通、数字设备公司、雷曼兄弟、安达信和英国利兰，这些企业的员工和客户在他们的鼎盛时期也觉得自己不可战胜。

还需要更有说服力的案例和证据？让我们回到《追求卓越》和《基业长青》的书中一探究竟。一看便知，这些 "优秀" 的公司最终都是何状态。在《基业长青》出版 10 年之后，书中有 20% 的公司已经消失，47% 在苦苦挣扎，仅剩 33% 保持较高绩效。[12] 当然，并非所有这些变化都应归咎于公司本身。克里斯·布拉德利（Chris Bradley）、马丁·赫特（Martin Hirt）和斯文·斯密特（Sven Smit）在他们的《超越曲棍球棒的战略》（*Strategy Beyond the Hockey Stick*）一书中指出，一些商业成果会被宏观经济、工业行业需求和纯粹的运气所影响。[13] 但同时也受到领导人选择做什么和不做什么（特别是布拉德利、赫特和斯密特所指的 "大动作"，所有这些都需要卓越的变革管理才能产生预期的影响）和领导方式的驱动，因此，跟每位领导者不同的管理模式相关。虽然查尔斯·达尔文说过，"适者生存，以牺牲对手为代价，适应环境生存下来就是成功"（果然，改变总是要自己做出），这可能已经成为管理理论中的陈词滥调，但确是商业帝国的成功之本。

如果我们超越商业领域，放眼整个社会，就会发现让大规模变革发生的能力从未像现在这样重要。例如，在政治进程中，致力于变革的领导人总是会吸引更多公众参与。当我们撰写第 1 版前言时，我们注意到世界各地的领导人在演讲台上宣称 "我们需要变革"，承诺将对公共部门进行大规模改革并公布成效。如今近 10 年过去，几乎没有任何改变。在美国，获胜的竞选方承诺"让美国再次伟大",语气犀利而深刻,在这个国家从未见过。[14] 在法国,萨科齐(Sarkozy)的继任者、2012 年上台的弗朗索瓦·奥朗德(Francois Hollande)和 2017 年上台的埃马纽埃尔·马克龙(Emmanuel Macron)都在各自的竞选活动中关注大规模变革:"改变(le changement)"或"前进(enmarche)"。[15] 在马来西亚,新任总理马哈蒂尔·穆罕默德(Mahathir Mohamad)发誓要做出改变,打击腐败和团结国家。[16] 几乎无论你走到哪里,都会看到类似的信息。在加拿大,总理贾斯汀·特鲁多(Justin Trudeau)承诺会带给国家"真正的改变"。[17]在新西兰,杰辛达·阿德恩(Jacinda Ardern)承诺"建立一个不一样的政府"。[18] 在墨西哥,赢得大选的安德烈斯·曼努埃尔·洛佩斯·奥夫拉多尔(Andrés Manuel López Obrador)总统承诺对国家实施整改。[19]

在政治之外,非政府和非营利组织继续应对主要的跨境挑战,如保护环境并帮助发展中国家打破贫困、腐败和教育资源不足的怪圈。同时,诸多因素继续推动着全球范围内的诸多变化:经济和劳动力增长从发达国家到发展中国家的历史性转变,全球能源需求的上涨与供应链不稳定,全球消费阶层的迅速扩大,全球人口结构的变化和世界人口的不断增加,迄今难以想象的复杂的新通信和贸易网络的兴起,平衡经济发展与环境可持续性的挑战日益紧迫,以及通过加速技术发展和知识经济提高生产力的竞赛。[20]

我们应对这些商业和社会挑战的方式将对人类的未来产生深远的影响。成功的概率能有多大?如果不这样做会产生什么后果?社会成本是什么?谁来承担?

我们最大的愿景,是你的持续成功

如果这本书能帮助你开启一个更成功的企业变革计划,我们的付出就是值得的。如果它还可以帮助你创建一个可以不断自我革新并茁壮成长的企业未来，我们会更加高兴。如果这本书在解决我们这个时代的重大社会和政治问题时，能帮助人们更快地决策，那这本书就取得了超出我们预期的成就。

然而，我们编写本书的原因不仅如此。根据盖洛普的调查，大约有13亿人为一个雇主全职工作（即，他们是某个组织的一部分）。[21] 这些人花费一半甚至更多的时间去工作。除此之外，他们花在与家庭、社区相关的传统活动上的时间越来越少［用政治学家罗伯特·普特南（Robert Putnam）的话来说，他们是"独自打保龄球的人"］。[22] 因此，这意味着**工作场所作为人类的身份、归属感和意义的源泉，正在扮演越来越重要的角色。**

以竞争议题和冲突（方向不一致）、政治和官僚主义（低执行质量）为特征，"只是一个做工作"的地方（新鲜感低）的工作场所，不仅不利于可持续地交付成果，也不利于人的身心健康。正如日本谚语所说："没有行动的愿景是白日梦，没有愿景的行动是一场噩梦。"

然而，**健康的组织可以释放并提升人的潜力。他们激发灵感**（与一个大而重要的目标保持一致），**创造归属感**（以一个团队来执行），**培养创造力和创新**（通过更新意识）。励志演说家乔尔·巴克（Joel Barker）非常简洁明了地说，是健康的组织"将愿景与改变世界的行动联系起来"。如果这本书的内容能够在一定程度上有效地减少人类进一步的摩擦成本，那就是我们梦想成真了！

我们不宣称拥有所有答案，但我们的努力使我们比以往任何时候都更有信心，我们确实有（超越常识的）洞察力和（易于应用的）务实的建议、方法和有效的工具。最关键的是，它们是经过实战考验并在实践中得到证明的，它们将帮助你领导更成功的变革计划，同时创建一个健康的组织，持续调整，茁壮成长，直至将来。在过去的10年，借助丰富的调研及咨询经验，我们已观察到许多成功的企业如何实施变革计划，让持续的卓越触手可及，而我们据此总结出来的建议、方法和有效的工具几乎适用于任何组织。

目 录

第二部分
绩效和健康的
5As 框架

The Five Frames

第 10 章　梦想成真：你拥有开启成功大门的 钥匙吗？ / 255

知识储备已经到位。那么，你有开启变革的勇气吗？未来， 将由你书写。

The Big Idea

Beyond Performance 2.0
A Proven Approach to
Leading Large-Scale
Change

第一部分

开启一场
"超级创意"

请认真对待"绩效和健康"

当内维尔·艾斯戴尔（Neville Isdell）接任可口可乐公司首席执行官时，可口可乐正陷入艰难时刻。用他的话说，"那真是一段暗无天日的日子，可口可乐正面临市场份额丢失，似乎什么都没有，虽然裁员数千名，但仍不足以让公司重回正轨。"[1] 公司的股东总回报率为负 26%，而其最大竞争对手百事可乐的总回报率实现了 46% 的可观增长。

艾斯戴尔曾经是可口可乐希腊装瓶公司的前副董事长，该公司当时是世界第二大装瓶商，他长时间在该行业从事管理工作。自从卸任后，他一直住在巴巴多斯从事咨询工作并打理自己的投资公司，但到全球最具标志性的公司就职 CEO，并顺便来一次转型变革，对艾斯戴尔来说，依然是个极强的诱惑。不过，艾斯戴尔非常清楚他所面临的挑战，"可口可乐存在许多问题，改变现状是有风险的。"[2] 然而，对于这位前橄榄球运动员来说，比赛已经开始了，他很快就被安排在亚特兰大总部的行政套房里。

艾斯戴尔很清楚需要做什么，那就是公司必须发挥可口可乐商标品牌的全部潜力，培养非碳酸软饮料市场的其他核心品牌，开发健康平台，创建新的相关业务。然而，这些也不是什么特别新的想法，而且他的每一位前任都没有实现大规模变革，他的任期能有什么不同呢？

艾斯戴尔过往的经验告诉他，只关注"需要做什么"——新战略和措施——无法让可口可乐重回领先位置。毕竟，无论他设定什么方向，在公司整体士气低落、能力不足、与装瓶商关系紧张、公司政治盛行、曾经强大的绩效文化一落千丈的局面下，都无法取得进展。

所以，虽然新官上任刚一百天，当他对组织内部情况已经基本了解之后，艾斯戴尔宣布可口可乐第三和第四季度的盈利增长无法实现 3% 的惨淡目标。"据我所知，没有灵丹妙药。我们得面对现实，生意不是这么做的。"艾斯戴尔告诉分析师。[3] 那年晚些时候，可口可乐宣布第三季度收益下降了 24%，是其历史上最严重的季度跌幅之一。

认识到业绩不足后，艾斯戴尔开始实施重启计划，即启动了他所谓的可口可乐的"增长宣言"。其目标是勾勒出一条增长之路，不仅展示公司的目标——战略——还展示公司将如何实现这一目标，以及在这一过程中人们如何以不同的方式协作，并实现目标。艾斯戴尔成立了多个工作小组来推进解决与绩效相关的问题，要解决的问题很多，包括分析公司的目标是什么，公司应该具备什么样的能力才能完成目标。另一批团队处理与组织效率相关的问题：作为一个全球团队如何更好地更协同地开展工作？如何改进工作计划、工作指标、员工奖励晋升方案以创造最佳绩效回报？如何真正让公司每个员工"践行企业的价值观"。整个变革力求做到细节与流程的完善及闭环，让企业的各级领导者和参与者皆负有强烈的主人翁意识。正如艾斯戴尔所说的那样，"这份增长宣言的神奇之处在于，它是由公司排名前 150 位的管理人员用心撰写的，为了写这份增长宣言，他们认真听取了 400 名公司核心员工的意见。因此，这是员工自己都赞同且要实施的计划。"[4]

没过多久，艾斯戴尔促成的变革就取得了显著的成效。艾斯戴尔上任后的三年内，股东价值从负回报跃升至 20% 的正回报，销售量增长了近 10%，达到 214 亿瓶，大致相当于每天增加 1.05 亿瓶的销量。可口可乐的品牌价值达到 130 亿美元，比竞争对手百事可乐多 30%。在长期跟踪可口可乐公司的 16 位市场分析师中，有 13 位给出的评级是"表现出色"，其他三位的评级是"与预期一致"。

同这些令人印象深刻的业绩增长相比，更值得关注的是一系列与人有关的措施。在美国本土，可口可乐的员工流动率下降了近 25%，员工敬业度得分大幅上升，第三方市场调查公司的研究人员称，与类似组织的调研得分相比，这是"前所未有的进步"。其他指标也显示出同样令人信服的进步：例如，员工对领导力的看法提升了 19%，沟通能力和目标意识从 17% 上升到 76%。不过据艾斯戴尔说，最大的变化其实是公司员工的士气，他回忆说，"当我刚到这里的时候，大约 80% 的人会把目光投向地面。现在，只有 10% 的人这么干。员工们是敬业的。"[5]

当艾斯戴尔从首席执行官的位置上退休时，他交付了一个健康的公司给继任者，这家公司表现良好且业务持续增长。

■ ■ ■

艾斯戴尔的变革成功，应该归功于什么？用他自己的话来说，"我把'怎么做'和'做什么'看得一样认真。"[6] 另一种说法可能是他在"软件"上投入的精力与他在"硬件"上的投入一样多。其他人可能更喜欢用所谓行业术语，比如谈论"业务与行为""适应性与技术"或"右脑与左脑"之间的平衡。**但我们认为更佳的解释是，正是他对绩效和健康同样重视才促成了变革的成功。**当我们谈变革，我们谈的是什么呢？所谓**绩效**是企业为其利益相关方提供的财务和运营方面的改进成果。这些成果可以通过一些具体指标进行评估，例如净营业利润、资本收益率、股东总回报、净营业成本和商品周转率（以及非营利和服务行业的相关指标）。

一个更值得记住的方法是通过工业企业的视角来思考这个问题，在这家工业企业中，以绩效为导向的行为是那些改进组织如何购买原材料、将其制成产品、销售到市场以推动财务和运营结果的行为。

健康是组织为追求一个共同的目标而共同努力的有效程度。它的评估指标是多元的，包括问责、动机、创新、协调、外部协作等。思考与健康相关的行为的一个更容易记住的方式是，它们是那些组织内部协调、卓越执行和自我更新的方式，以在不断变化的外部环境中可持续地实现绩效目标。

　　毫无疑问，企业领导者可以选择将时间和精力投入什么地方来实现变革。不过要想引领一场成功的大规模变革，领导者应该认知到，需要同等重视绩效以及与组织健康相关的工作，如图 1－1 所示。

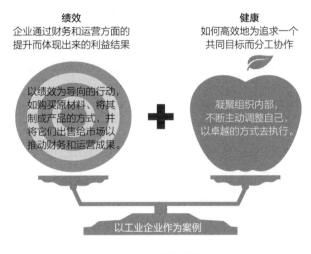

图 1-1　超级创意

　　有一些企业领导者拒绝这样做，因为他们不相信这样做会带来值得的回报，他们不觉得以人为本地进行变革是驱动变革成功的原因。那些这么想的人肯定是把头埋在沙子里了，因为相反的事实是无可争议的，我们将在下一节中分享。也有一些领导者接受我们的建议，甚至本能地被这个概念所吸引，但是又困惑于不知道如何把 50% 的时间花在与人相关的"软性"的变革上。不过请放心，一旦他们理解了"绩效和健康五框架"，他们就会快速找到想要的所有答案。这些都将在本章末尾和本书始终进行充分介绍。

健康的价值

　　成功企业领导者的证言一再确认了组织健康的重要性。霍尼韦尔（Honeywell）及美国联讯集团（Allied Signal）的前任董事长兼 CEO 拉里·博西迪（Larry Bossidy）对此有一段非常精辟的论断："软性的东西，我指的是人们的信念和行为，其实和硬核的东西一样重要。如果变革仅仅发生在战略或结构上，一家公司只能走到目前为止。"[7]必和必拓（BHP）退休董事长安德（Don Argus）表示，成功的关键是"动员起来，组织我们的人力，发挥他们的能力、创造力，全力推动事情向前发展"。[8]巴林经济发展理事会首席执行官谢赫·穆罕默德·本·艾萨·阿勒-哈利法（Sheikh Mohammed bin Essa Al-Khalifa）对此表示赞同："我一直担心我们将不得不花费数百万来修复教育系统，但结果发现解决办法不是钱。软实力，通常更难。"[9]

我们访谈过的每一位成功的企业领袖，几乎都说过类似的话。然而，当领导者们面对重大变革挑战时，往往会对这种智慧嗤之以鼻，"也许那对他们起作用，但在这里行不通"，或者普遍认为"我确信这在变革计划的后期很重要，但现在我必须先保证组织的正常运行"。

因此，我们的研究目标之一就是回答这个问题，一劳永逸地用确凿的事实证明组织健康有多重要。我们研究了成千上万的组织，分析了其中数以百万计的数据节点，我们所掌握的庞大的数据量足以支持最后的结论。在第2章中，我们将描述如何详细定义和度量组织健康状况，总而言之：当我们在广泛的业务度量中对绩效和健康之间的相关性进行测试时，我们发现了很强的正相关性。当我们写第1版的《超越绩效》时，组织健康状况处于前25%的公司里，其息税折旧摊销前利润（EBITDA）指标高于中位数的可能性是处于后25%的公司的2.2倍，企业价值和账面价值的增长高于中位数公司的可能性是2倍，销售净收入增长高于中位数公司1.5倍。现在，大约10年后，数据量增加了8倍，但是我们对数据分析后的结果依然不变，如图1-2所示。

8年的时间里，组织健康状况排名前25%的公司，其股东整体回报率（TRS）是排名后25%的公司的3倍。其投入资本回报率（ROIC）也高出2倍。此外，排名后25%的公司的销售额没有任何增长，但排名前25%的公司平均销售额增长了24%。[10]

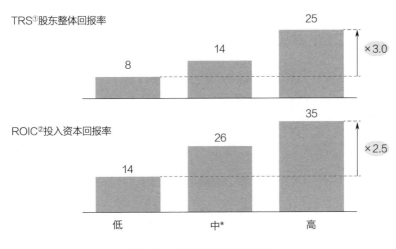

图1-2 健康的公司表现更好

*包含第二和第三四分位数公司。

① 8 年的平均值已经排除 2007/2008 年全球金融危机的波动。

② 对照组中的四分位数公司取三年财务指标的平均值。

聪明的读者会知道，组织健康和绩效之间的相关性并不意味着有因果关系（更好的组织健康状况导致更高的绩效）。我们是第一个承认需要谨慎对待相关性的人。举个例子：教育和收入是高度相关的，但这并不意味着二者互为因果。认为高收入为更好的教育创造机会与认为更好的教育创造了更高收入的观点同样符合逻辑（即便现实很多情况如此，我们也不能推断出，每一个获得更多教育的人都会有更高的收入）。

我们不满足于只是把观点建立在相关性上；随着时间的推移，我们也对这种关系的测试投入了大量资源和成本。首先，我们研究了组织内部可比较单位之间的回归系数。例如，我们比较了银行网络中的分支机构、医疗网络中的医院、零售网络中的商店、石油公司的炼油厂等的绩效和健康状况。在每一个案例中，我们都发现了健康状况和绩效之间显著的统计关系，这表明健康状况可以解释跨地区绩效差异的 50% 以上。图 1-3 展示了一个例子：**一家大型跨国石油公司的 16 家炼油厂的线性回归分析。**

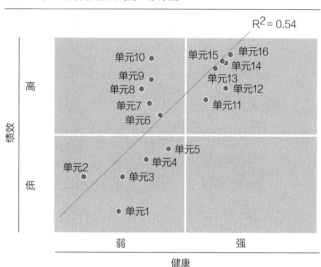

例：一家大型跨国石油公司的16家炼油厂

图1-3　健康状况对企业业绩的影响

　　我们在因果关系检验方面做得更深入，在大约两年的时间里，我们进行了大量研究，比较了实验组和对照组，一组人开始以一种传统的、相对注重绩效的方式做出改变，另一组人则采用五框架方法，同时强调绩效和健康。在相当长的一段时间里，研究小组非常认真地观察绩效和测量健康状况，我们试图消除任何可能来自霍桑效应的扭曲，即受试者仅仅因为被研究而改变他们的行为，而不是因为干预措施。我们在电信、采矿、银行和零售等多个行业做了五次纵向测试之后发现，那些采用绩效和健康相均衡方法的试验组的绩效比平均水平高出1.8倍，这符合我们认为的绩效与组织健康之间存在因果关系的结论。

　　在18～24个月的周期内比较传统组和实验组的变革效果，如图1-4所示。

　　例如，在一家大型金融服务机构，我们选择了两个实验组和一个对照组，他们在一系列标准——包括税前净利润（就总体增长和可用数据的最长一致期内的平均值而言）、客户经济（零售银行业每位客户的平均收入，商业银行

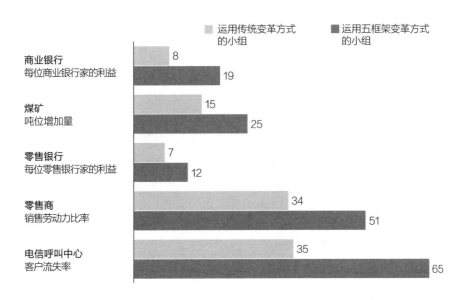

图1-4 测试绩效和健康干预的力量（18～24个月内）

的行业构成）和分行员工特征（绩效评级和任期）上具有可比性，并具备普遍的代表性。每个实验组在18个月内推行销售激励计划，其中一组采用更传统的注重绩效的方法，另一组采用平衡绩效和健康的方法。在研究过程中，我们尽量减少试验可能对一个群体产生特殊影响的举措，包括业务重组、领导层变动、重大人员流动，或其他可能对一个群体产生特殊影响的举措。

这项研究的结果令人信服。在商业银行的实践案例中，采用传统方法的小组绩效提高了8%，而采用新的"平衡绩效与健康"方法的小组提高了19%。在零售银行的案例中，采用传统方法的小组绩效提高了7%，使用新方法的小组绩效提高了12%。

为了更好地揭示这一因果关系，下面是我们自己的一个亲身体验。在麦肯锡，我们有一个名为"新风险投资竞赛"的内部竞赛，以开发新的知识和服务。在新风险投资竞赛中，顾问团队竞相开发新的管理理念，并在本地、区域和团队范围的预选赛中将其提交给评审团。在2006年度的活动中，我们的主题"组织健康"进入了最后一轮。

　　在最后陈述的前几天，我们决定再加一个补充材料——不是简单回顾各组织的绩效和健康状况，而是进行了深度的灵魂自我拷问："如果我们看看今天绩效表现优异公司的健康状况，它能告诉我们对公司未来业绩的预测吗？"在审查了很多公司的公开资料后，我们挑出了丰田。

　　2005年，丰田公司立志成为世界上最大的汽车制造商。该公司以其专业制造技术而闻名。几十年来，丰田与供应商建立了非常密切的合作关系并共享技术经验。这一公司愿景让丰田疯狂扩张，但它的供应链管理能力似乎很难跟上发展的节奏，公司不得不变得越来越依赖与日本以外的供应商建立新的关系，但丰田并没有足够的高级工程师来监督这些供应商如何适应丰田的系统，而且，丰田现有的工程师也不可能在有限的时间内让新供应商彻底了解丰田的工作方式。

　　在2006年新风险投资竞赛决赛的评委面前，团队将直面这一难题，丰田，即使有其令人骄傲的声誉，即使在其产品的每一个步骤中都建立了质量标准，可能也会有组织健康问题，进而影响其中期绩效。对于这一大胆的新奇想法，评审团的反应是完全不相信。彼时，丰田刚刚公布的净利润增长了39%，这主要是由销量推动的，而且似乎还在持续增长。其中一位评委表示团队的预测是"挑衅性的，但完全荒谬"。

　　转眼到了2010年，丰田正处在基于安全原因召回一批车型的阵痛之中。情况如此严重，以至于其总裁丰田章男被美国国会传唤为这些缺陷作出解释和道歉。普遍的共识是，导致质量问题的主要原因正是团队在四年前预见到的事情。

　　我们看到了健康是绩效的重要因果驱动因素的证据，对领导者来说这确实是好消息。与许多其他影响因素——客户行为的变化、竞争性举措、政府行为——不同的是，组织的健康是可以控制的。这有点像我们的个人生活，我们也许无法避免被急转弯的汽车撞到，但通过合理的饮食和定期锻炼，我们有可能活得更长久、更健康。

绩效的风险

将绩效和健康放在同等重要的位置并不容易。当你走投无路，需要大规模的改变来扭转下降趋势时，花时间在组织健康上往往让人感觉违反直觉。的确，短期收益可以在不关注健康的情况下获得，但它们不太可能持久。

以牺牲健康为代价追求业绩的最明显的例子，可能是阿尔伯特·J. 邓拉普（Albert J. Dunlap）的故事，他以收购陷入困境的公司、无情地缩减规模然后出售获利而闻名。邓拉普的口头禅是："如果你做生意，就只有一件事——赚钱。"当他接管美国家电制造商 Sunbeam Products 时，不负"电锯阿尔"的绰号，卖掉了 2/3 的工厂，解雇了 1.2 万名员工中的一半。讽刺的是，此时 Sunbeam 的股价上涨得如此之高，以至于破坏了他出售公司的计划。在损害了 Sunbeam 的组织健康之后，邓拉普才发现他需要在未来几年维持公司的业绩。但是已经造成的损害太大了。仅仅两年后，Sunbeam 就面临着高达6 000万美元的季度亏损，邓拉普被解雇了。

可以将邓拉普的策略与郭士纳（Louis Gerstner）执掌 IBM 时的策略进行比较。尽管来自华尔街的压力要求这家境况不佳的科技巨头迅速扭亏为盈，但郭士纳还是决定不把注意力集中在提高绩效上，而是投入大量精力和资源来改善公司的健康状况。在郭士纳的领导下，公司致力于在各个业务部门之间建立"一个 IBM"的合作关系。它变得更加面向外部，减少了官僚主义，并从傲慢的心态转变为持续学习的心态。9 年后，当郭士纳退休时，公司的股价已经增长了800%，IBM 在计算机、技术和 IT 咨询行业的多个领域重新获得了领导地位。

从某种现实的意义上来说，让企业把重点放在关注组织健康上，最大的忧虑不在于是否存在绩效要求，而是缺乏这种要求。当一个组织在财务上做得很好的时候，很容易在某种程度上产生自满情绪，这会导致健康状况下降，这种状况下，幸运的话，就是在最好的时候业绩缓慢下降，不幸的话，就会出现生存危机。

雅达利的历史给我们提供了一个警示。该公司成立于 1972 年，旨在开发当时不过是设计师想象力虚构的东西：电子游戏。1973 年，雅达利卖出了价值 4 000 万美元的游戏（还记得《Pong》吗?），获得了 300 万美元的利润。不久之后，它被财力雄厚的买家收购，并在研发上投入了大量资金。到 1980 年，雅达利已经登上世界之巅，创造了 4.15 亿美元的创纪录收入，被誉为美国历史上增长最快的公司。两年后，托马斯·彼得斯（Thomas Peters）和罗伯特·沃特曼（Robert Waterman）在他们的《追求卓越》一书中向它致敬。

但是，就在《追求卓越》的读者看到雅达利是如何出色的时候，现实中的这家公司却正在崩溃。团队合作开始减少，沟通中断，风险规避文化开始形成，研发投资被削减，公司为了更快的上市时间而牺牲了产品质量。

结果便是电子游戏史上诞生了一些最烂的游戏。游戏机版《吃豆人》和《E. T. 外星人》的劣质视觉效果和糟糕的游戏特性疏远了迄今为止忠实的用户。受够了的工程师们成群结队地离开雅达利，许多人创立新公司或加入竞争对手的公司，这些公司的创新产品很快就抢走了雅达利的粉丝群。到 1983 年，情况开始恶化。雅达利亏损 5.36 亿美元，不得不大规模裁员。

雅达利自此再未恢复它鼎盛时期的荣耀。公司仅仅存留下一个空壳品牌，在 1998 年以微不足道的 500 万美元价格出售。虽然雅达利已经成为历史，但它所属的游戏市场却越来越强大。全球价值 1 380 亿美元，且仍在以惊人的速度增长。

这个令人遗憾的故事引出了两个问题：雅达利哪里出错了？彼得斯和沃特曼为什么没有注意到？答案很简单。公司及《追求卓越》的作者过多地专注于绩效，而没有注意到组织健康恶化的症状。

相比之下，看看皮克斯的案例。15 年来，这家公司生产的 CGI 动画均上榜电影史上 50 部票房最高的动画电影。皮克斯旗下的 CGI 工作室还获得了 19 项奥斯卡奖、8 项金球奖以及 11 项格莱美奖——更令人印象深刻的是它的总裁埃德·卡特穆尔（Ed Catmull）在共同创立该公司之前，没有任何商业经验。在一次关于皮克斯创意过程的演讲中，他指出公司的发展与大多数好莱坞电影公司不同："我们的开发团队不寻找故事，他们的工作是创建一个能很好地合作的团队。"[11]好莱坞电影公司平均每年制作6~12部电影，皮克斯只制作一部，这是个冒险的赌注。一部动画电影的制作成本约为1.8亿美元。"我们已经意识到，对事情的低标准对灵魂有害，"卡特穆尔解释道。承担适当的风险并接受大胆的、创新的思想需要对不确定性的宽容，这是整个文化的核心。正如卡特穆尔所说："人才是稀缺资源。管理层的工作不是防止风险，而是构建故障发生时恢复的能力。"[12]

在本书第1版中，我们列举了许多过度强调绩效而忽视组织健康所导致的灾难性影响的例子。

我们讨论了安然公司对短期回报的过度追求如何导致其开发越来越复杂的表外融资系统，最终导致公司破产并使一些管理者入狱。我们还描述了，尽管立法者已经做出了重要的金融和会计改革以防止这种行为，但雷曼兄弟在七年后也遭遇了类似的命运，因为其沉迷于短期回报而忽视了保持健康。此外，我们还介绍了英国石油公司2010年的深水地平线灾难，那是美国历史上最严重的环境灾难，其原因正是与该公司安全和风险文化有关的组织健康问题。[13]

我们指出，将绩效表现置于组织健康之前的诱惑，不仅仅发生在私营企业。英国中斯塔福德郡NHS基金会信托基金（the Mid-Staffordshire NHS Foundation Trust）医院护理系统的失败印证了这一点。一家报纸报道称，该信托"常常忽视、羞辱和伤害患者，而将重点放在削减成本和达到政府目标上"。正如一家报纸所报道的那样，"当信托基金专注于削减成本和达到政府目标时，忽视、羞辱和痛苦就会时常发生。"[14]经过广泛调查后，该报告认为其根本原因是短期目标驱动的优先事项、临床医生与管理脱节、工作人员士气低落、缺乏开放性和接受批评的态度。换句话说，中斯塔福德郡NHS基金会信托基金正遭受组织健康状况崩溃的困扰。

可叹的是，自本书第1版出版以来，还有许多这样的案例在现实商业世界出现。2015年发生的大众汽车"柴油门"丑闻，导致公司股价下跌了1/3，究其原因，也是因为组织健康出了问题，特别是公司内部容忍违规行为的"心态"。[15] 2016年三星公司的Galaxy Note 7智能手机召回事件导致其股价下跌近10%，归因于其"根深蒂固的紧急文化"。[15] 与此同时，一项调查将导致富国银行市值蒸发90亿美元的销售丑闻归因于其"激进的销售文化"。[16] 总之，这些事件表明，组织健康状况对企业的成功至关重要。[17] 在2017年，Uber被广泛报道的"将结果置于一切之上的文化"[18] 引发了多起员工丑闻和非法操作事件，最终迫使CEO特拉维斯·卡兰尼克（Travis Kalanick）辞职，并导致公司首次出现市场份额下降的情况。[19] 我们可以列举出更多如上所述的例子。正如人类健康一样，所有这些案例都说明，如果不定期护理，组织的健康状况就会下降。当组织健康状况下降时，不仅会影响股东，还会伤害员工、客户和社区。

反之亦然。以通用汽车为例，这是彼得斯和沃特曼在《追求卓越》中提到的另一家公司。我们在第1版中讨论了组织健康问题是如何将世界上最具影响力的汽车制造商推向崩溃边缘的。2009年，该公司申请银行破产，并获得了500亿美元的政府救助，以重整旗鼓。随后，该公司经历了18个月的转机，使其能够偿还大部分救助资金，并于2010年重返股市。许多观察人士认为，该公司已经回到了正轨，但我们的看法不同。从我们的外部视角来看，虽然公司短期的财务压力得到了解决，但其健康问题并没有得到解决。我们认为，如果不加以处理，这些问题将在中期带来巨大挑战。

毫无疑问，通用汽车2014年发生的点火开关故障导致至少124人死亡、275人受伤。内部调查报告（Valukas报告）认为，这起危机的原因是"缺乏紧迫感，缺乏责任心和责任感，思维僵化"。[20] 玛丽·巴拉（Mary Barra）于2014年接任CEO，她承诺不仅要提高公司的业绩，还要通过"推动责任制、共同解决问题、不懈追求胜利、坦诚透明、以客户为中心"来改善通用汽车的健康状况"。[21] 她的努力现在似乎正在取得成果，公司已经连续三年盈利，资产负债表也很稳健。正如通用汽车的经验所示，当一个组织关注自身的健康状况时，它会变得更好，业绩也会随之提高。

构建绩效和健康的 5As 框架

毫无疑问，在你拿起这本书之前，你已经知道绩效的重要性。我们希望现在你也已经认识到组织健康的重要性。有了这个认识，我们再次强调一个重要的理念——使领导者能够成功地引领大规模变革——**同等重视绩效和健康**。这个理念中最重要的词不是绩效或健康，而是"**同等**"！通过同等重视这两个方面，变革计划的成功率从 30% 提高到 79%，平均产生的影响力也比过度关注其中一个方面高出 1.8 倍。

来自体育界的类比案例可以论证上述观点。试想，一支专注于成绩表现的运动团队，如果它只想着在本赛季赢得比赛和冠军，那么它将在未来意识到自己的错误。因为未能招募新成员、培养替补队员、获得利益相关者的支持、获得财务支持、建立社区关系，等等。

如果这个团队采取措施改善其健康状况，它的表现会得到提高。招募有前途的新成员将有助于团队在未来表现得更好。反过来，表现更好将使其更容易招募新成员和获得财务支持。今年表现良好的团队是过去在融资、招募和培训方面卓越表现的结果。通过同等关注绩效和健康，可以创造一个持续卓越的良性循环。"同等"概念的一个重要方面是，绩效和健康都需要在今天就采取行动，尽管健康投资的回报可能要到以后才能实现。

那么，在实践中，作为变革领袖，你如何平衡两者的重要性？如果你想在社交媒体时代的许多管理文献中寻找简单的方法或快速的经验法则，那么你在这本书里找不到。大规模的变革需要的远不止权宜之计。正如路易斯·拉维尔（Louis Lavelle）在《商业周刊》的一篇评论中所解释的那样："据大多数商业书籍的作者所说，没有管理难题是不能通过巧妙地运用七八个基本原则来解决的。作者们几乎总是错的：大型上市公司有太多变动的部分，无法遵守任何一套简单的规则。"[22] 我们对此表示同意。同时，我们试图不引入不会增加任何价值的复杂性——遵循爱因斯坦的格言，一切都应该尽可能简单，但不要过于简单。

我们建议大规模变革的领导者应用本书所述的"绩效和健康五框架"。了解这种方法的第一步是看整个变革过程是如何被划分为一组更小、更易于管理的阶段。这并不是一个新想法。1947 年，德裔美籍心理学家库尔特·勒温（Kurt Lewin）开发了第一个结构化变革过程的模型。勒温的三阶段过程包括"解冻"（拆除防御机制）、"移动"（朝着预期变化方向）和"再冻结"（稳定新的绩效水平）。[23] 在过去的 70 年中，学者、评论员和从业者提出了许多变化。有"识别、计划、采纳、维持、评估"模型，有"相信、决定、行动、实现、维持"模型，或者"评估、愿景、组织、联系、投资、嵌入"模型，"准备、连接、发现、激活、整合"模型，等等。对于领导者来说，好消息是这些人大多在说同样的事情。

我们选择将变革之旅分为五个阶段。我们发现，更少的阶段不足以提供足够的具体实用性，而更多的阶段则增加了不必要的复杂性。我们还选择通过一些基本问题来描述每个阶段，以便简单地知道何时从一个阶段转移到下一个阶段（如果你知道答案，请前进！）。最后，我们希望这五个阶段保持尽可能简单和易记，因此我们用以同一字母"A"开头的单词来总结每个阶段。综合而言，我们提倡的变革过程中的五个阶段被称为"5As"。它们是：

- 统一目标（Aspire）：我们想去哪里？
- 认识差距（Assess）：我们准备好了吗？
- 明确路径（Architect）：怎样才能实现目标？
- 采取行动（Act）：如何管理变革过程？
- 持续改进（Advance）：怎样才能不断前进？

我们方法的独特之处不在于这五个阶段，而在于明确和实用的指导，以应对每个阶段的绩效和健康情况。这以五个绩效框架（每个阶段都有一个）和五个健康框架（同样每个阶段也有一个）的形式提供。因此，简称为"绩效和健康五框架"。

五个绩效框架是：

- 统一目标：战略目标（Strategic objectives）。创建一个引人入胜的长期变革愿景，将未来倒推为中期愿景，并在变革过程中防止偏差。

- 认识差距：技能要求（Skillset requirements）。预测技能"需求"，了解技能"供应"动态，然后确定如何弥补所有的差距。

- 明确路径：可行计划（Bankable plan）。确定要交付的需求组合，以实现你的战略目标并满足你的技能要求，然后以编程方式对操作进行排序，并重新分配要交付的资源。

- 采取行动：行动模式（Ownership model）。进行强有力的管理，决定如何扩大你的需求组合，监测进展并随着计划的实施进行动态调整。

- 持续改进：知识库（Learning infrastructure）。将流程和专业知识制度化，以实现知识共享、持续改进和持续学习，确保组织持续前进。

五个健康框架是：

- 统一目标：健康目标（Health goals）。客观检查组织的健康状况，选择要成为卓越的领域，并针对任何需要立即改善的方面进行目标设定。

- 认识差距：转变心态（Mindset shifts）。确定与健康优先领域相关的有益和阻碍行为，探索这些行为的潜在驱动因素，并命名和重新构建几个关键的"根源"思维模式。

- 明确路径：影响力模型（Influence levers）。通过将健康干预措施硬编码到绩效倡议中，并交互式地推广变革故事，重塑工作环境，以影响所需的心态和行为转变。

- 采取行动：能量生成（Energy generation）。动员影响力领袖，使变革对关键领导者个人化，并保持高影响力的双向沟通。

- 持续改进：领导力定位（Leadership placement）。根据改进策略的价值创造潜力考虑优先角色，将最佳人才与优先角色匹配，并将人才匹配过程制度化，以确保定期重新审视。

我们意识到，以这种方式写出的绩效和健康五框架囊括了很多内容，很难想象它是如何实现的。此处用体育运动的案例来做个类比。想象一下，你渴望成为一名马拉松选手。你决定参加马拉松比赛，了解比赛时间，计算自己需要训练多长时间，并相应地设定你的绩效目标，也许你甚至已经计划好了完成时间。在确定了绩效目标之后，可以计算出你的健康目标：你需要达到的健康水平，以在计划的时间内完成马拉松比赛。

下一步，你需要评估自己作为一名跑步者的当前技能和心态。在绩效方面，你能跑多快？你的技术有多好？你有合适的装备吗？你能获得所需的设施吗？在健康方面，你有足够的意志力来达到所需的健康水平吗？你准备做出哪些饮食改变以使自己更健康？你愿意花多少时间来训练？如果你有吸烟或熬夜等不健康的习惯，你有毅力戒断吗？

掌握这些信息后，你可以制订一个训练计划，通过交替高强度和低强度的锻炼以及逐渐扩展锻炼范围来提升自己的绩效。在健康方面，你可以规划一个能够为你提供所需能量的菜单。你可能还想在生活的其他方面做出调整：为了腾出时间放弃一些聚会，告诉朋友你们暂时不会经常见面，准备支付教练费用的资金，等等。

然后就是行动的时候了。在绩效方面，你逐渐开始并加强训练。管理自己的时间表，以便落实训练计划。监控和审查自己的成果，并根据需要的时间和距离里程碑调整自己的方法。在健康方面，你对自己的饮食和生活的变化负起个人责任，而不是拖延，并找到保持能量和动力的方法——写博客，找一个跑步伙伴，并在过程中庆祝小的胜利。

完成第一次马拉松后，你会考虑如何让这件事不仅仅是一次性事件——

如何在赛后提高你的跑步水平。在绩效方面，你还将备战哪场马拉松赛事，或者尝试三项全能及其他铁人比赛吗？在马拉松赛后，你会休息一段时间再恢复健身计划吗？如果是，那么休息多久？在你再次为下一场马拉松比赛做好准备之前，如何安排基础训练计划？如果你受伤了，备用计划是什么？在健康方面，要确保有合适的教练或正确的角色来支持你未来的旅程。因为你有了更多的经验和不同的目标，在你接下来的跑步旅程中，谁是最好的教练，谁是最好的跑步伙伴？你应该接近哪些朋友和家人，远离哪些人，以保持健康的习惯？你需要营养师吗？如果需要，谁最适合你？等等。

许多读者在阅读上述内容时无疑会感觉到，后续阶段听起来很像是为另一个五框架周期铺平道路，这种感觉是对的。这种方法是为组织驱动多个"S曲线"变革量身定制的（进入一段密集的活动和根本性改进期，然后进入一段恢复期，同时仍在逐步改进，然后再次进入强度上升期，如此往复）。如果每个周期都改善了绩效和健康状况，随着时间的推移，组织就"学会学习"，并以持续变革为特征。古老的谚语说"授人以鱼，不如授人以渔"，扩展这个比喻，教一个人学习，他就能够打猎、采集、耕种以及捕鱼！

在描述了五框架的每个要素之后，重要的是要强调它们如何在"水平"和"垂直"方向上整合。让我们先从水平方向开始。在实践中，绩效和健康要素每一阶段的内容都远比清单中的内容更容易相互结合。图1-5更清楚地说明了它们的关系。

在旅程的初期阶段，与每个绩效和健康相关的工作是独立的（尽管不是完全独立，在统一目标阶段选择的健康目标将是那些能够实现绩效愿望的目标，我们将在第3章中介绍）。然而，随着变革旅程的推进，提高绩效会越来越强化健康，反之亦然。到了行动阶段，即计划的初始实施阶段，员工会体验到一个集成的变革计划——在这一点上，绩效和健康之间的区别实际上只是语义上的。

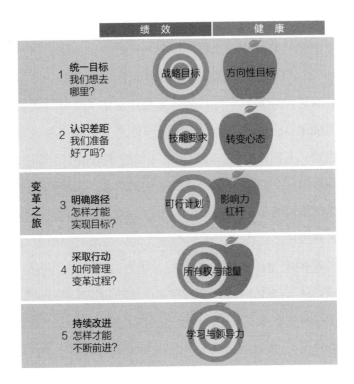

图1-5　绩效和健康五框架（5As框架）

我们看到一些领导者掌握了绩效和健康的概念，却不理解这种整合的需求，因此，他们对其业务负责人说"提升绩效"，对其人力资源部门说"提升健康"。不幸的是，任何同时运行两种程序的方法都注定会失败。

现在让我们来谈谈绩效和健康要素之间的"垂直"关系是什么意思。虽然我们按照5As变革过程的线性方式进行布局（从统一目标开始，然后转向认识差距，然后是明确路径，等等），但在实践中，它的应用更加动态和充满迭代。回到马拉松的比喻上，随着比赛的临近，因为受伤或其他个别情况，可能需要重新评估目标和计划。同样，组织可能会在评估阶段发现，它的变革准备程度使得在统一目标阶段设定的愿景根本不现实，因此下一步是转到过程中的前一阶段。或者，在采取行动阶段的新认知或意外事件，可能意味着进入明确路径阶段的假设不再成立，需要返回到过程中的前一阶段。

可预测的非理性

诺贝尔物理学奖得主、圣塔菲研究所联合创始人穆雷·盖尔曼（Murray Gell-Mann）曾说："想想如果粒子能思考，物理学会有多难。"[24] 他的观点反映了面对变化时，人的重要性和复杂性，也正解释了为什么对变革管理的健康方面采取严格和有纪律的方法对领导者来说如此令人耳目一新。正如我们的航空航天和国防行业客户所热衷的那样："这是一种我们的工程师可以理解并能够实现的方法！"[25] 或者，正如一位投资银行家所说："我终于相信软性因素驱动价值。更重要的是，我知道该怎么做，而且相信这是有道理的。"[26]

一旦理解，这一切都相当合乎逻辑，理性且明智。然而，有一个问题——变革管理场景中的"粒子"（员工）不仅能够思考，而且经常表现出非理性的思考方式。这也解释了为什么聪明、勤奋的领导者在变革之旅展开时，往往会发现自己越来越沮丧，因为他们善意的行动产生了大量意想不到的后果。"我们已经告诉他们需要做什么，为什么他们不明白？""我们改变了他们的动机，为什么他们的行为没有改变？""难道他们不明白，如果我们不赚钱，大家就没有工作了吗？"这是我们私下里从许多变革领袖那里听到的议论。

掌握领导变革艺术的领导者会考虑到与所谓"可预测的非理性"有关的社会科学的教训。为了将"可预测的非理性"概念引入日常生活中，可以考虑一些常见的经验。当我们赶时间时，有多少人会在停车场里慢慢绕圈子寻找方便的停车位，而不是快速开往第一眼看到的停车位？为什么我们感觉花 3000 美元升级价值 25000 美元的新款汽车皮座椅很正常，却认为在一个全家人每天都会使用的皮沙发上花费这笔钱是奢侈的？为什么我们愿意在促销期间花费一大笔钱，却不愿在正价商品上花费这么多？为什么我们会毫不犹豫地从办公室带回一支铅笔给孩子，但一想到要动用公款给他买一支铅笔就感到震惊？正如这些例子所示，在某些情况下，我们都容易受到非理性决策的影响。

《可预测的非理性》（*Predictably Irrational*）的作者丹·艾瑞里（Dan Ariely）通过展示视错觉向人们阐述了这一点。[27] 这是一种非常直观的方式，可以证明知道某件事情是真实的并不一定意味着人们相信它——是非理性的一个典型例子。请看图1-6中的两张桌子。哪一张桌子更长？看起来很简单：左边的那张。现在，拿出尺子来测量一下。

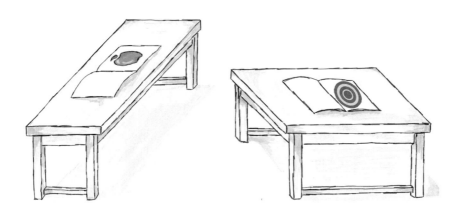

图1-6   两张桌子的视错觉

看吧，它们的长度完全一样。现在再看一次图片。哪张桌子比较长？还是左边的！好像你在过去几秒钟里什么都没学到一样。

我们怎么知道你看到的是哪一张桌子更长？因为我们的眼睛会以某些可预测的方式欺骗我们，这就是其中之一。像"两张桌子"（也称谢泼德错觉）这样的视错觉最引人注目的是，处理视觉信息是人类最擅长的事情之一：视觉皮层是大脑中最大的部分。因此，如果我们在视觉上犯错误——这是我们非常擅长的事情之一——那么我们在诸如变革管理这样不太擅长的事情上犯错误的概率有多大呢？

导致看似非理性决策的社会、认知和情感偏见已经被充分理解并纳入经济学领域。然而，在变革管理和组织领导领域并非如此。所以，我们建议企业领导者要考虑到这一点，在 5As 框架的每一个阶段避免做出太多非理性决策，变革管理的领导者得来点高招，避免仅凭直觉办事陷入风险。

■ ■ ■

此时我们希望，如果有人看到你桌子上的这本书并问你它是关于什么的，你会回答："如何成功地领导大规模变革计划。"当被追问更多时，你将能够扩展中心论点，说："关键是在与绩效相关的行动（例如采购、制造、销售等）和与健康相关的行动（例如调整、执行、更新等）中取得平衡。"如果被问到如何做到这一点，我们希望你会回答："有一个名为绩效和健康五框架的方法论，在接下来的章节中会详细介绍。"

我们也希望你以更深刻的理解和信念回答这些问题，通常所说的"难点"最终都会变得简单。成就变革中更容易的部分是软性因素。正如百事公司前董事长兼首席执行官罗杰·恩里科（Roger Enrico）所说："软性因素总是比硬性因素更难。"[28] 本着这种精神，下一章将致力于更深入地探讨组织健康、其组成部分及其背后的完整研究基础。然后，我们将进入具体细节，了解如何应用绩效和健康五框架，以确保你的变革计划取得彻底成功。

请关注变革的科学性

1996 年，哈佛商学院教授约翰·科特（John Kotter）公布了一项研究，涉及 100 多家尝试过大规模组织变革的公司，时间跨度长达 10 年。在其著作《领导变革》（*Leading Change*）中，他写道："我估计，如今有超过 70% 我们所需要的变革以失败告终，即使有些人清楚地认识到这一需求，用尽了自己的努力，或者有人花了大笔预算，无限期延迟时间等，总之，最初的愿望仍无法实现。"[1] 他的想法引起了诸多共鸣，三年前迈克尔·哈默（Michael Hammer）和詹姆斯·钱皮（James Champy）在《企业再造》（*Reengineering the Corporation*）中估计 "50% 到 70% 的组织进行重组后没有实现它们预期的显著成果"。[2]

事实上，所有这些研究都发生在我们担任领导职务之前。直到 21 世纪初，当我们读到马丁·E. 史密斯（Martin E. Smith）博士的《不同类型组织变革的成功率》（*Success Rates for Different Types of Organizational Change*）时，才意识到这一现实，他的文章回顾了 49 项研究，总共包括 40 000 多名受访者的样本。他的每一项研究都已经发表在各种商业和专业出版物上（例如，《哈佛商业评论》《经济学人》《华尔街日报》等）。他的结论是 33% 的大规模变革计划取得了成功。[3]

用足球（美国读者称之为英式足球）来比喻，证据很充足，如果成功率对领导者来说是一张"黄牌"，那么对他们的顾问来说就是一张"红牌"。特别是对我们来说，考虑到我们是麦肯锡公司组织实践领域的年轻领导者，客户为我们带来了最困难、最大和最重要的变革挑战。我们觉得有必要为客户提供更好的答案，让他们能够战胜困难。从那时起，我们每个人都花了近 20 年的时间来应对这件事情。

然而，我们并不是孤军奋战，我们很幸运，能够在适当的时间加入适当的组织，以之前无法想象的规模进行研究。麦肯锡公司拥有令人难以置信的全球影响力：遍布 65 个国家的 129 个城市，客户占《财富》500 强的 80%，拥有与首席执行官和高级团队接触的机会。我们的工作也走在数字时代的前端，凭借全球 24/7 全天候的即时连接和计算能力，以一种在《追求卓越》问世时看起来像科幻小说的方式来存储和分析数据。

探索开始了

面对唾手可得的大量潜在数据源，我们的第一个挑战是决定要问什么。我们如何以能够产生重大新见解的方式调查变革成功与失败之间的差异，从而产生新的洞察力？找出那些成功的和失败的公司相对容易，了解它们发生了什么也很容易。但是，我们应该如何调查"为什么"这一核心问题？

我们首先引用了艾萨克·牛顿的概念：站在巨人的肩膀上。在我们开始大规模地收集数据之前，我们特别想咨询三组"巨人"：我们的同事、一小群高级管理人员和一批学术界顶尖思想家。如果我们能够借助这三个来源的帮助，形成一个关于组织成功实现变革的综合观点，那么我们就可以利用麦肯锡的全球影响力对其进行大规模的测试和改进。

我们的第一批巨人是迄今为止最难驾驭的。我们首先采访了那些在领导重大变革计划方面有着丰富经验，以及那些使其客户长期保持高绩效的同事。

然后，我们将消息来源汇集在一起，召开了一系列工作会议，关于成功的真正驱动因素的探讨很快变成了激烈的辩论。一方认为"正确的激励措施占到成功的80%"，而另一方则反驳说"真正的秘诀是用心去做"。有一方坚持认为："你得从战略着手，然后把结构搞对，制订一个强有力的实施计划，这时成功就不远了。"与之相矛盾的另一方观点是："自上而下的解决方案在大型复杂的全球组织中行不通。其实，你需要的是共同的愿景和价值观，然后自下而上推动变革。"这些辩论一直持续到深夜，在正式会议结束后，继续通过电子邮件进行了数月。

我们的第二组巨人都是高级管理人员，他们表现得更好，但他们的成功秘诀也各不相同。[4] 我们听到了"一切都取决于你的愿景"，也听到了"愿景是我议程上的最后一件事"。有些人说"制订一个明确的计划，并坚持不懈地追求它"，另一些人则断言"你必须随时适应，并为你无法控制的所有事情祈祷"。一些人强调"信任和合作是关键"，其他人则专注于"个人责任和激励措施是关键"。客观地说，并没有出现明确的共识。

第三组我们采访过的学术巨头以及我们审阅过其作品的作者，也提供了大量对比鲜明的建议。有人认为，长期竞争优势在很大程度上取决于公司所处行业的性质；其他人则把重点放在组织内的高层团队和决策模式上；还有一些人认为运气和其他因素一样重要。我们还被他们探讨这个话题的许多不同角度所启发——从技术层面（包括"元分析路径估计""相对惯性的经验测试"和"功效—绩效螺旋"）到趣味层面（如《谁动了我的奶酪》《鱼！一种激发工作热情的绝妙方法》）。

没有一个小组给出了答案——那就太容易了——但当我们后退一步，从我们所听到和阅读的所有内容中寻找规律时，我们看到了三个关键点。

毫无疑问，长期的成功需要某种**内部一致性**——对员工有意义并得到组织文化和大环境支持的愿景和明确清晰的战略。

高质量的执行也是关键：这意味着拥有正确的能力、有效的管理流程和强大的动力。

最后一个共同点是**自我更新能力**：一个组织理解、互动、塑造和适应其形势和外部环境变化的能力。

有了这三个关键点的基础，我们拟定了一个框架的初稿，以描述成功和可持续变革的基本组成部分。

另辟蹊径

虽然我们做了很多工作，但始终没有找到一个答案。我们只有一个起点和一条路线，当然，我们也明白路上会遇到很多困难。所以，我们开始了下一阶段的工作。

首先，我们开始使用调查和研讨会的方法，从世界各地数百个组织和数千名高级领导人那里收集数据。第二，我们测试了我们的假设，将其应用于大型组织，并监测其长期影响，不是数周或数月，而是数年。第三，我们开始深入研究相关文献，对我们的新兴模型进行压力测试。

在调查方面，第一步是创建一个工具，来衡量早期工作中出现的调整、执行和更新主题。在把它放在一起时，我们结合了自己的经验和心理测量学的最佳实践，来判断应该包括什么、省略什么以及如何对各种元素进行分组。我们在 2002 年底完成了调查的初始版本。随着收集到更多数据，我们继续开发和完善它。在接下来的几年里，它发展迅速，到 2005 年，它已成为衡量组织健康的有力工具，称为组织健康指数（Organization Health Index，OHI）。

到那时，我们已经拥有一个相当大的数据库，可以对其进行挖掘，以验证自我报告的健康数据与客观财务绩效之间的联系。这给了我们信心，我们正走在通往令人兴奋的目的地的正确道路上。OHI 使我们能够识别和衡量迄今为止在很大程度上不透明的"软"特征，这些特征使变革能够成功并且随着时间的推移使这种成功可持续下去。然而，它无法告诉我们组织可以做些什么来改善其健康状况。

想象一下，你得了重感冒去看医生，医生告诉你："你感冒了。你看，你鼻涕流个不停、头晕脑胀、眼睛流泪、喷嚏、咳嗽、体温不稳定，可能还睡不好。当我查看其他与你病情相似的人的数据时，我可以非常肯定地说，在这种状态下，你不会取得多大成就。如果你没有感冒，你会感觉好点，而且能做更多事情。"于是你问："好吧，我做些什么才能好点？"医生回答说："问得好。我也不太确定。"很可能你不会再去看那个医生了。因此，我们的下一步就是收集关于组织如何变得健康和持续保持健康的数据。

我们从一个简单的三步模型开始，我们称之为 3D 方法：首先，诊断（diagnose）你当前的状态；其次，设计（design）干预方案；最后，按照计划完成（deliver）。

随着时间的推移，我们还发现诊断步骤应该包括两个元素：第一，设置绩效；第二，评估本组织对变革的准备程度。我们还发现，可以将交付步骤分为两个步骤：第一，按照计划交付；第二，从"改变计划"模式过渡到以持续改进为特征的稳定状态。当我们吸取了这些经验教训后，3D 方法变成了5As（Aspire，Assess，Architect，Act，Advance）。

为了了解转型过程中在每个阶段所需的绩效和健康工作，我们向由32 000名成员组成的全球高管调查小组寻求帮助，该小组是《麦肯锡季刊》（*McKinsey Quarterly*）百万读者群的一部分，拥有广泛的地理覆盖范围和来自各行业、职能和所有权模式的代表，是测试我们方法的理想试金石。[5]

除了进行调查外，我们还通过一系列名为"变革领导者论坛"（Change Leaders Forum，CLF）的多日研讨会收集信息。CLF 是同行学习的活动，涉及来自世界各地领先组织的高管。截至 2010 年，我们在美国、英国、法国、迪拜和南非等多个地点举办了 18 次论坛。当参与者在这些活动中分享最佳实践时，我们借机在激烈的辩论中完善了关于如何在规模基础上实现变革的思考。然后，我们通过与这些会议的 1000 多名参与者保持联系，从他们那里收集关于该领域中哪些工作有效、哪些无效的反馈，从而获得了进一步的见解。

尽管调查和焦点小组为我们提供了大量数据，但最终仍然依赖于人们的感知：我们向人们提了一系列问题，他们再反馈各自的想法。我们想更进一步，在真正大规模变革努力的熔炉中检验我们的最新假设。为此，我们着手比较实验组和对照组在长时间内（通常为两年）的表现。一个小组将以相当传统的方式开始变革，另一种使用新的方法——一种平衡绩效和健康的"五框架"的方法。我们在金融服务、零售、采矿和电信等不同行业进行此类试验。在每一种情况下，非常积极的结果都迫使我们继续推进研究。

调查数据、研讨会和现场测试并不足以证明我们对在实践中奏效的方法有了很好的认识，但为什么它在理论上奏效呢？为此，我们回到了学术界。我们对可靠来源有严格的筛选标准：研究需要在 95% 的确定性水平上应用统计显著性检验；报告的影响必须包括"硬"指标，比如财务、经济、商业、技术或社会指标；文章必须发表在顶级同行评议期刊上，等等。[6] 此外，我们还邀请了四位杰出的学者来质疑和扩展我们的发现。

到 2010 年，我们已经进行了一系列的研究，自信这些研究比以往任何时候都更加详尽。我们也在许多不同的情境中看到了成功，我们相信自己的发现广泛适用于任何领导者，变革努力需要人们调整自己的行为才能成功。同时，我们已证实，在更广泛的管理实践世界中，大规模变革项目的成功率保持不变。2006 年，我们对 1536 名在过去五年经历过大规模变革项目的全球企业高管进行了调查，结果发现，30% 的项目在实现预期绩效和为组织提供长期支持方面"基本上"或"完全"成功。[7] 在 2008 年对 3199 名高管和 2010 年对 2314 名高管的调查中，我们发现了类似的结果：1/3 的项目被认为是成功的。[8] 鉴于此，我们动笔写下了《超越绩效》的第 1 版。

自那时以来，研究一直在继续，我们在应用这些研究结果方面的经验也不断增长。我们的重点之一是提升领导者和麦肯锡同事的技能，让他们了解绩效和健康五框架的方法以进行变革。为此，我们将"变革领导者论坛"（CLF）分成为期两天的活动，麦肯锡的高级同事和高级客户高管两人一组参加，整个团队的规模在 20 ~ 40 人之间。在典型的 CLF 中，20% 的时间用于学习方法，80% 的时间用于讨论如何将其应用于组织。在撰写本书时，我们已经完成了 150 多次这样的麦肯锡客户培训课程。

随着 OHI 在变革计划中的使用增加，OHI 数据库中的数据量激增。因此，我们能够不断完善我们的发现，无论是在关注健康所带来的业务影响方面，还是更具预测性地帮助组织选择关注健康方面——这是我们将在第 3 章中深入探讨的内容。我们还在麦肯锡公司因地制宜，放弃之前的员工满意度和敬业度调查，转而使用 OHI。此外，我们将所有的内部影响评估重新定义为"绩效和健康对话"。

然而，令我们担忧的是，OHI 花费的时间太长了。为了客观地看待这一问题，我们聘请了斯坦福大学博士和杜克大学教授、调查方法专家森夏恩·西尔格（Sunshine Hillygus）博士对 OHI 进行压力测试。她帮助我们简化了问卷调查，将其长度缩短了 1/3 以上，同时保持了量表的可靠性和结构的有效性（对那些倾向于深入研究此类问题的人，我们将在下文详细讨论这些问题）。

我们还开发了许多其他工具来支持大规模变革计划，包括麦肯锡的"WAVE"实施跟踪软件解决方案，该解决方案允许在行动阶段严格管理活动和影响。WAVE 目前已被全球 600 多家客户使用。通过汇总分析工具中的数据，我们现在可以回答如下的问题：通常有多少比例的举措不能实现其预期的影响？这些举措有什么共同之处？变革项目的里程碑中有哪些部分可能会延迟、延迟多久以及为什么需要延迟等，这些发现使我们能够进一步明确制订和执行稳健计划真正需要的是什么。

在前言中，我们分享了支持本次修订版中所有内容的研究基础的完整统计数据列表。正如我们所提到的那样，能够利用如此庞大的数据、经验和专业知识来帮助我们发展和完善你手中的想法，我们无比荣幸。当我们审视学术界时，即使那些在该领域从事研究超过 20 年的人也只能声称"与数百家公司合作过"，没有任何一家公司能像麦肯锡那样拥有全球影响力和与高层管理人员合作的能力，更何况咨询行业的人员流动性使得很难找到一个在该领域拥有 20 多年经验的人。

在本书第 1 版中，我们以这样一句话作为结语："我们确信，随着我们的样本从今天的 500 家继续增长，也许有一天会有 5000 家，总之，更多新的和有价值的见解将会出现。"现在，我们已经有了 2000 多家样本公司，我们已经走得很远。尽管如此，我们仍然保持谦卑和兴奋，期待能从这本书和《超越绩效 3.0》的出版中了解到更多。也许那时，我们可以为你带来从 5000 多家公司样本中收集到的经验！敬请关注……

对组织健康的准确定义

关于旅程的讨论到此为止，让我们谈谈目的地。你也许还记得，我们确定了健康的三个关键点：内部一致性、高质量执行和自我更新能力。我们还确定了组织生活的九个方面，这些方面由实证证明能够推动绩效。我们将这两种思维方式结合起来，制定了组织健康的定义，如图 2-1 所示。

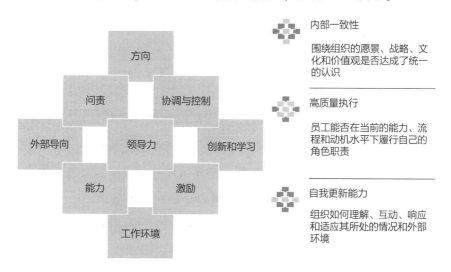

图 2-1　组织健康九要素

让我们看一看这九个要素。

1. 方向（direction）：清楚地了解组织的未来发展方向和最终发展方向，此方向对所有员工来说都是有意义的。

2. 领导力（leadership）：领导者激励他人行动的程度。

3. 工作环境（work environment）：共同的信念和互动的质量，存在于组织内部和组织之间。

4. 问责（accountability）：个人了解他人对自己的预期，有足够的权力采取行动，并承担责任。

5. 协调与控制（coordination and control）：有能力评估组织的绩效和风险，并在问题和机会出现时搞定状况。

6. 能力（capabilities）：具备执行战略和创造竞争优势所需的组织能力和人才。

7. 激励（motivation）：具备能够激励员工做出非凡的努力以取得成果的热情。

8. 外部导向（external orientation）：与客户、供应商、合作伙伴和其他外部利益相关者的高质量互动，以驱动价值。

9. 创新和学习（innovation and learning）：新思想的质量与流动，以及组织根据需要适应和塑造自身的能力。

这些要素是组织健康的"结果"。每个组织都有一定的可测量的要素（动机、能力、外部定位，等等）。知道每一种要素的数量至关重要。就像你去看医生的时候一样，健康检查的第一部分是评估你的健康指标，包括脉搏、血压、氧合、胆固醇、体重等，所有这些都是重要的健康指标。

然而，我们对健康的定义和衡量并不止于此，它还进一步关注健康的"实践"。继续以人体健康做比喻，在你的医疗诊断结束前，一位好医生不只是谈论你的结果，她还会询问你的所作所为——你所做的事情带来的结果。如果你有高血压和超重情况，她会想知道你的饮食、运动、工作压力状况等。

组织健康状况也类似，例如，如果问责不足，我们不会只是说你需要更多的问责。相反，我们会讨论你的管理实践，即你所做的设计责任制的事情，我们将讨论绩效标准（performance contracts）在多大程度上创建了明确的和可衡量的目标、角色明确（role clarity）的程度、如何使用结果管理（consequence management），以及如何培养更多内在驱动的个人责任感（personal own-ership）。对于九项健康成果中的每一项，都有一套推动它们的管理实践。我们总共确定了 37 项管理实践（见表 2 - 1），驱动九个健康结果。这些管理实践把健康从概念提升为极其具体的、可观察到的，最重要的是，完全可以在实际运营中实践操作的层面，而非那些空谈型的组织有效性和变革管理的模型。

表 2 - 1　支持组织健康描述的实践

要素	管理实践	描述
方向	1. 共同愿景	■ 与每个人分享清晰和令人信服的未来愿景
	2. 战略清晰	■ 创建一个包含具体目标、指标和里程碑的、与原景紧密相关的计划
	3. 员工参与	■ 让同事参与愿景和战略的制定并共同讨论如何实现
领导力	4. 权威式领导	■ 利用权威和压力去完成工作
	5. 咨询式领导	■ 通过沟通和授权促进员工参与
	6. 支持式领导	■ 在做决策时关注员工的福利，创造积极的团队环境
	7. 挑战式领导力	■ 鼓励员工接受重大挑战并不断提高标准
工作环境	8. 开放和信任	■ 确保诚实、透明和坦率的对话
	9. 绩效公开	■ 使结果可见，以便分享最佳实践并培养健康的竞争意识
	10. 业务纪律	■ 制定和传达明确的工作标准以提升生产力
	11. 创造性和企业家精神	■ 投入时间以支持创造力、鼓励主动行动
问责	12. 明确角色	■ 弄清楚每个人都有什么责任，有什么权力，和谁一起工作
	13. 绩效标准	■ 制定明确和可衡量的绩效目标
	14. 结果管理	■ 在绩效和结果之间建立直接联系
	15. 个人责任感	■ 感觉自己有义务并投入到实现业绩的目标中

（续）

要素	管理实践	描述
协调与控制	16. 个人业绩审查	■ 利用正式的绩效反馈和考核来评估、培育和部署人员
	17. 运营管理	■ 专注于一套明确界定的业务指标，以管理绩效
	18. 财务管理	■ 专注于一套清晰界定的财务指标，以管理绩效
	19. 职业标准	■ 使用明确的标准和政策来设定期望并加强合规性
	20. 风险管理	■ 识别和减轻预期风险，快速应对实发问题
能力	21. 人才获取	■ 根据需要随时随地聘用优秀的外部人才
	22. 人才培养	■ 通过明确的学习规划提高员工技能
	23. 基于流程的能力	■ 定期记录、更新流程和培训指南
	24. 外包专业知识	■ 外部合作伙伴可以做得更好的活动
激励	25. 有意义的价值观	■ 每天分享和践行一套有意义的价值观
	26. 鼓舞人心的领导者	■ 以身作则，彰显价值，给予表扬，为员工创造意义感
	27. 职业机会	■ 提供择优晋升和其他职业发展机会，以激励员工
	28. 财政奖励	■ 提供有吸引力的财务奖励，以激励员工
	29. 奖励和表彰	■ 通过公开表扬和非财务奖励/来肯定员工业绩
创新和学习	30. 自上而下的创新	■ 通过高级管理人员发起的大规模倡议推动创新
	31. 自下而上的创新	■ 鼓励和帮助同事直接解决问题
	32. 知识共享	■ 主动要求并与他人分享知识
	33. 捕捉外部想法	■ 发现并采用公司外部的最佳实践
外部导向	34. 以客户为中心	■ 将客户影响放在决策过程的首位
	35. 竞争洞察力	■ 在决策过程中系统反思竞争对手的优势和劣势
	36. 商业伙伴关系	■ 与外部业务合作伙伴建立并保持有效的关系
	37. 政府与社区关系	■ 投入资源，与政府、社区、监管机构和消费者团体建立关系

远比员工参与度更好的衡量标准

OHI 调查是以严格和全面的方式衡量健康状况的工具，它基于组织健康的九个要素及其相关的 37 项实践。我们经常被问到，该调查与其他调查特别是那些用于评估员工满意度和参与度的调查有何不同。

差异是巨大的，其中包括：

- 广度。OHI 询问的是与如何有效经营公司相关的所有主题（包括外部导向、能力、创新、风险控制等），而不仅仅是员工是否参与其中或满意度。这些主题已被证明能够推动业务发展。

- 深度。OHI 同时衡量结果和实践，而不是其中之一。这样，领导者就能得到具体的指导，了解需要怎么做才能取得他们希望看到的结果。

- 基准。结果是根据全球、特定行业和特定地区的基准来衡量的，而不是简单地从好到坏。

- 系统视角。这些问题大体上都是关于公司（"我们"）的而非个人（"我"）的，这使得结果能够反映组织的管理和领导模式，减少乐观偏差。

- 行动导向。问题更加客观，以行动为导向（"通常多久……"）而不是主观和情绪化的（"你觉得……"）。

- 突出重点。高层领导利用这些数据，挑选出几件能给整个组织带来最大变化的事情，从上到下重点关注，而不是试图在所有事情上都做得很好，或者要求各部门制定自己的方向（这会导致各自为政）。

- 先进性。它提供针对特定公司的预测分析，以为特定业务战略解决方案提供信息，而不是提供适用于所有公司的通用最佳实践（更多内容详见第 3 章）。

老实说，我们很担心那些仍在使用传统参与度或满意度调查的公司。健康状况不佳的公司中，使用这些工具多年的公司数量惊人。毫无疑问，这些公司的领导者是被供应商的推销迷惑了，供应商分享了一些经验数据，并迎合了领导者的直觉，即他们需要一种"人员衡量标准"。当然，这并不是说供应商在撒谎；事实上，毫无疑问，他们是出于好意。问题是，这就像有人在向你兜售体重秤时说："如果你保持健康的体重，你就不会生病，并且能发挥最佳水平！"当然，一个人的体重与健康相关，但这肯定不是唯一的因素。任何一个因早期发现癌症或其他问题而改善了健康甚至挽救了生命的人都会证明，做一次全面体检是绝对值得的。

类似的比喻可以写满几页纸——你会驾驶一辆仪表板上只有一个里程计数器（没有速度表、燃油表、温度表、转速表、电压表、油压表、警示灯等）的汽车吗？你会在只了解股息的情况下（对盈利增长、稳定性、行业比较、资产负债率、市盈率等一无所知）投资一只股票吗？我们认为不会，那么你为什么还要使用通常只涵盖OHI评估主题不到20%的参与度调查呢？前者是为了衡量所有被证明能够推动价值创造的组织相关要素而构建的。而且，不只是参与度调查存在这样的问题，典型的员工满意度调查也好不到哪去，它涵盖了OHI中约25%的主题。

一种新的管理会计

如上所述，OHI最吸引人的因素之一就是，可以在多个层面对组织的健康状况进行基准测试，无论是整体、行业或地域（或两者）。我们的数据库涵盖了DataStream全球指数所包含的所有主要行业，即表2-2所列出的15个行业。

表2-2　OHI样本部门代表的行业

行业	样本百分比
全球能源和材料	27
银行业	13
TMT（高科技、媒体、电信）	10
消费品	9
先进制造业	7
公共部门	5
资产管理和机构投资者	5
保险业	4
医疗保健系统和服务	4
旅游、运输和物流	4
制药和医疗产品	4
基础设施	4
专业、科学和技术服务	2
社会部门	1
多元化企业	1

在如此全面而扎实地制定 OHI 的过程中，我们的愿望是为组织健康建立一个会计行业长期以来为财务健康所建立的标准：一种一致的衡量方法，允许在组织内部和组织之间进行"苹果对苹果"的比较（同类比较）。

我们相信，如果各组织能够掌握一种可靠的循证工具来衡量组织的健康状况，那么对于股东、客户、员工、监管机构、政府和其他利益相关者而言，其报告的结果将与本季度的利润或去年的经营业绩同等重要。

遗憾的是，在《超越绩效》第 1 版出版之后，上述情况并没有出现。然而，一些有趣的趋势已经出现，如将 OHI 应用于整个行业和国家，如在韩国，韩国工商会（KCCI）在 100 多家公司发起了该调查。在巴西，超过 18 个行业的 70 多家公司参与了该调查。同时，这些行为正在改变这些国家关于如何成功经营企业的讨论。在韩国，正在采取措施解决与工作环境相关的问题包括习惯性过劳和性别平等问题，以及导致会议和报告效率低下的协调和控制问题。在巴西，正在努力解决文化上对"挑战性领导"的过度依赖，同时也在改进与问责结果相关的做法。在目前的状态下，领导往往对员工提出很高的要求，但员工一般并不清楚他们的业绩（和健康）期望是什么。

现在想知道这种对健康的高度关注会在这些国家产生什么影响还为时过早，但足以说明所有参与方都认为这样的努力非常宝贵。赞助机构对所提供的洞察力非常满意，这使他们能够采取行动，在更广泛范围内为其成员提供服务。参加调查的公司看到自己的调查结果与同行的新鲜数据以及全球基准的对比结果后，也感到非常兴奋，这有助于他们精准定位健康状况的改善，从而提高绩效。最后，员工和社会各界对新闻报道中的调查结果发表评论，表示"最后，终于找到了阻碍我们前进的真正问题"。

这种对组织健康的广泛拥护给我们带来了希望，组织健康成为公共标准的那一天或许还会到来。我们相信，现在比以往任何时候都更有理由这样做。我们猜测，如果你正在决定是否进行国际扩张，你会发现不仅要了解经济、社会人口和市场数据，还要了解目标国家管理实践的总体健康状况。如果你正在考虑企业并购，那么了解你的管理方法与对方公司管理方法的吻合程度，可以让你领先一步。如果你在做战略决策，了解你所在行业与其他行业相比的健康程度，可能会对你的未来发展方向产生影响。如果你要投票选择官员，请想象一下，如果你能了解你交的税所服务的机构的健康状况，并看到随着时间的推移发生的任何变化所带来的直接结果，那将会有多大的不同。

　　这里再举一个与"人"相关的例子来做说明。假如你与一名运动员签订了一份为期五年的合同，让他在你拥有并执教的球队踢球。假设通过定期的健康检查，你发现这名运动员酗酒、吸烟、熬夜、饮食不规律，这些都是需要掌握并采取行动的重要信息，即使他今天的表现达到了世界级水平（但不会太久！）。你发现潜在的健康问题并进行干预所花费的时间越长，你的球队就越有可能因此输掉一些比赛，而对于有问题的球员来说，重返巅峰的道路就越艰难、越漫长。组织也是如此，如果你是老板或投资者，我们很难想象你为什么不要求了解你所投资的组织的健康状况。

　　尽管我们很乐观，但有些人还是建议我们放弃希望。他们告诉我们，"健康"永远不会成为年度报告、分析师报告或商业报刊中经常出现的概念。为什么？因为分析师和交易员们永远专注于下一季度的收益，而董事会和管理团队也是如此。我们认为这是对商业界人士的误导。尽管有一部分关注短期的分析师和投资者，但有证据表明，资本市场确实重视那些可以推动长期业绩的东西。

　　麦肯锡的前董事总经理、劳斯莱斯现任董事长伊恩·戴维斯（Ian Davis）指出："对股价的研究表明，对未来业绩的预期，是股东回报的主要驱动力。在几乎所有行业领域和几乎所有股票交易所中，高达 80% 的股票市值都可以解释为未来三年以后的现金流预期。而这些长期预期又是由对增长和对长期盈利能力的判断所驱动的。"[9] 这使我们相信，那些率先报告其组织健康状况的领导者将得到奖励。如果有一个更稳健、具体和可衡量的未来成功指标，能和当前组织健康指标做对比，我们当然需要继续观察。

健康的变革计划

组织健康的重要性及其与绩效之间的正相关性已经确立，那么让我们再来看看，为什么组织健康对于实现大规模变革至关重要。通过回顾大量变革项目失败的原因，我们发现了其中的关键点。我们可能认为常见的原因是资源不足、计划不周、想法不完善、不可预测的外部事件，但事实证明，这些情况大概只占到变革项目失败原因的不到 1/3。事实上，约 70% 的失败归结于我们所认为的组织健康状况不佳，表现为消极的员工态度和无效的管理行为，如图 2-2 所示。[10]

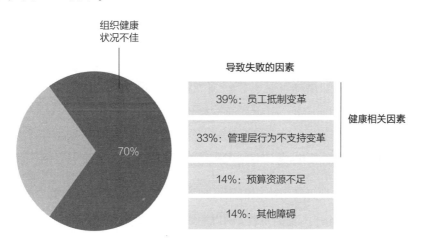

图 2-2　组织变革的障碍

鉴于与组织健康相关的问题是变革成功的主要绊脚石，因此，当高管们被问及他们在哪些方面需要更好的信息以设计和领导大规模变革计划时，只有 16% 的人选择"确定为创造近期业绩而需要采取的措施"。另一方面，超过 65% 的人选择了"确定需要采取哪些措施来增强公司长期的健康"。[11]

在实现变革的过程中，与人有关的挑战是巨大的，这也解释了为什么数据表明，在引领变革的过程中，最好的答案是绩效和健康并重，数据还表明如果你要偏重一方，那么如果你更加重视组织健康的话，成功的概率会更高。[12]

鉴于以上所述，在本书中，我们将广泛讨论管理变革中与绩效和健康相关的方面，但你会发现内容偏重于洞察力、方法和工具，以正确处理健康方面的问题。

关于我们的方法论的更多信息

到目前为止，我们希望已经说服了你，我们早已做足了功课，你在本书中找到的建议和指导都有坚实的依据。我们很想直奔主题——"如何"实现绩效和健康的五个框架。但我们猜想可能会有一些统计学家、学者或怀疑论者想更多地了解我们的调查方法或对组织健康定义的分析。如果你是其中之一，请继续阅读。如果你不是，我们强烈建议你跳到下一章，除非你碰巧在床上看书，需要帮助入睡。可别怪我们没提醒你哦！

组织健康的九大要素以哪些研究为基础？

以下是有助于我们确定组织健康九要素的主要和辅助研究的简要总结。

方向（direction）。我们对在 OHI 调查中所收集数据进行的分析显示，当人们对组织的发展方向感到清晰和兴奋时，税息折旧及摊销前利润利润率（EBITDAC）高于中位数 1.9 倍。巴特（Bart）、邦蒂斯（Bontis）和塔格尔（Taggar）对美国 83 家最大组织的数据进行的外部研究也发现，明确的方向（该公司的使命与绩效管理系统相一致）与员工行为（$r = 0.9$）之间存在很强的正相关性。员工行为（$r = 0.51$）与资产回报率（$r = 0.32$）之间有很强的正相关性。[13] 柯林斯（Collins）和波拉斯（Porras）对 1000 名首席执行官的调查研究证实，具有远见卓识的公司的财务业绩优于它们的同行。[14]

领导力（leadership）。早在 1972 年，利伯森（Lieberson）和奥康纳

（O'Conner）回顾了 167 家公司 20 年的数据，发现各行各业的业绩都与领导力相关（在考虑年份、行业和其他公司特征后，公司利润率业绩差异的6.5% ~ 14.5% 可以用领导力的替代值来解释）。[15] 2016 年，哈特奈尔（Hartnell）及其同事发现，由高层管理团队评定的首席执行官关系型领导力与九个月后的资产回报率之间存在显著的正相关关系（$r = 0.20$）。[16] 麦肯锡的研究证实：在领导力方面得分最高的公司，其息税折旧摊销前利润（EBITDA）高于中位数的可能性为 59%。

工作环境（work environment）。对 OHI 数据的分析表明，工作环境处于前 1/4 的公司，其 EBITDA 超过中位数的可能性要高出 1.8 倍。1992 年，科特（Kotter）和赫斯凯特（Heskett）进行了一项具有里程碑意义的研究，对 22 个不同行业的 207 家美国大公司进行了长达 11 年的跟踪调查，得出了类似的结果。[17] 企业文化强的公司的累计年增长率远远超过企业文化文化弱的公司：前者收入增长率为 21%，而后者为 9%；前者股价增长率为 23%，而后者为 5%；前者净收入增长率为 22%，而后者为 0%。与此同时，斯坦福大学教授贾斯珀·索伦森（Jasper Sorensen）在 2002 年发现，企业文化强度、投资回报率（$r = 0.30$）和运营现金流（$r = 0.29$）之间存在很强的相关性。[18]

问责（accountability）。我们的研究表明，责任心得分位于前 1/4 的公司，其 EBITDA 利润率高于中位数的可能性为 65%，是得分位于后 1/4 的公司的 1.9 倍。瓦格纳（Wagner）、帕克（Parker）和克里斯蒂安森（Christiansen）在 2003 年进行的一项研究表明，感受到归属感的员工会更加努力地工作，使公司获得更高的利润，因为他们感受到对组织成果的所有权。该研究表明，归属感与所有权行为（$\beta = 0.79$）之间以及所有权行为与财务绩效（$\beta = 0.35$）之间存在密切关系。[19] 2014 年，布朗（Brown）、皮尔斯（Pierce）和克罗斯利（Crossley）将 400 多名美国销售人员的归属感与销售绩效联系起来（$r = 0.12$）。[20]

协调与控制（coordination and control）。我们的数据显示，这是九个健康要素中最关键的一个：协调与控制得分高的组织，EBITDA 高于平均水平的概率为 73%。我们还发现，平衡五项绩效衡量标准（财务、运营、人员、专业和风险）可产生显著效益。戴维斯（Davis）和奥尔布赖特（Albright）在 2004 年进行的一项研究表明，引入平衡计分卡系统的银行在引入后至少 18 个月内，在非利息收入、贷款收益率百分比和非收入存款量方面都优于只实施财务指标的银行。[21] 吉特尔（Gittel）于 2002 年在医院环境中进行的另一项研究表明，"关系"协调（工作常规、跨职能联络和团队会议）通过促进员工在工作过程中的互动来提高组织绩效，并且与护理质量（$r = 0.23$）和缩短住院时间（$r = -0.39$）呈正相关。[22]

能力（capabilities）。能力处于前 1/4 的公司，其 EBITDA 利润率高于中位数的可能性为 67%，这表明能力是财务业绩的关键因素。麦加恩（McGahan）和波特（Porter）（1997 年）的一项研究表明，特定企业之间 36% 的绩效差异可归因于组织中的机构能力，不同行业的差异从农业和采矿业的 27% 到零售业的 46% 不等。[23] 2011 年，克鲁克（Crook）及其同事对 66 项研究进行了量化审查，结果表明，人力资本（定义为组织内个人所体现的知识、技能和能力）与企业绩效之间存在显著的正相关关系（$p = 0.21$）。[24]

激励（motivation）。研究发现，拥有最高激励水平的公司，其 EBITDA 利润率高于中位数的可能性为 73%，是排名垫底公司的 1.8 倍。这些公司表明，无论其得分在后 1/4 还是在中位，都有 42% 的机会超过中位数，这表明只有真正与众不同的激励才能带来真正的经济效益。盖洛普公司 2005 年的研究证实了员工激励的重要性，研究表明，不快乐、缺乏动力和脱离工作岗位的员工每年因缺勤、生病和其他问题造成的生产力损失高达 3500 亿美元。[25] 2014 年，西拉索里（Cerasoli）、尼克林（Nicklin）和福特（Ford）根据 154 项已发表和未发表的研究，发现激励与个人效能之间存在显著相关性（$p = 0.26$）。[26]

外部导向（external orientation）。研究表明，外部导向处于前 1/4 的公司，其 EBITDA 利润率高于中位数的可能性为 59%，处于前 1/4 而非中间 1/4 所带来的额外收益是有限的。这意味着，大多数公司无需关注在这一指标上的突出表现，但应注意不要落后。斯坦利·斯莱特（Stanley Slater）和约翰·纳尔弗（John Narver）在 1994 年发表的开创性论文中发现，市场导向与投资回报率（$\beta = 0.63$）、销售增长（$\beta = 0.91$）和新产品成功率（$\beta = 0.52$）显著相关。[27] 2004 年，卡诺（Cano）、卡利塔（Carrillat）和贾拉米诺（Jaramillo）对横跨五大洲 23 个国家的 58 项研究进行了荟萃分析，结果表明，市场导向与企业绩效密切相关（$p = 0.35$），而且对服务提供商而言，市场导向比制造商更为重要。[28]

创新和学习（innovation and learning）。研究表明，创新能力居于前 1/4 的公司，其 EBITDA 利润率高于中位数的可能性为 66%，这表明创新是提高业绩的关键因素。此外，我们还发现，创新与业绩之间的关系相对线性，创新能力的提高与财务业绩的提高大体相当。扎赫拉（Zahra）和科文（Covin）1994 年的一项研究表明，产品创新与净利润率（$r = 0.31$）、销售增长（$r = 0.29$）和销售回报率（$r = 0.27$）呈正相关。[29] 在 2007 年，帕拉迪诺（Paladino）从各行各业表现最出色的 249 家公司中抽样调查了 249 名高级行政人员，发现创新与产品质量之间存在相关性（$r = 0.2$），而产品质量本身又是业绩的重要驱动力。[30]

嘿！别说我们没提醒过你，这部分内容只适合统计学家、学者或铁杆怀疑论者！尽管如此，事实上，前面提供的数据只是我们主要和辅助研究的简短、有代表性的总结。我们希望这些数据能让你和我们一样相信组织健康模型是可靠的。本章的其余部分更加引人入胜，但我们仍然鼓励那些寻求实际案例而非理论和统计数字的读者直接阅读下一章！

OHI 调查是如何组织的？

填写调查表时，需要回答关于九种健康结果及其各自的管理方法。

结果　在调查的"结果"部分，我们会陈述组织的一个积极健康属性，并询问受访者该陈述在多大程度上适用于其公司或组织。

例如，在与"方向"有关的结果中，包括以下陈述："员工广泛了解公司的未来愿景"，并询问受访者在多大程度上了解公司的未来愿景。可能的回答是：1 非常不同意；2 不同意；3 中立；4 同意；5 非常同意。

每位受访者最多会被问到三个此类问题，分别涉及九项结果中的一项。我们综合这些问题的答案，确定每项结果的总分。报告的方式有两种：1 ~ 5 之间的平均分，以及总体"同意"分（定义为回答 4 或 5 的受访者的百分比）。我们通常报告后者，因为许多人认为后者更容易理解。

实践　在调查的"实践"部分，我们陈述了组织及其领导者可以采取哪些行动来推动相关结果的实现，并询问受访者这些实践在其组织中的体现频率。

例如，在"共同愿景"（这是"方向"结果的驱动因素之一）的实践部分，我们加入了这样的表述："管理层阐述的公司未来愿景与我的个人价值观产生共鸣"。受访者被问及其所在组织在多大程度上做到了这一点。可能的回答是：1 从不；2 很少；3 有时；4 经常；5 总是。

每位受访者在 37 项实践中都会被问到一到两个此类问题。与有关结果的问题一样，对某一特定实践的所有问题的回答将合并得出该实践的总分。

调查所涉及的 37 项实践的清单见表 2-1。

OHI 调查的可信度和有效度如何？

正如我们前面提到的，OHI 是通过严格的过程和坚实的研究基础建立起来的。但有些人可能还在想，这项调查有什么可取之处吗？评估一项调查是否高质量的最佳方法是衡量其可信度和有效度。

调查的可信度是指调查的一致性和稳定性。当一项调查具有很高的可信度时，其结果通常会在一段时间内保持一致。拿浴室里的体重秤来说，如果你每次踏上秤盘，它都能报告出相同的重量（假设你的体重没有变化），那么它就被认为是可信的。这并不能保证秤上显示的数字就是你的实际体重，但这就是有效度，有效度指的是评估的准确性。任何调查或评估的目标都是高可信度和有效度，这样你才能对从中得出的推论有信心。

最常用的可信度评估方法是克隆巴赫系数（Cronbach's coefficient alpha），它用于测量调查中各个项目之间的相互关系，以评估其内部一致性。系数范围从 0.0（不可信）到 1.0（完全可信——所有项目都在测量完全相同的内容）。理想情况下，你希望至少大致在 0.70 到 0.99 之间。[31] 可信度对于你所测量的每一个特征都很重要，而不是对于整个测评，除非该测评只测量一个特征。例如，在 OHI 调查中，你不会期望和领导力有关的项目与衡量问责或外部导向的项目一致。如表 2-3 所示，OHI 中每个维度的可信度都很高，都在我们前面提到过的理想范围内。

表 2-3　规模可信度

方向	$\dfrac{\alpha}{0.97}$	能力	0.94
领导力	0.99	激励	0.94
工作环境	0.94	外部导向	0.98
问责	0.86	创新和学习	0.94
协调与控制	0.97		

为了证明有效性，可以收集几种不同类型的证据。一是表面效度，这是指对非专业人士来说，调查能否测量出它想要测量的内容。二是内容效度，即测试主题相关的专家是否认为这些问题涵盖了给定结构中的每个方面和维度（如，问责）。这可以确保所得出的结论被认为是准确的。三是与标准相关的效度，即从统计学角度证明相关变量与重要结果相关，在我们的例子中就是公司的绩效。在这三条线上，我们都已经确定 OHI 非常可靠。

第四种效度测试是建构效度，它使用多变量统计程序来确定一项测试是否按照预期的结构进行。为了测试建构效度，我们进行了两种类型的因子分析：探索性因子分析（EFA）和确认性因子分析（CFA）。

EFA 用于将数据简化为一组较小的汇总变量。EFA 结果显示了总体因子的数量（即你在调查中测试的概念数量）和单个项目的因子荷载，这些荷载映射到更大的概念上，表明这些项目测试的是它们应该测试的内容。例如，在 OHI 调查中，要使其有效，EFA 需要说明会出现九个因子（我们的九个结果），与这些因子有关的每个项目都会"加载"到该因子上。从表 2-4 中可以看出，我们发现 OHI 的整体结构得到了支持，交叉负荷最小，因子负荷相对较强，这表明该研究的内部结构是有效的。

表2-4　探索性因子分析

结果项目	方向项目	平均数	标准偏差	因子1	因子2	因子3	因子4	因子5	因子6	因子7	因子8	因子9
方向	方向项目1	3.73	0.39	0.76								
	方向项目2	3.69	0.39	0.66								
	方向项目3	3.45	0.37	0.57								
领导能力	领导能力项目1	3.78	0.31		0.62							
	领导能力项目2	3.69	0.32		0.57							
	领导能力项目3	3.86	0.32		0.53							
工作环境	工作环境项目1	3.58	0.40			0.61						
	工作环境项目2	3.58	0.39			0.55						
问责	问责项目1	3.88	0.28				0.71					
	问责项目2	3.84	0.25				0.63					
	问责项目3	3.24	0.34				0.48			0.58		
协调与控制	协调与控制项目1	3.65	0.34					0.56				
	协调与控制项目2	3.59	0.34					0.52				
	协调与控制项目3	3.42	0.36					0.37		0.60		
能力	能力项目1	3.91	0.28						0.69			
	能力项目2	4.04	0.30						0.57			
激励	激励项目1	3.33	0.43							0.87		
	激励项目2	3.46	0.37							0.83		
创新和学习	创新和学习项目1	3.54	0.38								0.77	
	创新和学习项目2	3.44	0.38								0.73	
	创新和学习项目3	3.53	0.37								0.73	
外部导向	外部导向项目1	3.70	0.38									0.86
	外部导向项目2	3.71	0.32									0.72
	外部导向项目3	3.58	0.37								0.67	0.56

EFA 是为了从数据集中发现摘要变量，而 CFA 则是为了检验关于预期发现的摘要变量的假设。在 CFA 中，有各种各样的拟合指数可供选择，我们选择关注两个对样本量和模型复杂性等问题相对稳健的指数：比较拟合指数（CFD）和标准化均方根残差（SRMR）。CFI 是"拟合优度"指标，目标是 CFI 超过 0.85。另一方面，SRMR 是一种"拟合度差"度量，理想指数为 0.05 或更低。图 2-3 显示了 CFA 的结果，从拟合指数和路径可以看出，数据与结构拟合良好，OHI 的有效性得到了进一步证明。

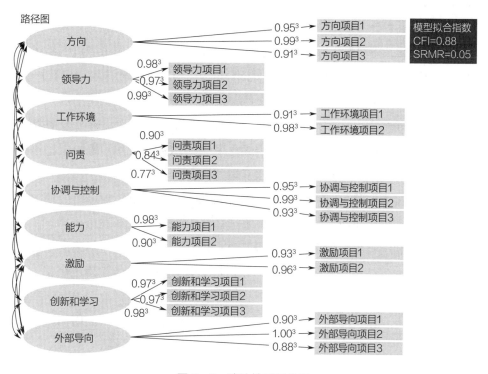

图 2-3　确认性因子分析

[1] 标准的 SEM 路径图在 0.05 水平有显著性差异；[2] 标准的 SEM 路径图在 0.01 水平有显著性差异；[3] 标准的 SEM 路径图在 0.001 水平有显著性差异。

注：CFA 路径图与部分相关关系相似但不相同，范围为 -1 ~ +1，越接近 -1/ +1 越强。

嘿，我们曾警告过你，我们将在这一节中进行学究式讨论！

哪些数据被用于分析健康与财务绩效之间的相关性？

OHI 调查中收集的数据是按照严格标准提取的。为了纳入分析，调查必须完整完成，而不是简短或定制的版本；调查必须来自相关组织的大多数部门，而不仅仅是高层团队成员；必须有足够大的群体参与，才能代表有关组织。

调查还必须满足另一个要求：有关组织或其所属的公司必须有可靠的、公开的财务结果数据。非营利组织、政府实体和私营公司如果没有财务业绩数据或数据不足，则不在分析之列。

我们的调查数据被假定为反映了组织在实施调查时以及在此之前大约六个月的健康状况。对同一公司的不同调查进行汇总，并与相应财务年度的财务数据进行匹配。在分析有关财务结果的外部数据时，再次在公司层面汇总得分。

我们使用彭博社和标普数据库（Compustat）作为销售额、税前收入、息税折旧摊销前利润、净收入、员工人数、账面价值、股东权益和净债务等指标原始数据的来源。将这些数据转换成比率（如销售回报率、息税折旧摊销前利润与销售额之比）和百分比（如销售增长率）。

我们通过为那些我们拥有其 OHI 数据的行业部门建立行业基准，使财务结果数据正常化。我们为每个行业领域选择至少 100 家全球上市公司，并为选定的比率和增长数字创建百分位数基准。然后，根据调查当年或次年的基准，为调查中的每家公司分配每个财务指标的百分位数排名，公司在相关指标上的表现是处于行业中位数、高于行业中位数还是低于行业中位数。我们将其作为进一步分析的关键标准或因变量。接受调查的公司与业内同行相比表现差异较大，这表明我们的样本具有很强的稳定性和代表性。

■ ■ ■

据说，阿尔伯特·爱因斯坦的办公室里有一张海报，上面写着："并非所有重要的事情都能被计算，也并非所有能被计算的事情都重要。"长期以来，领导大规模成功变革中与人相关的方面一直被归入无法计算的范畴。我们对组织健康的定义及我们开发的 OHI 测量工具进行了详尽的研究，认为情况已不再如此。我们认为，已经积累起来的证据只有一个结论：组织健康很重要！

The Five Frames

Beyond Performance 2.0
A Proven Approach to
Leading Large-Scale
Change

第二部分

绩效和健康的
5As框架

统一目标：我们想去哪里？

当墨西哥超级富翁丹·阿尔贝托·贝勒雷斯（Don Alberto Baillères Gonzalez）的儿子亚历杭德罗·贝勒雷斯（Alejandro Baillères）掌管墨西哥最大的国家保险公司 Grupo Nacional Provincial（GNP）时，该公司在许多方面都面临着挑战。它成立于 1901 年，有着令人骄傲的历史，是墨西哥第一家人寿保险公司。1969 年，它成为一家万能保险公司，并于 1972 年被家族企业 Grupo Bal 收购，后者是该国最大的企业集团之一。该公司多年来蓬勃发展，在有利于国内保险公司的监管环境中，作为墨西哥最大的保险公司享有特权地位。

但随着 21 世纪的到来，该行业的竞争强度开始急剧增加。在政府大刀阔斧的改革之后，许多新参与者涌入市场：跨国保险公司、专注于特定产品的单线攻击者，以及希望将业务范围扩大到保险业的全球性银行。随着这些公司的进入，它们推动了通过直接渠道开展业务，并提供了一些对 GNP 而言非天生优势的产品。

在贝勒雷斯上任之前，GNP 已经连续两年亏损。它的市场份额正在被快速侵蚀，其成本结构在同行中居高不下，员工满意度呈下降趋势。贝勒雷斯的任务是让 GNP 恢复昔日的辉煌，将其绩效和健康水平提升到一个新的高度。

公司的第一步是了解绩效机会在哪里。在个人保险方面，销售团队服务的富裕客户群是收入的一大推动力。遗憾的是，许多出售给这一细分市场的产品都没有盈利。如果可以通过其他渠道为大众市场客户提供服务，则可创造巨大的价值，但由于内部激励的错位，这种情况很少发生。在商业保险领域，客户名单创造了最大的价值，但 GNP 并未将这些客户作为一个整体来对待，并且由于没有考虑到整体关系的价值而承保业务，从而在竞争中处于不利地位。客户维系方面的挑战还体现在索赔和服务领域的具体问题上。

GNP 还希望客观地了解组织的管理和领导效率——即组织的健康状况。实施多年的员工满意度调查并没有帮助公司避免衰退，也没有回答他们想要的关于组织有效性的问题。在广泛研究了各种可用的测量工具后，GNP 最后选择了 OHI。结果表明了一个残酷的事实，公司文化已经成为一种自满的文化，大部分健康要素的得分处于中低水平。

收集了整个组织的数据后，公司的领导层卷起袖子，着手制定新的绩效目标。在一次涉及多达 300 名领导者的一系列工作会议中，GNP 制定并商定了一套战略目标。他们研究了哪些地方存在机会（例如，直接向大众市场销售，作为一家公司与商业客户接洽），他们有哪些独特的能力（例如，代理管理，100% 墨西哥本土所有企业，强大的政府关系），以及他们对在哪些领域获胜充满热情（例如，始终专注于墨西哥，创造卓越的客户体验）。在最高级别，目标是"3/5"：五年时间内在三个维度（盈利能力、客户服务和首选雇主）上成为行业第一。然后将这一目标分解为三个"500 天"阶段，以使进展更易于管理。他们为每个阶段中渴望实现的目标都设定了明确的中期目标。

虽然新的战略方向确实令人兴奋，但 GNP 的领导者意识到，考虑到 GNP 目前的健康状况，成功的可能性很低。毕竟，OHI 的信息是明确的，该组织未能有效地在共同的方向上做出统一。纵向（层级之间）和横向（职能和业务之间）的摩擦减慢了执行速度。因为大多数员工都只关注内部事务和按部就班，而不是想办法改进业务，因此严重缺乏业务更新。在 OHI 数据库预测分析的帮助下，GNP 的领导者设定了健康目标，以实现其战略目标。总体而言，该公司的目标是将其健康状况在行业中的排名从后1/4提高到前1/4。更具体地说，它将通过四种管理实践实现显著的改善：战略清晰度、绩效透明度、员工参与和后果管理。

当GNP的领导班子确信他们已经制定出稳健的绩效和健康目标后，他们要求其控股公司Grupo Bal的一个小组对战略进行"红队"审查，以测试其是否存在偏差——测试每一个假设，并有目的地为GNP无法实现其目标提出尽可能有力的理由。总体而言，其绩效和健康目标经受住了Grupo Bal的严格审查，但审查过程中也提出了一些重要问题，如潜在的渠道冲突以及如何处理某些大型政府账户。在进行调整以降低这些风险之后，GNP最终确定了它的目标，准备进入下一个阶段并回答："我们准备好了吗？"

■ ■ ■

无论是否应用五框架方法，GNP都很可能会通过树立一个愿景开始他们的征程。这样做几乎没有什么新闻价值：管理文献几乎一致赞扬建立清晰的愿景的好处。然而，当麦肯锡在对近3000名高管进行的一项调查中问道："如果贵公司再次实施变革计划，你会采取哪些不同的做法（如果有的话）？"近半数人（48%）从16个选项中选择了"设定更明确的目标"[1]。

显然，高级管理人员应该做的事情（并且他们知道应该做的事情）与他们实际做的事情之间仍然存在差距。为了帮助领导者从一开始就做到正确，我们现在就如何为组织设定绩效和健康目标提供最佳指导。当两个维度都被明确定义时，变革计划成功的可能性是仅明确定义一个维度时的1.8倍，是两个维度都未明确定义时的3倍。[2]

绩效：战略目标

你的组织所选择的目标在很大程度上取决于组织的起点。它们还取决于你所在的行业或部门：银行的绩效目标与矿业公司、医院或政府机构的目标大不相同。尽管如此，几乎所有组织在设定绩效目标时都可以而且应该采用的三个步骤是：树立一个令人信服的长期愿景，注重中期目标，并防止在过程中出现偏见。让我们一一解释。

树立一个令人信服的长期愿景

麦肯锡对 2724 位变革领导者进行了一项调查，提出的问题是："从给出的 10 个选项中进行选择，变革项目中最重要的领导行为是什么？"答案？传达令人信服的愿景，以激励和鼓舞人心（62% 的受访者将其列为第一项）。这也被评为最难培养的领导者行为（42% 的受访者将其列为第一位）。[3]

当然，在我们目睹的绝大多数成功的大规模变革项目中，都有一个令人信服的长期愿景在起作用。例如，以英国连锁超市乐购（Tesco）为例，用其前首席执行官特里·莱希（Terry Leahy）爵士的话说，"我们的计划是围绕顾客打造乐购，使之成为英国第一，并在非食品行业、服务业和国际扩张中找到新的长期增长点。"在莱希任职期间，乐购的规模翻了两番，以至于消费者在英国每花 7 英镑，就有 1 英镑被乐购拿走。它也成为第一家转型为全球品牌的英国超市。[4]

其他例子比比皆是。萨蒂亚·纳德拉（Satya Nadella）和他的团队接管微软后重新调整了公司的方向，专注于"在移动优先、云优先的大背景下，打造世界一流的平台和生产力服务"。[5]当霍华德·舒尔茨（Howard Schultz）重新担任星巴克（Starbucks）的首席执行官时，他首先关注的是建立一个愿景，"成为一家持久、伟大的公司，成为世界上最受认可和尊重的品牌之一，以激发和培育人类精神而闻名"。[6]回顾过去，斯坦福大学（Stanford University）在 20 世纪 40 年代提出的成为"西部哈佛"（Harvard of the west）的愿景，以及索尼公司在 20 世纪 50 年代改善日本电子产品质量的声誉，都是令人信服的长期变革愿景的经典范例。

我们承认，愿景这个词可能会让某些人觉得是一种空中楼阁，只不过是令人眼花缭乱的口号。例如，郭士纳在担任陷入困境的 IBM 首席执行官的初期就大胆地表示："IBM现在最不需要的就是愿景。"[7] 别误会，我们谈论的是更具体的东西。事实上，郭士纳确实有一个长期愿景：让IBM成为一家公司，解决其潜在问题，然后成为一家实力雄厚的技术集成商。如果愿景本质上只是一个让人自我感觉良好的口号或不可能实现的目标，那么新领导者的作用可能是让人们降低目标。正如雷富礼（Alan G. Lafley）解释的那样，当他第一次成为宝洁公司的首席执行官时，"我做的第一件事就是设定更低、更现实的目标"。[8]

那么，如何树立一个令人信服的长期愿景，使其既不是空中楼阁，又能激励和引导组织在追求愿景的过程中发挥最佳水平呢？我们认为，任何变革努力的最佳前景都位于三个领域的交叉点：机会、能力和激情，如图3-1所示。

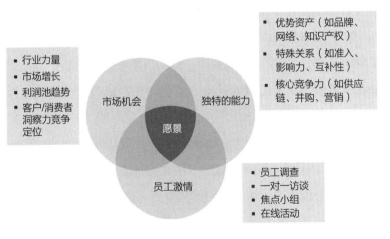

图3-1　树立一个令人信服的长期愿景

在这些领域中拥有强大的事实根据对于决策至关重要。研究表明，这样做的项目成功率会增加2.4倍。[9] 你想要收集的与机会相关的事实包括：了解行业的作用力、市场中哪些领域在增长、利润池在哪里以及它们如何迁移，客户的偏好和需求如何演变，你目前的竞争定位是什么以及它如何演变，等等。与企业能力相关的事实包括：确定企业的优势资产是什么（例如，品牌、网络、知识产权），拥有哪些特殊关系（例如，伙伴关系或附属关系，这些关系使企业能够进入市场、施加影响或提供互补产品），以及企业在哪些方面建立了独特的能力（例如，卓越的供应链、并购、品牌领导力）。

在制定正确的长期愿景时，最后一个也是最常被忽视的因素是了解推动领导者和员工前进的激情所在。如果做得好，这将确保愿景可以挖掘出领导者和员工的内在动力（从而减少执行对激励等外部因素的依赖）。在本章末谈到树立愿景的"妙招"时，我们将讨论各种技巧，去了解领导者和员工的激情所在。但这里只需指出，询问员工的激情和目标是什么，成功对他们来说意味着什么，这是制定长期愿景时非常重要的因素。

为了说明激发员工热情的力量，一家零售公司的销售负责人讲述了他的经验。他说他一直告诉团队他们要前进的方向，但进展缓慢，他（和团队）也越来越沮丧。在走投无路的情况下，他问他们想做什么。他认为他们的策略不如他的计划好，但这并没有什么特别的问题，他们对实现这一目标充满热情，所以他给了他们绿灯和全力支持。这种方法得到了回报：他的部门在几个月内，销售额从后四分位上升到前四分位。

毫无疑问，前面的例子听起来相当简单。那么，正如本节开头所报告的那样，为什么有那么多领导者表示他们对自己做得不好感到遗憾呢？根据我们的经验，树立愿景最困难的部分是在什么是大胆的、变革性的与什么是现实的、可实现的之间找到平衡。很多人的说法是愿景要"艰难但可行"。如果愿景给人感觉过于渐进、谨慎或过于针对现有能力而量身定制，它将无法创造动力或压力来突破极限，因此不会带来突破。同时，如果人们把愿景看成"天上掉馅饼"，感到遥不可及，他们就会产生幻灭感，从而放弃。

通常，研究"可能的艺术"有助于找到最佳点。例如，如果公司内每个领域都按照当前最佳实践的水平运行，绩效会是什么样的？如果我们所有的流程和系统都在其技术极限的最高水平上运行，情况会怎样？如果我们不是在一项而是在所有关键指标上都达到了行业最佳实践水平，那会怎样？例如，在金融服务业，一家银行的业绩在其行业中处于最低的四分位，如果能够上升到最高的四分位，那么其营业利润与总收入之比就可以实现六倍的增长。

即使是排名在前四分位的银行，如果将该行业员工人均收入的峰值水平与顶级劳动力成本效率结合起来，其业绩也能提高 50%。通过这种"可能的艺术"的思考方式，领导者可以高瞻远瞩，而不会觉得目标与实际情况脱节。

超出这种思维方式，不仅会让你对目标产生"天上掉馅饼"式的反应，还会产生意想不到的后果。以医疗初创企业的 Theranos 为例。该公司承诺研发一种医疗设备，只需 25 至 30 微升的血液样本就可以进行 70 项血液检测，这是一项前所未有的壮举。当发现他们的技术不能产生准确的结果时，Theranos 继续展示虚假的测试能力，同时使用商用机器完成血液测试，并向投资者、患者和媒体提供虚假和误导性信息。Theranos 公司成立不到 15 年就倒闭了，领导者面临许多诉讼。不幸的是，Theranos 并非孤例。还有一家汽车制造商，立志打造一款重量小于 2000 磅、售价低于 2000 美元的新车型，并将在两年内进入展厅。但最终汽车被匆忙推出，安全问题层出不穷，只留下了悲剧和诉讼。又或者，零售商为其汽车维修人员设定的目标过高，变相激励员工滥收费用，进行不必要的维修——这些不道德的行为最终让公司付出了高昂的代价。[10]

关于设定长期愿景的最后一个层面，我们还没有涉及，即"长期"是什么意思。鉴于答案高度依赖于上下文，我们在这一点上故意含糊其辞。对于上市公司的首席执行官，我们建议他们考虑 5 ~ 10 年的时间。对于企业或职能部门的领导者，我们通常认为 3 ~ 5 年是一个有效的时间范围。对于组织的基层，2 ~ 3 年的愿景可能最有意义。当然，所有这一切都取决于变革的背景，是扭转局面、从优秀到卓越的努力，还是从卓越到更伟大的征程。

注重中期目标

长期绩效愿景固然重要，但我们的研究和经验表明，至关重要的是下一个步骤——为变革计划制定切实可行的中期目标，从而"拉近未来"，使之更贴近当下。为什么这样说呢？因为这会让我们的目标更贴近当下，也更清晰具体。由此带来的这种即时性和形象性，显然有助于加快变革步伐，打造以行动为导向的思维，并为整个变革过程制定更多具体可鉴的"起点、过程和终点"，从而为整个过程提供源源不断的能量和动力。

在拉维·康德（Ravi Kant）担任印度汽车制造商塔塔汽车集团（Tata Motors）的总经理职位时，这家公司正在危机中煎熬。在收入和利润经历了长达十年的高速增长之后，突如其来的卡车市场需求暴跌让塔塔公司濒临崩溃。与此同时，来自海外竞争对手的威胁也日渐加剧，而载客乘用车业务及其投资所面对的新排放标准，也给塔塔带来巨大的成本压力。在经营最惨淡的那一年，塔塔汽车公司竟然报出50亿卢比（1.1亿美元）的巨额亏损，令市场瞠目结舌。

在如此逆境下，塔塔或许会选择全力以赴去解决迫在眉睫的问题。但事实并非如此。康德一反常规，与公司其他高层管理者密切合作，为公司制定了一个更大胆但也更有远见的长期愿景。他们不仅要让公司实现绝地反击，重塑昔日印度卡车制造业领头羊的辉煌，还要把公司打造为一家立足全球市场的多元化汽车巨头。这样的愿景确实令人振奋，但康德和他的团队很清楚，仅仅有宏伟壮丽的愿景还远远不够。如果不能把这个愿景细化为图3-2所展示的一系列可操作元素，那么他们根本就无法调动员工的积极性。

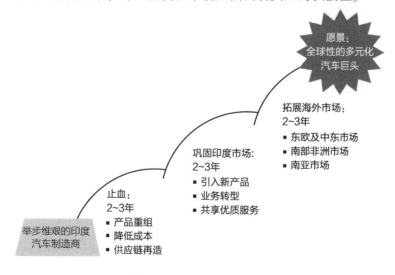

图3-2 中期目标的示例

对此，康德是这样解释的："我们制定的这项复苏战略包括三个阶段，每个阶段都将持续两年左右。第一阶段的目标是'止血'，因为我们不能忽视当前面对的困境——随着整体市场的萎缩，我们的销售额还在继续下滑。这就需要我们大幅削减成本。对于作为市场领导者而且早已习惯卖方市场的策略并始终采取成本加成定价法的老牌企业而言，这无疑是一次严峻的挑战。第二阶段的目标是巩固我们在印度国内市场的地位，而第三阶段则是走出印度本土，扩大海外业务。"[11]

事实证明，这项计划大获成功。经过第一阶段的努力，塔塔集团的总成本下降 80 亿卢比（1.76 亿美元），并全方位进入包括小型、中型及运动汽车等品类在内的乘用车市场。在这个过程中，塔塔充分把握社会和经济发展有利趋势带来的市场机遇，譬如新兴中产阶级的扩大、年轻人对拥有汽车的渴望以及政府庞大的道路建设规划。在康德上任八年之后，塔塔成为印度最大的汽车制造商，更让人垂涎的是，他们还是全印度最有价值品牌的获得者。[12]

除本土市场之外，塔塔集团还在苏联、土耳其、南部非洲、中东及南亚国家等海外市场加大销售力度，并在英国、韩国、泰国和西班牙等国家屡屡开展大手笔收购，从而成为国际汽车市场上一支不可小觑的力量。一系列成功举措已让塔塔集团成为全球第四大卡车制造商和第二大大型客车制造商，公司在全球范围内雇用的员工人数也达到 2.4 万人。

如果当初没有把长期愿景分解为一系列中期目标，那么，塔塔集团还能实现他们的这个宏伟愿景吗？确实很难说。但有一点毋庸置疑——中期目标的紧迫性和现实性，让这个愿景更具可操作性。当管理者对未来两三年进行规划时，由于这段时间相对较短，因而可以选择更有针对性的目标，并找到实现这些目标的具体途径。

反之，如果塔塔只考虑年度目标形式的愿景，而不是从长远出发，结果会怎样呢？我们当然无从知晓。但同样不可否认的是，制定足够长远的目标肯定没有任何坏处，因为这显然可以规避任何为追求短期目标而不惜寅吃卯粮的诱惑——对每个季度都要面对业绩压力的上市公司来说，这无疑是一场持久战。

在现实中，几乎所有实施全公司变革的企业都会经历类似境遇。在郭士纳领导下的 IBM 实施绩效变革计划时，最初阶段似乎就是康德领导下塔塔集团的翻版：对业务基础进行修复。随后，第二阶段的侧重点是开发 IT 服务及个人电脑业务。而在第三阶段，IBM 开始为企业级客户的技术战略提供指南，帮助他们构建和运行自己的系统，为客户的计算过程提供基础架构和数据库，从而帮助他们凭借自身开发能力进入全新的网络世界。

在重新成为首席执行官之后，霍华德·舒尔茨（Howard Schultz）的当务之急就是带领星巴克重返增长轨道。而改善绩效愿景的第一阶段，就是让星巴克成为当之无愧的全球第一大咖啡连锁品牌。为此，他们采取了一系列措施，包括升级咖啡制作设备、培育客户忠诚度项目、定位于家庭享用咖啡市场以及开展大规模的咖啡师培训等。譬如，旗下 7000 多家店面曾因开展"浓缩咖啡卓越培训"活动而关闭 3 个小时，在这次大规模培训中，平均每家店面 13.5 名咖啡师学习了如何倒入数量精准的浓缩咖啡，将牛奶加热到最适宜温度。第二阶段的重点是扩大星巴克在全球范围的影响力，包括重新设计门店外观、提供有文化特色的产品以及支持当地公益事业。第三阶段的目标则是通过与公平贸易组织开展合作及回收计划，让公司成为"道德采购"和环境保护领域的领导者，凭借"有责任感的成长、公平道德的交易、引以为荣的高质量服务"脱颖而出。[13]

但是从我们的经验看，在大量的管理文献中，明确界定中期目标的观点明显没有得到应有关注。仅仅制定长期业绩愿景还远远不够；还要让这个愿景回归现实，演化为一组可预期的中期业绩目标，这些具有里程碑意义的目标，不仅要精确细致并具有可操作性，也要在变革的规模和速度上给执行者带来足够的挑战。

防止在过程中出现偏差

在这方面，昔日一家全球顶级公司的经历尤其值得借鉴。在前首席执行官安东尼奥·佩雷斯（Antonio Perez）接管危机重重的伊士曼·柯达公司（Eastman Kodak）时，他很清醒地意识到，公司必须进行全面彻底的自我改造。佩雷斯迅速调整了公司战略导向，并制定了在数字打印机市场实现突破的长期愿景。但是在五年后，柯达的股票价值已跌至不到 1 美元。在公司申请破产的情况下，佩雷斯也"当之无愧"地进入 CNBC "年度最糟糕 CEO"榜单。

到底发生了什么呢？罪魁祸首至少在一定程度上可归咎于心理学家所说的"确认偏差"（confirmation bias，在主观意愿的驱动下，他们倾向于寻找和接受支持自己观点的信息，而忽略与之相悖的信息）。在成为柯达首席执行官之前的职业生涯中，佩雷斯曾在惠普度过了 25 年，主要负责喷墨打印及成像业务。根据手头掌握的信息，佩雷斯把赌注压在更有助于验证自己观点的方面，而对那些不支持这些观点的业务则视而不见（事实显而易见——公司已在这些领域进行了多轮尝试，但均以失败而告终，而且他们也缺乏这方面的制造能力或规模，以至于根本就无法在这个具有大宗商品性质的行业中取得足够回报）。[14]

实际上，确认偏差只是众多认知偏差中的一种（查询维基百科，我们可以找到超过 120 种认知偏差），这些认知偏差会导致我们的决策背离理性判断。但是根据我们的经验，确认偏差和另外两种认知偏差（群体思维和乐观偏差）最为普遍，而且危害也最大。

群体思维（groupthink）是指群体因对共识与和谐的过度期望而导致决策过程失灵的现象，这种失灵体现为（在内心进行的）自我审查和自我施压。在探讨组织行为的里程碑式著作《管理中的阿比林悖论和其他思考》（*The Abilene Paradox, and Other Meditations on Management*）中，杰里·哈维（Jerry B. Harvey）博士为我们提供了一个完美示例，充分演绎出这种心理偏见在现实中的呈现方式。他向读者描述了这样一番场景——在位于得克萨斯州科尔曼的家里，哈维一家人自由自在地围坐在门厅旁边。尽管外面气温已高达40度，但门厅里还算清净阴凉。因此，大家都还觉得舒适。杰里·哈维的岳父说："嘿，我们可以开车去阿比林兜一圈，然后到自助餐厅吃晚饭，如何？"杰里心里想："这可是太疯狂了；这么炎热的夏天，我可不愿意坐着1958年的别克老爷车，跑到53英里以外，到一家糟糕透顶的自助餐厅吃晚餐。"但他还没来得及开口，妻子便忙不迭地接过话："当然可以啊，这真是个好主意啊。"杰里本想找个借口搪塞一下，"好吧，我想……但不知道，你妈妈是不是也愿意去。"杰里的岳母马上斩钉截铁地回答，"我当然愿意去了。"

在经过4小时的106英里车程之后，他们最终再次回到门厅，此时，大家都已大汗淋漓、满身灰尘，毕竟，他们是在车窗紧闭的酷暑中完成了这次晚餐之旅（1958年生产的别克车还没有安装空调！）。晚餐的食物正如杰里的预期，让所有人感到无法接受。在大家坐下来之后，杰里不无讽刺地说："好伙计，这可是一次非常棒的旅行，是吗？"没有人马上应答。最后，还是他的岳母打破了沉默："说实话，我可不喜欢。我宁愿待在家里，但你们还是拉着我去了。"杰里回应道："我可没有强迫您啊。其实，我在这里原本挺开心的；我只是想迎合大家，让你们觉得开心。"但他的妻子马上接着说："我其实也只是想让大家开心而已，不想扫兴。"杰里的岳父终于发话了，"我始终都不想去阿比林。我只是觉得大家坐在家里，可能会觉得无聊！"

这样的事情难道就不会发生在组织中吗？遗憾的是，无数示例表明，这种事不仅在组织中很常见，而且会给组织带来灾难性影响，譬如瑞士航空公司（Swissair）的倒闭，大批银行的无良行为酿成的2008年全球经济危机，"挑战者"（Challenger）号航天飞机的升空爆炸，美国汽车业的停滞，诸如此类的示例不胜枚举。作为新上任的领导者，在你为组织制定目标时，务必要提醒自己——在你的身边，很多人可能会让自己强迫接受你的观点，但他们在内心深处未必相信这个观点。在出现这种情况时，不仅你制定的目标在质量上会大打折扣，而且其他人对目标的投入程度也会差强人意。

　　第三个需要当心的认知偏差就是所谓的乐观偏差（optimism bias），即人们总是倾向于对可能出现的结果做出最优预期。这种认知偏见可以解释，在西方国家，尽管离婚率高达40%，但是在让新婚夫妇估计他们离婚的可能性时，他们最有可能给出的结论是0。同样，这也是导致90%的投资项目出现成本超支（成本超过商业计划的平均比例达到45%）的原因。也正是因为这样，我们的同事克里斯·布拉德利（Chris Bradley）、马丁·赫斯特（Martin Hirt）及斯文·斯密特（Sven Smit）才得出如下结论："在拙劣无比的战略规划过程中，最有代表性的结果之一，就是所谓的'曲棍球棒'预测图——在图表中，这条先行下降而后向上延伸的曲线可以解释前期投资的收益变化规律。在推介自己的新战略时，高管们总会自信满满地拿起这根'曲棍球棒'。但不可否认的是，拿着球棒挥舞几下，做做姿态并不难，但是要真正进球得分可就没那么简单了。在事实中，我们更经常看到的结果是，他们的战略根本完全无法满足雄心勃勃的目标，于是，只能以新战略取而代之。"[15]

　　不过，仅仅意识到这些认知偏差的存在并不能帮助我们规避这些偏差。作为该领域最有发言权的思想家之一，丹·艾瑞里（Dan Ariely）曾指出："在制定决策方面，我和我在书中提到的其他人一样拙劣。"[16]但幸运的是，很多行之有效且已得到实践检验的工具可以帮助我们最大程度减少认知偏差对决策的影响。这些工具包括："事前检验"法（pre - mortem，制作一份清单，列出可能导致失败的各种潜在根源，并提出相应的建议，而后反向回推，纠正误区，从而避开这些根源）；"红队 - 蓝队辩论法"（red team - blue team，指定一个人或小组作为某个决策的支持方，另一人或小组作为反对方，然后，双方针对决策开展辩论）；"清洁列表再设计"法（cleansheet redesign，只根据一组具体要求开发系统，不考虑与当前投资或路径有关的具体因素）；以及"消失选项"测试法（将首选选项剔除，而后反问自己："我们现在该怎么做？"）。归根到底，只要能让多元化团队共同参与决策过程，就一定会收获更大的回报——相关研究显示，决策团队成员构成的高度多样化，可以让决策质量提高50%以上。[17]

需要提醒的是，尽管我们提倡领导者应使用现有工具消除决策中的偏见，但这并不等于说，领导者就无须"全面检查"自己的决策。在这方面，我们非常赞同前 Dreyer's Grand Ice Cream 公司董事长兼首席执行官加里·罗杰斯（Gary Rogers）的观点，他认为："既然你自己都觉得不对劲，就不要这么做。"[18]

健康：方向性目标

如前所述，当一个组织为健康设定愿景时，如果也能达到制定绩效愿景那样的明确性和具体性，那么，它们实现变革成功的机会就会大大增加。我们通过研究发现，与仅为绩效设定清晰愿景的变革行动相比，如果能在健康和绩效两个方面同时制定清晰的愿景，那么，通过这种兼顾两方面的行动，组织变革计划"非常"成功或"极其"成功的概率要高出 80%。如果仅以被认定为"极其"成功的项目为准，兼顾性行动的成功率相当于单一性行动的 4.4 倍。[19] 那么，我们应如何判断，组织设置哪些健康目标会有助于实现其战略目标呢？结论很简单，我们可以遵循一套行之有效的流程，包括检查组织的健康状况、选择通往卓越之路以及识别遭到破坏的实践。

检查组织的健康状况

在第 1 章里，我们简单介绍了组织健康的概念，将它定义为组织在追求共同目标的过程中如何有效地协作。与健康相关的行动是指那些可以改善组织自我调整能力、实现卓越执行和自我更新的行动，从而在不断变化的外部环境中持续实现绩效目标。在第 2 章里，我们明确勾勒了组织健康的九大要素——即方向、领导力、工作环境、问责、协调与控制、能力、激励、外部导向以及创新和学习。此外，我们还把这九大要素进一步分解为 37 种相应的管理实践。随后，我们又介绍了一种以调查为基础的工具——组织健康指数

（OHI）调查法，以及如何利用这套指数对组织健康状况进行全面、严格的
审视。

　　在本章，我们将站在更高的视角对OHI进行总结概述，以帮助读者了解
组织健康的内涵，具体如表3-1所示。我们可使用该表简单判断组织的健康
状况。也就是说，组织在每个要素上到底已达到怎样的水平——是病入膏肓、
当打之年还是出类拔萃？哪些要素是组织实现中期绩效目标的关键？我们希
望组织在每个要素上处于什么位置？如果组织出类拔萃，那么你的变革措施
会更快、更有效吗？

表3-1　对组织健康状况的评估

	低劣	正常	卓越
方向	制定的战略不能解决困难问题	详细制定和部署有说服力的组织战略，并通过系统和流程强化战略……	围绕愿景制定行之有效的具体目标，并调动组织成员的参与积极性
领导力	制定高度细致的行动指南，并对执行情况实施监督（高度控制）	充分体现对下属的关爱，深刻理解他们的需求（高度支持）……	制定不易实现的高水平目标，并鼓励员工发掘全部潜力去实现这些目标（高度挑战）
工作环境	缺乏协调一致的共同价值观	制定一套适用于整个组织及各组织机构的价值基准……	创建一种威力巨大且具有强大适应力的组织绩效文化
问责	制定的角色过于复杂，且含混不清	制定一套内涵界定清晰且与绩效和成果相关联的岗位角色和任务职责……	鼓励各层级组织成员树立所有权意识
协调与控制	建立的控制系统和流程相互冲突，且含混不清	通过合理高效的流程管理实现目标、愿景和标准等要素的协调一致	衡量并获取通过跨越组织界限实施合作而带来的价值
能力	未能有效管理人才通道，或是无法处理业绩不佳的员工	创建实现组织战略所需要的组织技能……	能创建一套与众不同的能力体系，从而为组织创造长期竞争优势

(续)

	低劣	正常	卓越
激励	将组织成员的低参与度视为常态	通过奖励、晋升机会和价值等方式实施激励……	充分发掘员工在内涵和特征这两个方面对超凡努力的认知
外部导向	把有限的能量充分引导到组织内部	把为顾客创造价值作为首要目标……	强调为全体利益相关者创造价值
创新和学习	缺少把握员工创意能力的结构性方法	能把握新的创意,并通过特殊行动把它们加速转化为价值……	能充分利用内部及外部的关系网络,从而维持组织的领导地位

即便只是利用这个简单评估工具评价健康状况,就会让大多数领导人看到,健康状况的改善会如何成为巨大的变革加速器。但是要进行更有效的健康状况检查,显然还需要更深入的分析。而分析的出发点,就是我们之前介绍的组织健康指数(OHI)。随后,我们再通过一系列分析对 OHI 予以扩充,以确认调查结果是否反映客观现实。如果结果表明结论与事实不符,那么,现实的解决方案或许是提高调查本身的透明度和沟通,而不是从根本上彻底改变管理实践。比如说,一家金融服务组织发现,由于薪酬与绩效不挂钩,因此,员工根本无法体会到财务动力的激励效应。但分析却表明,这完全是一种误解。因此,公司并没有提议改革薪酬制度,而是马上认识到,它们最需要的是一套有效的沟通程序,让员工清晰地认识到薪酬和绩效之间的联系。

在常见的有效分析方法中,包括对来自客户忠诚度得分(客户至上)、通过目标人才库实现的招聘率(人才获取)、薪酬基准(财务激励)、高管日常工作分析(各种领导实践)及绩效记分卡间关联度(战略清晰性)的数据进行分析。在绝大多数情况下,这些辅助性事实不仅有助于强化调查结果,也为驳斥那些仅靠猜测、实际上与现实不相符的怀疑论者提供了强有力的证据(这些人的怀疑往往是出于防御心理,因为他们肯定不喜欢自己看到的健康报告——实际上,很多人在身体健康检查中得到不好的诊断结果时,都会产生这样的感受！）。

总之，OHI与相关性分析是衡量组织健康状况的最有效方法。从很多方面看，这种差异就相当于到梅奥诊所（普遍认为世界上最好的医院之一）检查身体，而不是在当地社区诊所做检查。但需要提醒的是，在进行体检时，你的健康状况完全是不可预测的。你不仅有可能得到某些奇妙的意外惊喜，让你对未来更乐观，甚至会让你梦想到你的战略目标即将成为现实，因而让你变得更大胆。另一方面，你也可能会得到某些预警信号，只不过在眼下还算不上大问题，如果能妥善解决，就可以确保它们不会成为永久性问题。当然，身体检查也许会揭示某些更危险的症状，只有接受重大干预措施，才能确保问题不会演变为致命威胁。

选择通往卓越之路

无论你的健康状况如何，只要接受了检查，就要不可避免地面对如下步骤，即，确定应制定怎样的健康目标，以最大限度实现组织的绩效目标。大多数接受健康检查的组织都有机会让健康状况得到改善。在这方面，第一个指标就是与同行组织进行对比——比较的标准不只是健康结果，还有造成这些结果的37种管理实践。

需要提醒的是，推动组织健康结果的这37种管理实践会发生在每个组织当中，只不过它的呈现既有可能出于主动也可能是被动发生的。员工对战略的内涵会有自己的认知；他们都在为实现目标而努力，当然，这些目标既有可能明确具体，也有可能隐晦内敛，比如说：正确合理地进行预算分配；组织按需求聘用或解雇员工；以某种方式、形态或标准进行绩效监督，为员工提供合理的薪酬，对风险实施管理（无论这种管理是否合理有效），与利益相关者进行沟通或互动。诸如此类的管理实践每天都会以形形色色的方式呈现在组织的日常运行中。

那么，针对健康目标，是否所有公司应定位于在每个管理实践上都做到出类拔萃呢？不需要，必须强调这一点，确实没有必要！我们从未见过能在每个管理实践上均位列前1/4的公司。但有一点毋庸置疑，在曾经与我们合作过的公司中，绝对不乏拥有良好健康成果的公司。

再次回顾一下把组织健康与人类健康做类比的方法。我们会看到，除基本健康指数以外，在一定程度上，个人健康同样取决于他们对日常表现的预期，或者说，他们希望自己拥有怎样的生活。健美运动员的健康体重当然不同于赛马骑师；飞行员对视力的要求注定高于学者；芭蕾舞演员需要拥有比律师更灵活精巧的关节。在深入研究这37种管理实践时，我们也发现，健康的公司并非样样精通——而且它们的优势领域远不及我们想象的那么多。这当然不乏具体证据，相关分析表明，只要一个组织能在6项管理实践中排名进入前1/4，那么，其总体健康结果进入前1/4的可能性就会达到80%，而这样的健康结果必然有助于带来优异的业务绩效（见图3-3）。

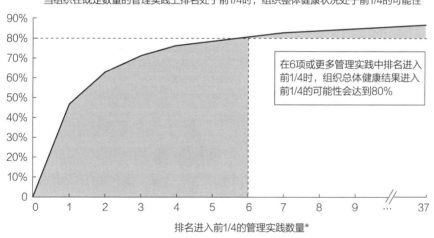

图3-3 "6"是一个神奇的数字

＊假设组织在其他所有管理实践的排名均进入前3/4。

对领导者来说，这无疑是个令人欣慰的发现。但是，假如一个组织只需在6项管理实践上表现优异（而且在其他方面不至于糟糕透顶）就有可能保持健康，那么，组织是否可以任意选择6项管理实践呢？很遗憾，要做到卓尔不群绝非易事。这就需要我们真正理解"互补性"（complementarity）这个概念。在《现代公司》（*The Modern Firm*）一书中，作者约翰·罗伯茨（John Roberts）将"互补性"定义为："当一个变量（增加或减少）发生变化时，如果另一个变量会发生逆向变化，那么，这两个变量具有互补性。"[20]

　　为了解这背后的运行机制，我们不妨看看图3-4中的示例。当一家公司希望提升员工工作积极性的时候，它可以选择从诸多管理实践入手。假如这家公司决定从提供物质刺激入手，那么，公司将工作积极性提升到前1/4水平的概率为48%（或许令人难以理解的是，这也是所有激励性管理实践可能带来的最小升幅）。但如果公司选择在提供激励措施的同时，改善员工的工作环境，从而达到提高绩效透明度的目的，那么，工作积极性提升到前1/4水平的概率将高达95%。同时采用两种具有互补性的管理实践，而不是只依赖于其中的一种，那么，成功的概率就会大大增加。在这个例子中，成功的概率几乎增加了一倍。

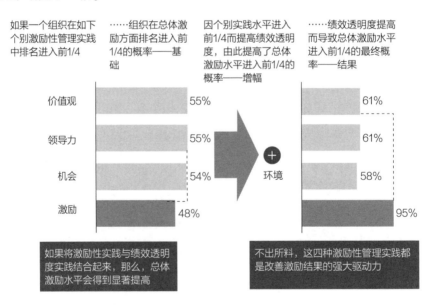

图3-4　管理实践的组合运用

　　联想一下烘焙，更容易理解互补性这个概念。无论面粉、酵母还是水，它们本身都是再平常不过的东西。但如果把它们以合理比例混合起来，并采用正确的制作工艺，这些原本司空见惯的东西就可以变成香醇可口、热气腾腾的新鲜面包。或者以花生酱或果酱为例：把它们混合在三明治里，会得到一种咸中带甜的味道，与两者各自的味道相比，很多人更喜欢这种混合后的新味道（的确，我们也意识到，对其他国家的读者而言，最后这个例子是一种纯美国式的类比）。

当然，食材这个例子也说明，互补性带来的影响还有它的另一面。不妨以巧克力曲奇饼为例。想到它就会让你流口水，是吧。再加一份新鲜的海鲜沙拉。那种感觉太美妙了，是吧。现在，我们把巧克力曲奇饼和海鲜沙拉混在一起，放在烤箱里烘烤。噢，真恶心！管理实践其实也是如此。如果一个组织想提高创新和学习能力，那么它可以在诸多管理实践中进行选择：如果以自上而下式创新为工具，那么，将创新和学习能力提升至前 1/4 的概率为58%。但是，除采用自上而下式创新之外，该组织同时还要强调激励、绩效透明度和人才获取这三个管理实践，那么，创新和学习能力进入前 1/4 的概率就会降至 44%。

事实证明，大规模创新在本质上就是一种协作性工作。相关要素的这种特定组合以牺牲社会资本（网络、协作和信息共享）为代价，突出人力资本（由人力所贡献的智力和功能性技能）的重要性。因此，一种更可取的策略，就是把自上而下式的创新与共同愿景、知识共享以及客户至上等管理实践结合起来，由此，将会使创新和学习能力进入前 1/4 的概率提升到 78%。

在明确互补性的概念之后，问题的关键也由此变成是否存在获胜秘籍，也就是说，将 6 种左右已达到出类拔萃（前 1/4）程度的互补性管理实践组合起来，为组织带来健康的总体结果。当然，我们早已心中有数，而且可以很有把握地告诉大家，这个获胜秘籍并不唯一，而是存在四种组合方式！需要明确的是，这些结论并非我们的主观臆想，而是采用聚类分析（clusteranalysis，将分析对象的集合划分为由类似对象组成的多个类，从而对具有相似特征的类单独收集数据并进行分析，这是一种重要的人类行为分析方法）技术对数据库进行分析挖掘的结果，具体如图 3 - 5 所示。

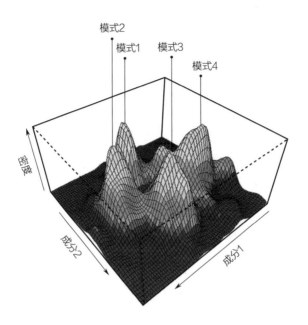

图3-5　针对管理实践进行聚类分析的图示说明

　　根据对相关管理实践在每个组合中的结合方式以及对同类公司（具有相同属性的公司）性质的理解，我们分别对这四个类别进行了命名。需要强调的是，如何命名本身并不重要，关键是如何把这六种"食材"搭配起来的"食谱"。不妨再次以烹饪技术做类比，命名就相当于给菜单上的菜品定义一个名称（譬如"波旁威士忌面包布丁"），而每一种管理实践则相当于具体食材（鸡蛋、奶油、糖、前一天做成的奶油蛋卷、葡萄干和少许肯塔基出产的波旁威士忌酒），通过精心混合与烹制，我们就会得到一道味香色鲜的新美食。最终，我们把这四种组合模式分别命名为领导力工厂、市场塑造者、执行力优势以及人才与知识核心。[21] 图3-6按排名顺序列示构成每种方案（组合方式）的成分——或者说，有助于改善总体结果的个别管理实践。下面，我们将深入探讨每一种组合模式。

图3-6　四种组合模式及其驱动性管理实践

领导力工厂（leadership factory）

领导力工厂模式的内涵就是通过培养、发掘和利用强有力的领导者，并以辅导、正规培训及适当的晋升机遇为其提供支持，从而达到提高组织绩效的目的。拥有这种秘籍的企业通常被视为"领导力学院"（leadership academy）公司，由于它们拥有超乎寻常的良好声誉，因此，其他公司会主动向它们培养的领导者抛出橄榄枝。根据我们的数据，在拥有良性管理实践组合的公司中，这种领导力工厂型组织仅占25%。

假如你是一家此类公司的领导者，那么，你就更有可能相信，你以及你所在公司创造的成果和你的切身利益休戚相关；你会认识到，职业发展机会直接取决于你的业绩表现；你会珍惜每个让自己更优秀的挑战；你会更加努力地工作，并积极为组织创造更多价值。要充分发挥这种模式的优势，关键在于拥有崇尚开放与信任的环境，因为只有这样，整个组织才能以更透明的方式分享结果与反馈。不过，要让获得授权和面对挑战的领导者既能承受预期风险，又能创造可持续的业绩，并确保任何领导者的个人行为不会危及整个公司，关键恰恰在于风险管理实践。这个结论或许有违常理。

具有领导力工厂模式的组织通常围绕以培养总经理为导向的业务部门而

构建，这类组织对盈亏的要求远低于正常组织。大部分招聘通常仅针对入门级或接近入门级的职位，而后通过明确的领导开发路径及早期岗位轮换计划，在组织内部培养人才。高层领导者的一项重要职责，通常就是培养下一代接班人。

饮料及速食业巨头百事公司（PepsiCo）就是一个体现领导力工厂模式的绝佳示例。百事不仅愿意为新人提供良好的职业发展阶梯，还鼓励员工充分发挥自主积极性，并主动为员工创造有更多接触公司高层决策者机会的企业文化，所有这些举措，让这家公司成为求职者心目中的天堂。在这里，员工可以独立为自己设定业绩目标，而不必受制于复杂烦琐的权利架构。但百事公司无比苛刻的业绩合同却鲜为人知——它将每个员工的个人目标与企业目标联系起来。绩效评价的依据，包括这些目标的实现情况以及对若干领导能力标准进行的评估——其中就包括短期风险和长期风险的权衡能力。

市场塑造者（market shaper）

选择这种组合模式的公司认为，它们的优势就在于所提供的产品既符合当前市场需求（或是未来潜在需求），又难以被竞争对手所效仿或超越。由此可见，这种模式的特点在于高度关注外部市场需求，通过高度强调角色澄清的重要性，确保组织能更快、更有效地推出新产品和新服务。我们的数据库资料显示，在拥有良性组合模式的公司中，市场塑造型组织的比例达到 28%。

在这些公司中，通常不会出现"非本地发明"（not invented here，泛指只采用内部开发的技术而排斥外来技术的现象，以至于组织难以发现自身问题，并导致决策质量低下）综合征的现象。相反，它们善于敏锐把握建立伙伴关系、创建和利用生态系统的重要性。此外，市场塑造者并不满足于"百花齐放"式的创新，相反，它们善于从高度战略性和自上而下角度出发，精确定位能满足客户需求或击败竞争对手的领域。然后，据此进行相应的资源再配置。

市场塑造者通常拥有无比强大的战略、财务和营销业务能力。此外，它们还会在销售及产品开发业务上进行大量投资。这些公司大多因其产品及服务创新方面的市场认知度而声名远扬，或是因倡导引领行业洞见与前景的"英雄"形象而闻名遐迩。因此，苹果公司能成为市场塑造者模式的典型代表，自然也不足为奇。作为首席执行官，史蒂夫·乔布斯（Steve Jobs）"将浪漫融入计算能力"的口号成为苹果公司不断推出时尚款产品设计的催化剂，也让客户对其新产品趋之若鹜。[22] 乔布斯倡导的另一个领导宗旨，就是要让员工认识到，"苹果存在于一个完整的生态系统中，而且需要来自其他合作伙伴的帮助。"[23] 因此，商业合作伙伴关系也是苹果取得成功的一个基本要素；在任何一个年份，它都会与超过 20 万家企业签署合作协议——从软件公司，到汽车制造商，再到报业媒体，几乎无所不包。[24]

执行力优势（execution edge）

选择执行力优势模式的组织的竞争优势，来自于所有员工为推动持续改善而进行的共同努力。选择这种组合模式的公司往往会发现，它们要么面对竞争非常激烈的行业或市场，要么不得不面对严格的监管，因此，真正塑造市场的机会非常有限。在我们的数据库中，执行力优势型组织占据所有具备良性组合模式企业的 33%。

这种模式关注创新，但不同于市场塑造者型组织，它们的创新强调从内部出发解决问题。这种创新的动力自下而上，而市场塑造者的创新则来自自上而下的动力。这些公司秉承阿尔·帕西诺（Al Pacino）在好莱坞电影《挑战星期天》（Any Given Sunday）中所演绎的哲理——在这部电影中，他把人生描述成一场寸土必争的游戏——面对势均力敌的对手，我们需要为争夺每一寸土地倾尽全力。因为"当我们不断取得一寸又一寸土地的时候，胜败自然也就逐渐见分晓"。在这些公司中，库存的每一次周转或是每个利润点都至关重要，因为每次周转或是每增加 1% 的利润，都会让它们领先竞争对手一步。

毋庸置疑，它们绝非那种试图榨干员工最后一滴汗水的血汗工厂。事实恰恰相反。在这些公司，员工已摆脱了简单劳动的束缚，充分发挥他们的技能、创业精神和创造力，不断提高工作质量和效率。这类组织以透明方式实现绩效共享，推行健康有序的内部竞争，制定合理的业绩基准，并确保最佳实践在整个系统中得到迅速普及。在这些组织中，财务或非财务激励与工作结果密切相关。在这种模式中，一线领导者的作用至关重要。因此，优秀的执行力优势型组织会用大量时间进行一线领导者的选拔、培训和评价。

沃尔玛就是这种组合模式的典型代表。沃尔玛的企业文化强调不断降低成本，并在整个供应链中实现合作，这就可以确保日常决策能贯彻到组织的最底层。这种模式可以让库存在整个系统中灵活移动，并以可视方式随时跟踪其状态，因此，所有问题都会在第一时间得到解决。只要销售点数据出现更新，整个系统就会随之进行实时调整。另一方面，通过卫星传送数据，他们可在全球范围内跟踪每一家店面的销售及商品库存情况。在这种数据极大丰富的环境中，领导者可以随时发现哪些环节运转正常，哪些环节存在问题，为促进最佳实践在整个组织的共享创造条件。这种管理流程与沃尔玛的"基层流程"相辅相成——"基层流程"的核心就是让所有员工在改善公司方面拥有发言权。这种方式可以确保领导层随时掌握每个有助于实现组织改进的想法。

人才与知识核心（talent and knowledge core）

在人才与知识核心模式中，组织在以吸引、开发、留住和激励人才创造价值的同时，不断积累和打造特有的差异化知识体系，从而达到总体大于个体之和的效果。这就像是训练一支高水平的球队，教练首先需要找到合适的球员（人才获取），提高他们的技术水平（人才开发），把他们融合为一个有机的团队（知识共享），随时让他们集中精力（所有权意识），并为他们提供极富吸引力的奖励、认可和职业发展机会，这样，即便在成为明星后，这些球员也不会因为其他球队的诱惑而跳槽。在我们的数据库中，人才与知识核心型组织占全部拥有良性组合模式企业的 14%。

这类组织往往具有横向管理半径大和纵向层级少的特点，这有助于加大授权力度和择优晋升。此外,它们大多高度强调招募最优秀、技术高超的顶级专业人才——它们必须这么做,因为这也是它们取得竞争优势的源泉。与采用领导力工厂模式(通过强力领导者率领的团队创造价值)的组织相比,人才与知识核心类组织的成功源自高水平技能型人才的合作。因此,这些组织的领导者往往需要为人才评价投入大量时间,确保人才得到充分的开发和利用,并实现知识的真正共享。

我们自己所在的组织就是这种模式的一个典范。在麦肯锡,人才与知识核心的理念已深深植根于我们的使命宣言:"创建一家吸引、培养、激励并留住优秀人才的伟大企业。"但我们的核心人力资源很少。这是为什么呢?因为我们把为初级人才提供反馈、指导和培养的任务交给合作伙伴。只对少数角色做出明确界定,有助于为他们创建清晰的职业发展路径。我们采用以业绩为基础的"不进则退"模式,确保人才库不断更新,让表现优异者能更快成长,并为他们在公司内外创造良好的职业发展机遇。各层次员工的薪酬均从战略层面考虑绩效——也就是说,不把市场业绩当作唯一考核标准,这样一来,金钱就不会成为吸引员工的唯一动力,而是让他们折服于麦肯锡的价值观、影响力和发展机会,并主动去接受和追求这种企业文化。强大的合作文化与先进的知识共享系统激励咨询师不断向他人学习,而且不管他们身在何处,都有能力将组织的全部系统化知识用于客户服务。

我们此前已强调过,这四种组合模式既不是我们的理论推断,更非主观预测,相反,它们是数据统计和数字运算的结果。但这些模式在组织现实生活中的充分展现的确让我们自己都感到震惊。最近的一次经历让我们深深地感受到这一点。当时,与麦肯锡合作的一家公司表示,它们高度怀疑这些模型不过是学术研究成果而已。面对质疑,我们当场提出几个问题。其中一位高管刚刚在两个月前进入这家公司,于是,我们问他,"您第一次接触客户是在什么时候?"他回答我们,第一次是在定岗培训期内的"搭便车"(陪同一位销售员拜访客户),而后是在那一周的晚些时候,当时,他陪同自己的"师傅"(另一位负责帮助他完成工作交接的高管)与客户共进晚宴。

随后，我们向刚刚加入麦肯锡的一位同事提出同样的问题。她的回答是："我参加了为期三个月的业务技能培训，然后，在我参与的第一个项目中，我负责后勤事务。直到这之后，我才有幸参与我人生中的第一次客户会议。"然后，我们再次向这位客户高管提出问题，"您上司第一次对您的业务表现做出评价是在什么时候？"我们的问题让他很困惑。"我不明白您的意思是什么？我上任才两个月。迄今为止，我还没有得到来自上司的任何反馈。"随后，我们再次回头向我们的同事发问，"在麦肯锡，你在什么时候收到第一次正式反馈的呢？"这位同事回答："我来到麦肯锡的第一天，从那以后，上司几乎每天都会对我提出建议！"

此时此刻，在客户的塑造者模式和我们的人才与知识核心模式之间，差异已彰显无遗。可见，每一种组合模式所强调的管理实践，实际上都可以直接转化为组织日常生活中的点点滴滴。

综上所述，从追求组织健康这个目标以及互补性的基本概念出发，我们可以找到管理实践之间的某种优化"配方"。管理学文献在帮助领导者推动变革和创建可持续性卓越优秀组织方面基本无效，背后的原因从这个事实中显露无遗。在针对本书进行的研究中，我们逐渐意识到，我们所查阅的绝大多数书籍和文章，其实都是在宣传某种"放之四海而皆准"的具体"配方"。

为进一步加深印象，我们不妨看看如下这些管理学经典著作，包括罗纳德·海菲兹（Ronald Heifetz）的《并不容易的领导艺术》（*Leadership without Easy Answers*）、约翰·科特（John P. Kotter）的《领导者应该做什么》（*On What Leaders Really Do*）、萨姆·沃克（Sam Walker）的《队长级别》（*The Captain Class*）、西德尼·芬克尔斯坦（Sydney Finkelstein）的《超级上司》（*Superbosses*）以及罗伯特·格林里夫（Robert Greenleaf）的《仆人式领导》（*The Power of Servant Leadership*）。我们注意到，这些人提出的建议在很大程度上依赖于"领导力工厂"模式。通过阅读吉姆·柯林斯（Jim Collins）和杰里·波勒斯（Jerry Porras）的《基业长青》（*Built to Last*）；詹姆斯·基尔茨（James M. Kilts）的《刀锋上的舞蹈》（*Doing What Matters*）；桑吉夫·阿南德

（Sanjiv Anand）的《卓越执行力》（*Execution Excellence*）或是拉里·博西迪（Larry Bossidy）和拉姆·查兰（Ram Charan）的《执行：如何完成任务的学问》（*Execution*），我们会发现，他们就是在间接地倡导"执行力优势"模式。如果看看斯科特·加洛韦（Scott Galloway）的《硅谷四巨头》（*The Four*）、拉尔夫·威尔伯恩（Ralph Welborn）和萨贾·佩莱（Sajan Pillai）的《颠覆》（*Topple*）、弗雷德·维尔斯玛（Fred Wiersema）的《新市场领导者》（*The New Market Leader*）或者克莱顿·克里斯滕森（Clayton Christensen）的《创新者的窘境》（*The Innovator's Dilemma*），你会发现，他们的讨论实际上是围绕市场塑造者模式展开的。而在洛威尔·布赖恩（Lowell Bryan）和克劳迪娅·乔伊斯（Claudia Joyce）的《思维动员》（*Mobilizing Minds*）、马库斯·巴金汉姆（Marcus Buckingham）和唐纳德·克里夫顿（Donald Clifton）的《发现你的天赋》（*Now, Discover Your Strengths*）、拉斯洛·博克（Laszlo Bock）的《重新定义团队》（*Work Rules*）或是艾德·迈克尔斯（Ed Michaels）、海伦·汉德菲尔德·琼斯（Helen Handfield Jones）及贝斯·阿克塞尔罗德（Beth Axelrod）的《人才争夺战》（*The War for Talent*）等作品中，作者们所推崇的思维，无疑都是以人才和知识核心为基础。

当然，这并不等于说，这些作品一无是处或是存在误导性（事实上，很多作品确实带来了不同凡响的效应）；但他们在书中预设的建议可能适合你的组织，也可能对你的组织毫无意义。但真正毫无意义且具有误导性的是，组织领导者把这些书籍当作圣经，而且还一本正经地训诫他们的团队："我们要拥有丰田那样的精益管理……西南航空公司那样的客户服务……在人才和知识上，要像高盛那样，还要有百事可乐那样的领导力开发能力。"在无形当中，他们就是在要求自己的团队作一块海鲜饼干！

那么，什么样的管理模式最适合你的变革目标呢？要回答这个问题，我们建议采用三个标准。第一个标准是熟悉的程度：寻找最适合当前自身管理实践的组合模式——突出或是反复强调当前模式中的具体要素，总比彻底改造整个模式容易得多。这样，你就可以静下心，认真思考为什么会这样。现在，不妨尝试以相反的方式回答这个问题（但前提是能找到反向工作的方式）。这确实有点困难。如果不只要求你这一次这么做，而是从现在起，每次在你思考这个问题时，都要求你这么做，你该如何应对呢？不管你的目标有多么诱人，想要长期维持这种新的行为显然是不太可能的。管理实践也是如此——它本身就是我们在组织中完成任务的习惯性方式。

第二个需要考虑的标准是匹配性：与绩效目标最相符的模式。不妨再看看本章开头提到的墨西哥国家保险集团（GNP），公司现有的健康状况更接近于市场塑造者模式。但考虑到已采取战略的性质，它们认为执行力优势模式的匹配性会更好，而且这确实也是它们选择的模式（基本忽略第一个标准！）。

第三个标准是激情：高管团队对运行这种模式是否有足够的热情。激情不仅是制定绩效目标时需要考虑的重要因素，对设定组织健康的目标同样至关重要。经常会有人问：你们是否认为，要在特定行业取得成功，就必须采取适用这个行业的某种具体组合模式呢？答案是否定的。实际上，这四种模式存在于每个行业中，在拥有良好健康与绩效特征的公司中，我们都会找到能代表每一种组合模式的公司。也就是说，不同类型的公司会有不同的侧重点，譬如，高绩效的消费品公司更可能采用市场塑造者模式，高绩效的工业品公司更有可能采纳执行力优势模式，而在专业服务、娱乐和体育运动团队中，人才与知识核心模式是高绩效公司中最经常采用的。

至于高绩效组织到底会青睐怎样的组合模式，人们经常提到的最后一个问题是：数据是否可以揭示组织实现健康和高绩效所必需的模式。答案同样是否定的；实际上，只有4/5的高绩效公司采取了明确具体的组合模式。[25]因此，我们可以断言，模式和分析工具只是可借鉴的经验法则，而不是定律。也就是说，与组合模式含混不清的公司相比，如果公司采取的具体模式与上述四种模式之一密切相关，那么，它在健康水平上进入前1/4的概率要高出6倍。[26]这种优势至少在一定程度上可以归结为，一旦选择并采取了有效的组合模式，就会在工作中形成良好的互补性，从而形成竞争对手难以模仿的优势。这就再次让我们回到最初的问题：组织健康为什么会成为竞争优势的强大来源。

识别遭到破坏的实践

找到可以让我们与众不同之处固然重要，但这还不足以帮助我们实现最终的健康愿望。正如拳王穆罕默德·阿里（Muhammad Ali）所言，"让你疲惫不堪的，并不是横亘在你面前的高山，而是落在你鞋子里的沙石。"[27] 通过一次高质量的健康检查，不仅可以帮助我们确定须关注什么样的健康"食谱"，还可以让我们深刻认识到，在这 37 种管理实践中，某些实践手段是否已被"打破"（处于最后 1/4）。实际上，哪怕只是其中的一种实践遭到破坏，都会影响到整个系统。为此，我们不妨用尽人皆知的人类健康说明这个问题，比如说背痛。根据某些研究，约 80% 的成年人都会在人生的某个阶段遭遇背痛折磨。这种疾病不仅会影响患者抬举重物的能力，还会导致患者注意力分散、情绪不佳，进而造成整个身体感觉不适，因此，它也是很多人无法正常工作的主要原因之一。[28]

基于同样的道理，制定健康愿望时需要考虑的一个重要因素，就是识别并修复所有遭到破坏的实践。对一个组织而言，哪怕只有一种实践遭到破坏，不管它在其他方面有多优秀，但维持健康的概率依旧不到 25%。此外，也并非所有实践都拥有相同的效力。数据研究显示，我们所说的四种"强力实践"（Power Practices）对组织健康造成的影响最大。在这四种"强力实践"中，只要有一种实践遭到破坏，公司的健康状况进入前 1/4 的概率几乎就为零。这些"强力实践"包括：所有权意识、角色清晰性、战略清晰性和竞争洞见性。[29]

认识到这一点，有助于从根本上改变变革行动的侧重点。以位于美国中西部的一家金融服务公司为例，在因客户体验而实施大规模调整时，它们发现，这些努力始终停滞不前。但是在阅读《超越绩效》第 1 版之后，它们才意识到，问题的根源就在于它们只关注了绩效方面的改进，于是，它们决定对组织的健康状况开展核查。甚至在还没有取得最终检查结果的情况下，它们就已经感觉到，公司应采取市场塑造者的模式。更令人感到震惊的是，它们竟然发现，公司的全部四种"强力实践"均遭到破坏（尽管其他实践工具非常健康）。于是，在随后 9 个月的改进过程中，它们不再考虑到底应采取怎样的模式，而是专注于"修复被破坏的方面"。直到完全修复这四个方面之后，它们才重新调整了变革方向，以期在与市场塑造者模式相关的实践领域展现自身潜力。

当然，我们也感觉到这个话题涵盖了太多的领域，而且某些读者或许希望制定健康愿景的过程应该像"做好 37 件事"这么简单。但客户对这项工作的评价依旧让我们感到振奋——尽管基础分析工作异常艰难而复杂，但通过分析过程得到的最终答案，不仅清晰明确，深入浅出，焦点突出，而且以充足的数据为依托。实际上，这恰恰就是美国著名心理学家威廉·舒尔茨（William Schutz）所提出的观点："理解包含三个阶段：简单化、复杂化和深度简单化。"[30]

最终，它们为变革行动拟定了一个稳健而富有远见的健康目标——这个目标的核心就是选择管理实践组合模式，既要充分考虑"修复遭到破坏的方面"（确保在前进旅途中不会有"落在鞋子里的沙石"），还要致力于打造卓越企业，也就是人们经常提到的"标志性实践"（signature practices）。不妨再回到墨西哥国家保险集团的例子。在"统一目标"阶段结束时，"变革计划在健康方面的目标是什么？"答案（非常）简单：在战略清晰度、绩效透明度、员工参与度以及结果管理等方面逐步改进。

大师点拨：建立最广泛的合作

正如我们在第 1 章所指出的那样（回想一下，判断两张桌子长度的例子！），在讲述"五框架"的每一章结尾处，我们都将与读者分享"可预测非理性"带来的最重要的经验和教训，这是我们在决策过程中必须考虑的问题。我们把这些来自变革领导者的观点称为"大师点拨"。

诺贝尔经济学奖得主丹尼尔·卡尼曼（Daniel Kahneman）和阿莫斯·特沃斯基（Amos Tversky）曾使用彩票做过一次极富启发性的试验，这些试验也完美再现了"统一目标"阶段的"大师点拨"。在试验中，他们为一半参与者随机分配一张带有指定编号的彩票；向另一半人分配一张空白彩票和一支笔，并要求他们选择自己心仪的彩票号码。在即将抽取中奖号码之前，研究人员提出，回购全部彩票，并由试验对象确定回购价格。这就可以判断，他们需要分别支付给随机号码彩票持有者和自选编号彩票持有者多少钱。

根据理性预期理论（rational expectations，在充分利用现有信息的情况下，所有人都不会犯系统性错误，因此，就总体而言，人们的预期应该是准确的），试验对象要求的价格应该无差异。毕竟，彩票是否中奖纯属概率事件。因此，无论是自选号码还是被动分配的彩票，每个编号彩票都具有相同的预期价值。但一个更合理的答案是，支付给自选号码彩票持有者的价格应稍微低一点，因为这些试验对象存在选择相同号码的可能性，如出现号码重复的情况，即便中奖，每个人得到的奖金也会按重复编号彩票的数量被均分。

但无论是支付相同的预期价格，还是为自选号码者支付溢价，两个结论都不正确。不管是什么国籍，或是哪个人口群体，自选号码持有者对彩票的要价至少高出随机分配号码彩票持有者的 5 倍。实际上，这也揭示出人性的一个基本特征。在我们亲身参与"发明或创造"某个结果时，我们认为自己最终会拥有这个结果，因而愿意为实现结果投入更多资源。这背后的基本心理，源于我们对控制权的需求，这也是人类根深蒂固的一种生存本能。

在另一项实验中，研究人员对养老院老年人的控制感需求进行了检验。[31] 在养老院，有些入住老人可以自行确定如何布置自己的房间（享有控制权），并让他们选择自己喜欢的一种植物作为陪伴。而其他入住老人则无权过问房间布局的设计（无控制权），但他们也可以选择自己喜欢的植物，并由他人代为照料。18 个月之后，拥有控制权入住者继续存活的比例为 85%，但无控制权入住者的在世比例只有 70%。可见，我们对控制权的欲望非常强烈，以至于它会成为支撑我们生存的重要精神力量。

那么，对身处组织变革漩涡中的领导者来说，这些试验会给他们带来怎样的启发呢？即便领导者已对组织愿景做出了清晰界定，但要强化组织实施变革使命的动力（从而加快变革脚步），让其他人加入这个"统一目标"的制定过程中，注定会让他们取得事半功倍的效果。根据上述彩票试验的结论，即便这需要领导者投入多出一倍的资源，但投资的回报足以让他们欣慰——为完成任务而需要的动力会因此而增加4倍。我们的研究证实，让员工尽早参与进来会提高变革行动最终取得成功的概率。如果变革行动在"统一目标"阶段便高度重视全组织范围的协作，那么，取得成功的概率会提高0.6倍。[32]

那么，这是否意味着应把制定统一目标变成一个全员参与的民主程序呢？当然没有必要，而且也不可能。这是否会造成混乱，就像一支缺乏正规训练的儿童足球队，所有队员只知道一窝蜂地追足球，而不是让每个人各司其职，承担各自的具体任务？当然不会。在实践中，这种共同参与体现为在整个组织内广泛征求意见，然后由部分高层领导者组建专项小组，共同收集意见，制定解决方案（通常由一个小型团队制定80%的解决方案，并对方案进行不断完善细化），并确保以有效的沟通流程让所有员工均有时间完成自我定位（self-authoring，自主选择彩票号码，即个体通过独立思考和决策，为自己设定目标并执行这个目标）——"按照我承担的角色，这对我来说意味着什么呢？"

我们已发现，这个"彩票"原理会以诸多不同方式在实践中取得成功——具体方式不计其数，以至于我们完全可以把这些示例整理成一本书。实际上，下面这几个示例基本涵盖了大部分常见方法。

我们首先看看内维尔·艾斯戴尔在接手可口可乐公司掌门人时发生的故事。在"统一目标"过程中，他每月都会把公司的全部150位高层员工召集起来，举行为期两天的研讨会。在会议期间，他们共同制定公司愿景，调整公司事务。这项工作持续了三个月。[33] 这些会议的一项重要任务，就是讨论分析调查结论和已收集到的焦点组数据。通过这种方式，员工不仅可以畅所欲言地提出意见和建议，而且能充分感受到个人意见的重要性以及他们所享有的发言权。在设定统一目标之后，再利用一到两天的时间，在整个组织内普及这个目标以及相应的变革方案。在会议上，由专项小组对企业各业务部门的影响结果开展调查分析（自主选择彩票号码）。我们将在第 5 章深入介绍这个过程。

有些公司采用专门技术确保员工的发言权。IBM 前首席执行官彭明盛（Sam Palmisano）曾发起一项变革行动，旨在创建一套基于价值观的管理体系。在这项变革行动中，公司为 5 万多名员工提供了"自主选择彩票号码"的机会，全体员工参加了一次为期三天的在线论坛。这次名为"价值观大讨论"（Values Jam）的活动就此改写了已拥有百年历史的公司价值观。这次活动创建的全新价值观，成为指导整个组织决策和行为的基本准则。活动结束之后，超过 20 万名员工（相当于公司员工总数的近 70%）下载了根据此次讨论确定的"价值观宣言"，并在经营所在地针对宣言对本部门日常工作的影响开展讨论。

这样的例子不胜枚举。在 3M 公司，目标设定任务已不再由核心团队承担，而是交给一个由公司 1000 多名员工组成的大规模团队，在两周的时间里，他们通过一个名为"创新直播"（Innovation Live）的网络论坛，各抒己见，畅所欲言。在印度 IT 服务及软件开发企业 HCL 科技集团（HCL Technologies），前董事长兼首席执行官维尼特·纳亚尔（Vineet Nayar）曾发起一项名为"我的蓝图"（My Blueprint）的活动，通过在线平台向公司的 1000 多位管理者征集战略目标的初步方案。[34]

不可否认的是，并非所有转型都有这么充足的时间采取共同创造的方法，尤其是在公司亟须扭转业绩的情况下。2005 年，伊德里斯·加拉（Idris Jala）临危受命，成为即将破产的马来西亚航空公司（Malaysian Airlines）的首席执行官，他回忆说，"当时，我们只有三个半月的时间解决这场危机，如果不能及时扭转颓势，就只能接受破产的命运——届时，我们将失去向员工支付工资和购买飞机燃料的资金。"[35] 然而，尽管任务十万火急，但加拉依旧找到了采取合作方式的途径。他首先对公司的损益表进行深入研究，并找到亟须改变的环节（成本、收入及网络效率）。随后，加拉召集来自不同部门和专业的10~15人，组成专项领导小组——他们都是"与具体业务存在直接利害关系的人选"，并要求他们负责"尽快取得重大成果"。

这些公司高管在目标制定阶段采用了"自主选择彩票号码"的方法。这种模式不仅让他们对由此带来的所有权意识和执行力感到惊讶，最终解决方案的效果同样让他们震惊。3M公司认为，他们的变革行动之所以能够让员工高度参与，要归功于他们通过集思广益而确定的九个未来市场板块，如果不采取这种方式，他们就不会把这些价值数十亿美元的市场纳入目标体系中。在HCL，人们认为，正是因为采取"自主选择彩票号码"的策略，才让他们有机会重新诠释公司的统一目标——摆脱对商品化应用支持服务的依赖，逐步转向HCL拥有竞争优势的几项新型服务。

毋庸置疑，对那些习惯独立提出解决方案的一言堂式领导者来说，让员工"自主选择彩票号码"确实非常困难。尽管他们可能也清楚集思广益的重要性。但是在心理上，这肯定会让他们难以接受。对此，网络巨头思科系统公司（Cisco Systems）前董事长兼首席执行官约翰·钱伯斯（John Chambers）曾表示，"最初，我确实很难接受这种合作模式。但就在进入会议室的那一刹那，我的顾虑便荡然无存。当时，团队正在讨论一个问题。但只听了大约10分钟左右的时间，我就豁然开朗，马上意识到答案应该是什么。最终，我对大家说，'太好了，这就是我们要做的事情。'在我学会彻底放手、把找到正确结论的任务交给这个团队时，我发现，他们完全可以做出同样好的决策，甚至是更好的决策。而且同样重要的是，他们会为自己做出的决策投入更多，从而以更快的速度和更多的投入去兑现这个决策。"[36]

在为变革计划制定最终目标时，到底应创建多大范围的领导联盟，在很大程度上取决于你的现实环境。但至少你的高层领导团队（假如你本人还不是组织的最高领导者，则是负责推动实施变革计划的领导团队）应该认识到，针对绩效目标和健康目标，他们已完全掌握了"自主选择彩票号码"的权利。

至于如何创建一支实力强大并拥有高度奉献意识的领导团队，我们将在第 8 章阐述具体观点。

■　■　■

在转型计划的"统一目标"阶段即将结束时，我们或许就可以针对自己的变革计划回答如下问题——"我们想去哪里？"此时，我们将拥有一个宏大而美好的长期愿景，并且把这个愿景分解为具体而明确的中期目标，这样，我们就拥有一条更加清晰具体的道路，引导我们走向终点目标。此外，我们还要检验这些策略是否存在认知偏见，以确保战略尽可能地有效和稳健。与此同时，在清晰理解当前健康状况的基础上，我们还将创建同样清晰而具体的健康目标——既要关注所有亟待修复的管理实践，还要关注一系列让组织卓尔不群的管理实践——或者说，你的"标志性"实践。此外，在这个过程中，我们将采取一种强调高度参与的合作方式，这就会让很多人感觉到，在确定变革的方向时，他们可以"自主选择彩票号码"。这种方式必将带来更好的答案，让他们在执行决策时拥有更大的动力和更强烈的所有权意识。

成功完成"统一目标"阶段无疑会带来一种超然轻松的感觉。回顾领导大规模企业转型的经历时，GNP 前首席执行官亚历杭德罗·贝勒雷斯回忆道："设定统一目标固然不乏挑战性，但也令人振奋。"[37] 我们可以把这个过程比作一次千载难逢的假期旅行，此时此刻，我们尚未出发，而是在查找资料，翻阅旅游简介，为这次旅行做准备，并和同行伙伴就梦想中的目的地取得一致。此时的心情固然无比激动，但要从当下出发，并最终成功抵达目的地，当然还需要思考和协商，以确保旅行计划现实可行。首先，你能接受这次旅行的费用吗？你有完成这次旅行的足够时间吗？你能成功预订到心仪的航班和酒店吗？你是否愿意忍受途中不可避免的麻烦——比如说，取得必不可少的旅行证件，并妥善处理长途旅行中所有可能发生的各种意外？而这些问题就是在下个阶段需要完成的任务：认识差距，判断"我们准备好了吗？"（如图 3-7 所示）。

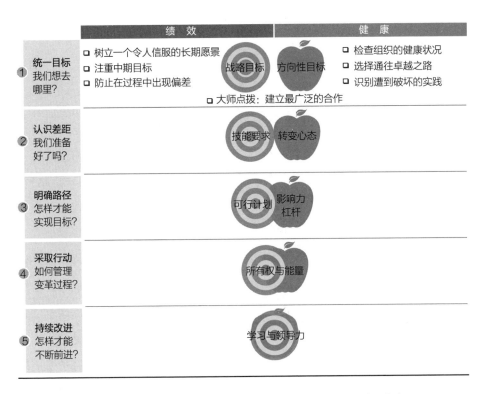

图3-7　领导大规模变革行动的有效方法：现有案例（一）

认识差距：我们准备好了吗？

在成为杜邦公司（DuPont）的第 18 任首席执行官时，小查尔斯·霍勒迪（Charles O. Holiday Jr）也成了这家化工巨头近 200 年历史中第三年轻的首席执行官。当时的霍勒迪还不为人所知，而且在业界也鲜有传闻。在之前长达十年的时间里，其前任约翰·克罗尔（John A. Krol）始终秉承压缩管理层级、振兴传统品牌和通过重组提振成本竞争力的战略。虽然克罗尔的策略确实给公司带来了积极成果，但霍勒迪认为，此时此刻的公司更需要一场变革式运动，并为此制定了一系列变革方案。回顾历史，在杜邦由美国最大炸药制造商转型为化学产品制造商的整整一个世纪中，任何一次变革的震撼力都不及霍勒迪发起的此次变革。

更具体地说，霍勒迪及其团队为杜邦制定了一个长期愿景，将公司发展重点拓展到化学品以外更宽泛的领域，让杜邦成为一家以科研开发为基础的工业品和服务型企业。而达成这个长期愿景的战略则分解为若干亟待实现的中期目标，譬如重塑业务组合，创建高度知识密集型的价值主张（用霍勒迪的话说，"要用我们所知道的知识创造价值，而不只是依赖我们销售的产品取得报酬。"[1]），通过调整成本结构为成长投资提供资金，以及提升公司在环境问题上的发言权。在组织的健康绩效方面，霍勒迪及其团队希望公司摆脱以往"乏善可陈"和"萎靡不振"[2] 的印象，通过转型成为一家有高度所有权意识、高度创造性和创业精神的工作环境及以知识共享为基本特点的企业集团。

要实现这些绩效目标，显然需要杜邦在随后几年内实施一系列大手笔行动。庞大复杂的大陆石油天然气公司（Conoco）、制药业务以及纺织和尼龙业务，早已成为公司发展的羁绊，公司需要彻底清理这些业务。要在生物科技领域占据优势地位，需要开展多轮收购，比如收购先锋玉米种业公司（Pioneer）以及沃迪亚植物科学公司（Verdia）等。此外，他们还需要创建一个咨询部门——由公司未来首席执行官艾伦·库尔曼（Ellen Kullman）率领，为客户提供安全和保护性解决方案。他们还将采纳"精益生产"（Lean）和"六西格玛"（Six Sigma）管理模式，并最终创建一个更高效的全新"杜邦生产系统"（DuPont Production System，DPS）。在此基础上，他们将寻求一系列环境发展目标，比如将温室气体排放量减少15%，通过为客户提供高效的能源产品增加至少20亿美元的收入，将不可再生资源业务创造的年收入增加一倍。

显而易见，要成功兑现这些目标并非易事——公司领导层当然也很清楚这一点，他们亟须掌握一系列新的技能，而且这些技能完全不是公司现有的优势。从行业板块角度看，公司需要在汽车（以便于在色彩和涂料技术平台方面实现加速增长）和人类健康市场（以推动新收购农业及健康营养企业的成长）方面掌握更多的专业能力。从地域分布角度看，杜邦需要更好地了解如何进入和应对高速成长的南美、东欧及亚洲市场。此外，提高定价能力对实现创新的全部价值至关重要，毕竟，为客户提供创新方案也是杜邦实现业绩目标的重要手段。最后，公司还须强化精益制造和六西格玛能力，以最大限度消除浪费并降低运营的不确定性。

确定须优先创建的能力固然重要，但更重要的，是如何独立创建或是从外部获取这些能力。与定价、精益制造和六西格玛能力一样，在某些情况下，任何延续多年的全公司范围的能力创建行动都需要由高管发起，并得到外部专业咨询机构的支持。但是在某些场合下，建立伙伴关系则是为了巩固和强化固有的内部能力。比如说，在汽车和人类健康业务中，杜邦与福特汽车、默克制药（Merck）和通用磨坊（General Mills）等其他公司建立合作伙伴关系。获取必需能力的第三种方式，则是从外部招募专业技术人才加入公司，实际上，收购其他小规模公司既是为了扩大市场占有率，但更重要的目的是为了获取人才。

霍勒迪及其团队很清楚，能力只是成功方案中的一个构成要素。同样重要的是，要充分发挥这些能力的价值，就需要他们彻底改变思维方式。实际上，这个目标本身就意味着，他们必须接受公司的核心需要由化学品转为科学研发，否则，他们永远都没有勇气卖出原本构成公司核心的纺织品和尼龙等业务。基于同样的逻辑，"非本地发明"心态也必须让位于"向他人学到的东西越多，我们就会越出色"的思维，因为只要这样，才能确保合作伙伴关系取得成功。而销售人员的思维，则需要由"我的工作就是销售产品"转变为"我的职责是传递价值主张并通过为顾客提供增值服务而获得公允补偿"。要兑现环保愿望，需要他们摒弃"有利于环境的事情也会有利于业务"的传统观念，转而坚信"对业务有利的事项必定有利于环境"。总之，需要完成的转型是多方面的。

归根到底，要改善公司的健康状况，就必须调整与组织方式相关的思维方式。根深蒂固的循规蹈矩式企业文化早已远远超越法规与安全的合理范畴，以至于任何与风险有关的行为都会受到遏制。员工的心态必须做出相应改变——从以往"我的工作就是遵守规则"转变为"我的任务是改进我们的工作内容和工作方式"，最大限度释放出变革所需的创造力与创业精神。传统的指挥与控制结构也不可避免地沉淀为"对领导者坚信不疑"的思维，这就在不经意之间缔造出一种高度控制性环境——所有信息被封锁于"组织孤岛"。因此，转变思维方式，创造"相互信任"的环境，必将有助于推动相关知识在公司内得到更自由、更透明的共享。强化所有权意识的核心，就是从"我控制即我所拥有，对其他人的责任仅限于我的分内之事"，转变为"我的责任就是对其他人和整个企业带来全面而积极的影响"。

■ ■ ■

在霍勒迪的任期内，杜邦采取的一系列行动对改变思维方式带来了深刻而广泛的影响。不过，在此时此刻深入探讨这些变化，显然已超出我们这个话题的边界！但是在实践中，我们经常会看到，很多领导者根本没有耐心，一旦确定了愿景，他们马上便希望找到实现这个愿景的具体计划（直接跳跃到"明确路径"阶段）——这几乎是行不通的。因此，首先需要他们关心的，就是充分评估实现变革所必需的技能和最基本的心态与思维转变，只有这样，他们的行动计划才能体现组织对推动变革的准备情况。因此，还请耐心阅读，看看究竟应如何兑现变革方案。

绩效：技能要求

在与麦肯锡同事玛丽·米妮（Mary Meaney）合著的《麦肯锡领导力：领先组织 10 律》（*Leading Organizations：Ten Timeless Truths*）一书中，斯科特为我们讲述了他的一次旅行经历，而这次经历也充分体现出技能这个话题的极端重要性。在东帝汶宣布正式独立五年左右的时候，斯科特有机会造访这个国家。但让他感到无比沮丧的是，在这个国家，到处充满了贫困和落后，造成这种现状的部分原因就是基础设施严重匮乏，特别是考虑到该国及其他很多国家都曾在其独立时进行了大量重建性投资，这种落后更让人百思而不得其解。至于这些投资为何没有取得任何收效，也让他陷入深深的思考。

在逗留东帝汶期间，斯科特曾看到这样一个场景：在一片空地上，到处停放着推土机、压实机以及各种重型建筑设备，显然，这些设备足以在这里修出不错的道路。但此时此刻的这片田地却杂草丛生，所有筑路设备锈迹斑斑，几个当地孩子已经把这里当作大型游乐场，这些设备也自然而然地成为他们的玩具，孩子们爬上爬下，玩得不亦乐乎。斯科特不免向导游发问，"这是什么情况啊？"来自当地的导游告诉他："从我们国家宣布独立那天起，友国就已经开始捐款了。"斯科特继续问道，"那究竟出了什么问题？"向导回答，"没有任何问题，只不过这里没有人知道该怎么使用这些设备。"

实际上，很多国家确实希望帮助东帝汶实现独立发展，他们的意愿无疑充满善意。但他们并没有评估或解决实现这些愿望所需要的技能要求，因此，他们所期待的变化当然无法兑现。这个例子听起来似乎有点极端，但我们认为，它恰恰揭示出变革计划失败中经常出现的问题。尽管很多组织曾在调整结构、系统或流程等方面进行过东帝汶式的大规模投资，却未能满足技能方面的要求，以至于无法确保组织以预期方式实现预定目标。我们的研究也验证了这个结论：如果组织事先按实现绩效愿景所需要的技能对当前技能要求做出合理评估，那么，与没有做这些准备工作的情况对比，在变革行动中取得成功的概率会提高 6.6 倍。[3]

我们可通过如下三个步骤评估组织的技能要求。第一个步骤是确定哪些技能组合对实现绩效期望更为重要（需求）。第二个步骤是了解组织现有的技能组合及其在组织以外的分布情况（供给）。第三个步骤则是把供需情况结合起来，并优先考虑须给予重点关注的技能，以及需要采取哪些措施才能弥补技能供需之间的缺口。

预测组织的技能"需求"

要实现自己的绩效目标，你的组织需要哪些技能呢？这是一个需要优先提出并解答的关键问题。不妨假设有这样一个组织：它们设定的短期目标是通过削减成本应对整个行业利润压缩的不利局面，而后，它们的中期目标则是进入某些目前尚未取得立足点的高成长性市场，并寻求在这些市场中实现突破。但是，如果组织没有考虑实现愿望所需要的全部技能要求，那么，就完全有可能出现这样的风险：出于实现预定目标的良好愿望，领导者原本只需适当压缩开支即可实现季度成本削减的任务，但在无意之间，却伤及拥有实现中期增长战略所需技能的劳动者（在这种情况下，他们会感觉受到排挤，因而失去工作动力）。

要确定哪些技能不可或缺，往往需要咨询业务负责人和专业顾问，并向他们提出如下问题：哪些技术和职业技能对实现战略最为重要？哪些技能须加倍提高，才能赢得人才争夺战？哪些角色最有利于创造价值，为经营降低风险创造必要的基本前提？在所有被定义为"重要"的角色中，"优秀"和"伟大"的人才到底应具备怎样的特征？等等。

这些问题并不复杂，也不难理解，但往往被人们所忽视。因此，只要提出这些问题，人们很快就会找到统一的答案。在阿兰·乔治·雷富礼（Alan G. Lafley）刚刚上任的一段时间里，宝洁公司（P&G）发生了巨大变化，公司很快就确定了构成公司基本技能的清单，其中包括品牌管理、创新和杠杆效应等。在澳大利亚的必和必拓矿业集团（BHP），以成本为核心的经营管理模式成为这个技能清单的首要元素。对 IBM 来说，咨询性销售是最关键的优先能力。通用电气（GE）确定的优先技能是工艺工程师。而谷歌把首要任务确定为吸引和留住人才的能力。

上述示例体现的结论听起来似乎一目了然，但需要注意的是，要合理确定这些必要的能力要素，还需要一定程度的细致性和精确性。以麦当劳为例，对这家全球最大的快餐连锁店而言，供应链管理和营销无疑是其必不可缺的战略技能，这一点应该没有任何疑问。但事实并非如此，麦当劳最具战略意义的技能，既不是供应链管理，也不是营销。正如公司创始人雷·克罗克（Ray Kroc）曾说过的那样，麦当劳的业务核心并不在餐饮，而是物业管理。事实上，麦当劳在成立之初并不赚钱，直到克罗克创建房地产公司，大举购置优质土地，在满足自身使用的同时，为其他特许经营商提供物业租赁服务，麦当劳才开始真正盈利。[4] 麦当劳在全球拥有庞大的投资组合——在 100 多个国家开设了超过 3.6 万家餐厅，凭借在挑选店面位置方面的独具慧眼，才让麦当劳能在竞争中始终立于不败之地，尤其是在新兴市场开辟业务时，这种独到的眼光总能让麦当劳取得先发优势。[5]

在确定了关键的技能组合之后，就可以对每种技能的具体需求情况开展初步预测。那么，这种初步预测该如何进行呢？是由少数物流工程师通过算法对起伏不定的价值进行预测？还是由一批高级客户经理牵头，将销售部门转变为一支能为客户提供全套公司产品和能力的团队？或是交给一个精于以全渠道方式管理产品组合及库存的集中经销商团队？需要强调的是，首选技能的具体规模必然会随着时间的推移而变化，这就需要对此形成合理认识，这也是确保满足技能要求的至关重要条件。

理解技能的"供给"规律

在确定了具有战略意义的技能之后，随后的任务就是对这些技能在组织内的现有状态进行系统调查，并了解与之相关的外部状态。更具体地说，我们希望公司在如下三个领域展开研究：技能型人才的现有质量、数量以及组织在人才市场上吸引足够数量技能型人才的相对优势。

在评价这些技能型人才的质量时，也是我们回顾上一章所述乐观偏差风险的大好时机——如果组织高估了自己的技能，即便是最完美无瑕的变革计划也可能无疾而终。在这方面，客观性至关重要。譬如，一家跨国制造企业曾制订了一项增长计划，以期在所有工厂中充分共享它们的最佳实践。但结果让它们大失所望，事实表明，它们自以为是的优势，其实还远远不足以构成名副其实的优势。一家矿业公司对其在健康和绩效方面的技能信心百倍，认为由此给它们带来的竞争优势，足以让它们在人才市场上找到必需的技能型人才。但遗憾的是，这种自信完全禁不起事实的严格检验，这就迫使它们只好重起炉灶，从头再来。

那么，怎样才能对组织的技能进行理性客观的评价呢？大量工具可以帮助我们做到这一点——事实上，这样的工具不计其数，以至于根本无法在这里一一列示。其中的很多工具仅针对特定技能，但大多数工具可归属于绩效评价指标、基准比较或观察性评估（利用矩阵将组织的综合能力分解为具体构成要素，并对这些要素给出类似于"差""良好"和"优秀"之类的评价，这样我们即可将这些主观评价结果与组织实际情况进行比较）。

为评估组织对每一种技能的需求数量，我们可以采用一种更倾向于数字技术的量化方法。为此，我们可以把传统的内部数据来源（比如按工作规范、自然减员率和退休资格等标准划分的劳动力增长数据）与外部数据来源（如政府提供的劳动力统计数据和劳动力趋势研究）结合起来，使得预测模型能对不同供应方的状态及其影响进行更好的预测。当然，这并不等于降低咨询相关领域专家的重要性；相反，他们对人才缺口情况的预测往往更有启发性。

最后一项需要考虑的任务就是组织在人才市场上吸引适当技能型人才的相对优势。为完成这项工作，我们可以通过焦点小组、社交媒体分析（领英之类的人才网站可能会提供非常有价值的信息）、离职面谈和现场访问等方式，体现公司员工价值主张（employee value proposition）在关键技能领域与竞争对手的对比情况。针对员工价值主张，我们需要考虑的维度体现为有吸引力的工作（有趣、机会、有意义）、有吸引力的回报（工资、福利/津贴或表彰）、有吸引力的公司（声誉、文化与价值观、尤其是健康！）以及有吸引力的领导者（激励、支持和充分赋权）等方面。有吸引力的员工价值主张不仅具有独有性与客观性（不只是推销商品），还要与相关技能一一对应。

确定弥补差距的方式

到此为止，我们已对技能组合等式中的供需双方有了清晰认识。凭借这些信息，确定首选技能自然也就易如反掌。我们建议采用一种简单矩阵方法完成这项任务，具体如图4-1所示。在这个变革坐标图中，纵轴是对技能组合重要性的评估（以未来需求和风险价值为评价标准），横轴用于评价组织吸引和留住技能型人才的难度（以供需缺口和组织在员工价值主张方面的实力为评价标准）。

图 4 -1 确定关键性技能的优先顺序

不妨用一个例子说明问题。以一家在业内处于领先地位的制造企业为例，它们在这个矩阵上标识出 40 多项技能类别。在标示为"提升技能"的类别中，它们选择的是网络安全专长。它们之所以认为这项技能具有重要性，是因为公司战略涉及面向国防工业类客户的转型，这些客户对网络安全水平的要求远高于公司目前的水平。因此，按照公司做出的预测，网络专家占总劳动力数量的比例需要达到 15% 的年增长率。但公司也认识到，做到这一点并非易事，因为这类人才本身就具有稀缺性（按照预测，此类行业人才在未来五年内的需求缺口将超过 180 多万名），而且公司在从科研和政府领域争取人才方面确实没有优势。困难的佐证显而易见：网络安全专家在职业生涯早期离开这家公司的人数，已达到公司平均离职数量的四倍。

与此同时，在 IT 人才方面，这家公司还要面对"员工价值主张"方面的挑战，只不过对 IT 人才的需求及其对新战略的重要性远不及网络专业人才。因此，他们把通用型 IT 技能列入"速战速决"类。"维持现状"类技能主要包括公司在制造领域的相关技能。公司拥有非常稳定的采购供应来源，并通过一套完善的培训流程在内部独立培养此类技术人员，更重要的是，随着公司战略已更多地转向服务，因此，在过去一段时间里，供应类人才的战略地位也随之趋弱。此外，这些领域的工会力量通常较为强大，使得"员工价值主张"具有很强的影响力。最后，把公司纳入"继续改进"类的技能对应于系统工程。由于公司接手的项目越来越复杂，而且这些项目开始更多地采取固定价格合同形式，因此，系统工程类人才对公司未来的成功至关重要。另一方面，这些工程师即将接手的工作本身就非常有吸引力，人才供应也不存在过度竞争，更乐观的是，这家公司在开设相关专业的顶尖大学中完全不缺乏影响力和声誉。

在对各种技能的优先性进行排序之后，我们即可探索并最终确定缩小人才缺口的路径。那么，通过转岗培训、技能提升培训、人才挽留或延长入职时间等内部手段，我们能在多大程度上培养必要的技能人才呢？通过人才招聘、联系新的人才库或是所谓的准聘用（将收购一家公司的目标定位于取得被收购公司员工的技能和专业知识，而不是获得这家公司的产品或服务），我们能在多大程度上依靠外部资源满足自己的人才需求呢？通过承包商、合作伙伴或是外包等外部合作方式，我们能在多大程度上"借到"这些技能呢？

不妨以沃尔玛为例。要实现其全渠道战略，显然需要公司大力发展数字技术。实施这项变革计划的一个关键任务就是通过收购超过 15 家小公司从而间接得到它们的人才，这些收购给沃尔玛带来了 3500 名新员工，也为沃尔玛在客户搜索、网站优化、客户忠诚度数据分析、社交媒体分析和数据科学等技能方面提供了人才。针对开展大规模分析及研发工作所面对的巨大人才缺口，IBM 与全球最大的软件研发众包竞赛平台 Topcoder 合作，将 UI/UX、应用程序开发和数据科学等关键技术成功地实现众包——这些能力无不是实现公司增长愿景的重要环节。

当然，在某些领域也可能出现技能过剩问题。在这种情况下，合理的技能组合调整策略包括对员工进行重新部署，或是干脆解除劳动关系。根据可能出现的预期情景创建长期视角，可以帮助我们提前为这些措施做好规划，在最大程度确保公平的同时，尽可能减少给正常行动带来的干扰。例如，在轮胎制造商米其林（Michelin）调整业绩目标之后，导致公司对一线制造人员的需求大大减少，为此，公司允许相关工厂提前几年发出解聘通知，并有条不紊地为员工安排其他职位。最终，在进行有限的裁员（更多的工人被重新安置到企业的新业务生产线）以及为数不多的劳资纠纷的情况下，米其林顺利完成了这项转型战略。

通过一家重型设备制造商的经历，我们可以清晰地看到如何把上述步骤运用于实践。它们为确定技能组合"需求"所采取的第一个步骤就是分析企业战略对技能的要求。为此，它们并没有采取由公司领导人摆摆手、点点头的方法，相反，它们对五年内全职或类似员工的需求进行了预测。最终，它们对 33 项技能进行了评价，以确定未来对每项技能的需求会增加、减少还是维持不变。结果显示，它们需要创建一条新的数字及分析人才引进通道，把业务核心从结构和生产工程师转移到先进制造及系统工程师以及拓展采购的专业人才等方面。

在确定了组织对技能的"需求"之后，随后就是分析技能的"供应"方面。它们将内部数据和外部数据以及预测分析的结果结合起来，并对不同情境下可利用的技能组合进行了预测。此外，它们还确定了现有以及未来可利用的人才库（包括大学毕业生和经验丰富的在职员工）。此外，公司还将自己的员工价值主张与其他争夺类似人才的企业进行了对比。为确定须优先考虑的技能，它们综合了供求两方面的研究结果，并最终敲定一份须在企业层面给予重点关注的技能清单。随后，它们据此制定具体行动方案，在确保现有优势领域不受影响的同时，重点关注这些领域存在的人才缺口。

在"认识差距"阶段进行到这个步骤之后，我们将对存在缺口的技能领域形成清晰的认识，并意识到应如何弥补这些缺口。但是，如果缺口确实无法填补，那么，我们或许只能重新回到之前的"统一目标"阶段！请放心，在"明确路径"阶段，我们还会通过更多的工作厘清具体行动计划，以确保在任何时候都能拥有必需的技能。但在此之前，我们还要针对健康目标完成"认识差距"阶段的任务。

健康：转变心态

可以这么说，在我们提到员工心态这个话题时，大多数领导者都会感到局促不安。有些人会认为，这件事最好还是留给组织心理学家处理。有些人根本不知道他们能在这方面做什么。还有些人干脆认为，不管其重要性如何，心态只在适当的时间范围内才会带来真正影响。因此，很多领导人对这方面变革的认识并未给予应有的认真态度（30%的变革成功率，就足以证明这一点）。

我们甚至认为，如果你要领导一场成功且可持续的大规模变革，"五框架"中的这个部分实际上最为重要。我们可以通过很多具体示例证明这一点，但毛毛虫化身蝴蝶或是蝌蚪变青蛙这些最简单的隐喻，就足以说明这个问题。在谈论转型变革时，我们为什么会被它们所吸引呢？这和我们更换衬衫、更换汽车轮胎或是修改密码等其他类型的变化有什么不同之处呢？答案很简单：它们是最根本的变化，也是最深刻的变化，因而是永远不可逆转的变化。蝴蝶永远不会再变回毛毛虫，青蛙也永远不会成为蝌蚪。在人类体系中，心态转变也会带来同样效果——如果员工采取开放的心态，以全新的思维和观念去看待自己和组织可能发生的一切变化，那么，他们就永远不会再回到以往那种缺乏宽阔视角的状态。

一位麦肯锡同事的经历向我们完美诠释了这一点。在印度旅行期间，他在城市某个地方的街道上注意到一种现象——乞丐的身体均存在严重畸形，而且严重性远超过他去过的其他地方。他非常同情这些乞丐，并把随手携带的所有现金施舍给他们——毕竟，这位同事是一个既有才华但也不缺少同情心的人，他只觉得这是自己应该做的事情。他的内心很纯粹，因此，他的行为自然也是水到渠成的事情。

但直到后来，他才了解到，这些乞丐的身体畸形并非偶然——这是一个延续几代人的传统，父母刻意摧残孩子的身体，以此招致更多的同情，以便他们能乞讨到更多的钱。在了解到这一点时，他感到无比震惊（其实，这也是我们听到这个故事后的感受），他意识到，自己的做法只会助长这种人为摧残行为的延续。随着视野的扩大，他再也不可能像以前那样看待这种情况，当然，再也不会像以前那样因为同情而施舍——毫无疑问，这种变化是深刻而持久的。

不得不承认，这是一个非常沉重的例子，可能会让你刻骨铭心，毕竟，我们确实难以忘记这样的经历。爱因斯坦的观点足以诠释这一点，在 1946 年发给部分著名美国人士的一封电报中，他写道，"今天的问题无法用创造问题时的思维来解决"，除非思维方式发生变化，否则，任何大规模的持续性改变都难以为继。按照我们的体会，当自我限制性心态被重新定义，并被更广阔且有利于业绩和健康的观点所取代时，就会带来破茧成蝶的效应。

在《可能性的艺术》（*The Art of Possibility*）一书中，作者本杰明·赞德（Benjamin Zander）讲述了曼彻斯特鞋业公司（Manchester Shoe Company）的故事。在 20 世纪初，这家公司的愿望是通过进入非洲市场促进业务发展。于是，公司派出两名驻外推销员前往该地区，承担开拓新市场的任务。几天之后，两个人各自发出一封貌似完全不相干的电报。一名销售员在电报中称："情况太糟糕，这里根本就没有人穿鞋！"而另一封电报的内容则恰恰相反，"这里机会无限，他们都没有鞋穿！"可见，限制性心态和开放性心态会带来完全不同的结果。

数据同样支持我们的观点，即，心态和思维方式的作用不可小觑。如果公司不能认真地进行心态和思维方式诊断，那么，或许永远都等不到变革计划"极其成功"的那一天。因此，与没有刻意开展心态诊断的公司相比，如果公司甘愿拿出时间进行深层次的心态诊断，那么，其变革项目取得"成功"的概率会增加 4 倍。[6]

作为组织领导者，如果你原本认为这部分内容虚无缥缈，华而不实，因而曾打算直接略过本章的剩余部分，那么，我们希望你的心态到此时已发生改变，并决定继续与我们共同思考后续话题。接下来，我们将深入探讨如何揭示和重塑几种关键的心态，帮助我们解锁组织健康密码，进而提升组织绩效。

识别促进性行为和妨碍性行为

在接下来的全部内容中，我们将通过四个场景把这些概念运用到实践当中。第一个场景来自两位管理大师加里·哈默尔（Gary Hamel）和普拉哈拉德（C. K. Prahalad）在《竞争大未来》（Competing for the Future）一书中描绘的虚构故事。而后三个场景则来自现实世界，分别介绍了银行、电信和制造公司实施的变革计划。

我们首先从哈默尔和普拉哈拉德讲述的故事开始：四只猴子坐在一个笼子里，研究人员在笼子顶部悬挂一串香蕉，猴子们可以爬上台阶拿到这串香蕉。但是，每当猴子们试图爬上台阶取香蕉时，研究人员就会打开喷水管，用猛烈的冷水流挡住猴子的去路。在尝试了几天后，猴子们也就自然而然地放弃了努力——它们意识到，为得到香蕉而做出的任何尝试都是徒劳的。随后，研究人员拆除喷水管，同时用一只新猴子替换掉原来四只猴子中的一只。一看到香蕉，新来的猴子便爬上台阶。接下来会发生什么呢？作为群居的社会性生物，其他三只猴子自然不会让新伙伴遭遇危险。在觉得水管马上会喷出冷水时，它们马上拉回新伙伴。新猴子被吓了一跳，但是在环顾四周之后，还是决定再次爬上台阶。但其他猴子继续阻止它们的新伙伴爬上台阶。这样的经历重复了一次又一次，直到新猴子接受了这个群体的行为准则——自己也懒得再去拿香蕉了。

在接下来的几周里，研究人员继续重复之前的做法——每次替换掉最初猴子中的一只，换入一只之前从未见过水柱的新猴子。尽管研究人员不再以任何手段阻止猴子们去取香蕉，但每只新来的猴子还是会被其他猴子拉下台阶，直到新加入的猴子放弃努力，接受群体规范。在实验结束时，笼子中原有的四只猴子已被全部替换，全部是完全没有经历过冷水流的猴子。笼子顶部悬挂的香蕉已经熟透，台阶也已畅通无阻。但没有一只猴子会试图爬上台阶。它们都学会了一条不成文的规则："我们在这里根本就拿不到香蕉。"

自《竞争大未来》一书出版以来，这个故事已被重复了无数次，毕竟它为变革运动的领导者带来了很多启发，我们将在下文中做详细解读。但在此时此刻，我们只需认识到，过去的管理实践（在这个故事中，对应于研究人员喷出的冷水流）会促使这些猴子采取某种特殊行为。值得注意的是，即便是通过"管理"手段改变这种实践方式，它们的行为也不会随之发生改变。因此，我们可以得到的启发是：**心态已因过去的管理实践而根深蒂固，因此，即便这些实践方式不复存在，心态依旧如故。**

不妨用我们准备的真实商业案例说明这一点。一家银行曾希望调整管理实践，以便实现为客户提供"一站式服务"的成长愿景。针对员工行为进行的调查表明，约 10% 的销售人员已开始按预期方式进行工作，并实现了非常高的交叉销售。尽管绝大多数销售员能在最初几笔业务中便开始捆绑销售其他产品，但也仅此而已。少数销售员仍旧只能向客户销售单一产品。

随后，银行展开评估，在这 10% 的优秀销售员已开始采纳的工作方式中，哪些是其他人尚未采取的方式。他们发现，有两种行为将表现优异的销售员与普通销售员区分开来：他们在描述客户特征时所提出问题的数量和性质，以及他们对银行产品组合的了解程度。根据这个结论，银行管理者随后制定了一项变革计划，旨在为普通销售员提供有效的支持工具，其中包括用于描述客户问题的脚本以及针对银行相关产品组合的培训材料。然而，尽管这项活动声势浩大，而且银行确实投入了大量精力和成本，但销售额几乎没有任何改善。

我们回头再讨论银行这个案例，现在，我们不妨先看看另一个案例。作为健康目标的一部分，一家电信公司希望逐步改进员工绩效考核实践。在评价目前的操作方式时，公司发现，在绩效评估谈话的大部分时间里，管理者都在解释各种无关紧要的复杂评估流程，而刻意规避任何棘手的话题。在针对最佳实践进行全面基准对比之后，公司制定了一套新的评估体系，在大大简化评估流程及评价方法的同时，却提高了评估的频率——每三月进行一次审核，而不是每年一次。在试行过程中，公司针对如何开展富有成效且注重绩效的对话进行了培训，但没有考虑到由此招致的行为改变。尽管理者对新方法心存怨言，但敢怒不敢言。于是，在执行过程中，他们经常会擅自取消审核，或是干脆把这段时间用于闲聊，而对原本棘手的话题则敷衍了事，甚至一掠而过。

随后，我们看看第三个案例，而后归纳一下这些案例的共同点。作为实现绩效目标的前提，一家制造型企业制定了一套以执行力优势为核心的健康策略，因此，知识共享自然成为至关重要的管理实践。但现有的很多行为已成为明显的前进障碍：信息壁垒严重，导致知识分享受到限制；各自为政，造成各部门对类似问题不得不独立寻找解决方案；缺乏沟通，使得员工在困难面前不愿寻求帮助或主动提供帮助。在对情况正好相反的其他公司进行研究之后，他们决定投资创建一个知识管理技术平台，以推进知识的整理和共享。在花费了数亿美元后，这个系统最终启动并运行——但事实证明，这次投资完全是彻头彻尾的失败，因为只有少数人有资格使用该这个系统。

在这些例子中，所有公司均对行为效应从"妨碍"到"促进"的变化进行了合理评估，这也是它们实现预期健康目标的前提。然而，尽管这是整个健康评价过程中非常重要的第一步，但上述案例无不告诉我们，仅仅依赖这个层次的评价便直接转向解决方案，完全是错误的做法。相反，如果能像我们在下一节即将谈到的那样，再多花点时间进行更深入的评价，注定会让它们深受裨益。

揭示影响基本心态的驱动要素

在上述案例中，这些公司为什么没有采取明显合乎逻辑的合理措施呢？实际上，它们采取的方式就相当于前述猴子实验中拆除水管的行为，尽管环境已发生变化，但"我们在这里根本就拿不到香蕉"的基本心态依然如故，并没有因为水管的拆除而发生变化。如果基本心态发生变化，结果就会大不相同。

在回到前述案例之前，首先需要准确定义所谓的组织心态（organizational mindsets）。简而言之，**组织心态就是组织成员共有的信念或假设，它会塑造员工的认知，让他们习惯于采取可预测的方式行事**。为了把这个概念还原为现实，我们不妨以萨蒂亚·纳德拉执掌微软时所强调的心态转变为例。受斯坦福大学心理学教授卡罗尔·德韦克（Carol S. Dweck）关于成长心态研究的启发，纳德拉指出，领导者和员工"无所不知"的愿望是导致很多职能行为失调的根源。相反，微软始终强调，"无所不学"的人未来必定会受到重视，这种心态也确实给微软员工的行为带来了明显的积极变化，体现在合作、敢于冒险以及面对客户等方面。[7]

在明确了哪些要素构成心态的内涵之后，我们还要谈谈哪些要素不属于心态的范畴。心态显然不同于猴子实验中的水管。比如说，如果你询问导致某种既定行为所依赖的心态，得到的答案是"因为激励系统失灵""因为它们尚未取得良好的模型可供参考"或是"因为还没有人设定合理期望"，那么，你的变革之路注定不会走得很快。因为它们并不属于心态的范畴，相反，只是影响心态的外部要素。

改变这些外部要素必然会带来长远影响，但就像拆除水管几乎没有给猴子带来任何直接影响一样，植根于潜意识层面的固有规范注定会持续很久，难以轻易撼动。因此，尽快促进变革实现的快捷道路就是在评估中更进一步，对如下问题做出解答："基于这些要素（激励、角色塑造和期望等），勤奋而又有智慧、有理想的员工会如何认识自己及其工作，从而促使他们坚信只有这么做才是正确的？"如果我们可以对原本存在于潜意识的思维模式做出定义和命名，让它们成为所有员工可遵循的明确规范，从而对工作环境实施强制性调整，那么，我们就会看到，行为变化不仅会更快，而且更容易得到更多人的接受和采纳。

对于这个驱动某种行为的潜意识心态过程，我们可以把它想象成一座冰山，如图 4-2 所示。我们的目标是透过各种可观察到的行为，潜入行为冰层的下面，而后一直深入到这座冰山的最深处。而穿透行为表面深入底层根源的主要工具就是所谓的"梯式递进"式访谈技术。这种方法的基本原理源自丹尼斯·辛克尔（Dennis Hinkle）在1965年的博士论文《基于蕴涵理论视角的个人构架改变》（*The Change of Personal Constructs from the Viewpoint of a Theory of Implications*）中提出的个人变化理论。为了更深入地探究个人心态变化，辛克尔提出了这种被他称为"梯式递进"的询问方法。

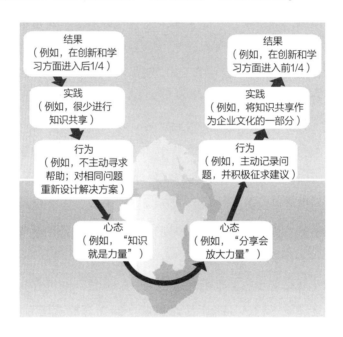

图4-2　揭示驱动某种行为的潜意识心态

这种方法采用多种技术揭示个人持有某种具体观点的多层次原因。它的基本原理在于，通过层层深入的"梯式递进"式提问，促使人们思考最深层的行为动机，并最终引导他们表述构建个人行为世界的价值观和基本假设。尽管这项技术起源于临床心理学，但它已成功应用于商业营销和组织变革等诸多领域。

这种方法依据的基本原则，实际上就是运营专家在装配线发生故障时采用的"五问法"。在精益管理实践中，在试图解决既定问题之前，操作者须尽可能地回答"为什么"，以充分了解问题，并揭示造成问题的根源（通常，五个问题足以促使我们找到问题根源，因此，这种方法也被归结为"五个为什么"）。不妨用教科书中经常提到的一个例子说明这个过程。如果电机出现故障，采取精益思维的运营专家不仅会要求更换电机，还要了解电机出现故障的原因。操作者回答，"因为电机过热。"为什么会过热呢？"因为通风不好。"为什么通风不好呢？"因为机器距离墙壁太近。"因此，在更换电机之前，操作者将让机器远离墙壁。如果不探究最深层次的原因，修复电机可能只是权宜性措施。最终，由于通风不良，新更换的电机很快还会被烧坏。

尽管这个类比足以形象地说明问题，但针对人类行为根本原因的"五个为什么"，不可能只是简单直白的"五个为什么"这么简单。毕竟，我们是在探究导致人类采取某种行为的潜意识！但利用一系列访谈技术，有经验的访谈者完全可以找到问题的根源。比如说，"讲故事"法是通过询问与特定行为有关的英雄、传说或战争故事，启发受访者进行丰富详细的叙述；"刺激"法是通过刻意夸张的陈述，从而激发受访者做出情绪化反应；采用"角色扮演"法，让受访者身临其境于现实工作环境中，或是让受访者换位思考，从他人的角度认识问题；"循环"法旨在将当前对话与之前陈述联系起来，并形成可以相互印证的闭环；"假设"法则是通过描绘想象的情境，询问受访者在这种环境下会做出什么反应。

经验丰富的访谈者还会倾听受访者可能表现出的三种心态："不被允许""不能"和"不愿意"。"不被允许"的心态来自受访者对外部期望以及接受程度的认识。"不能"的心态源于受访者对资源可用性或个人能力的认识。而"不愿意"的心态通常取决于个人对身份、价值观和力量对比状况的认识。

"梯式递进"式访谈似乎完全有别于传统访谈技术。前者侧重于反思——当受访者因为不能给出适当答案而不得不停下来思考问题，访谈者就可以认为，对方已进入正确轨道。传统方法往往以行动为导向，强调收集事实、听取意见以及检验假设。

不妨举个例子。在传统访谈中，访谈者可能会这样说，"和我谈谈您的销售流程吧"，然后便是一系列以澄清为目的的问题。而在"梯式递进"式访谈中，访谈者会这么说："想象一下，假设我是你的一个客户，你准备向我出售一笔我已在线上购置的贷款；现在，我们以角色扮演的方式模拟这个过程。"然后，访谈者会提出一些问题，譬如："在这次互动中，你在哪个环节的感觉最不舒服（以及为什么）？""你认为谁会处理得更好（是如何处理的，以及为什么）？""在我们的互动中，是什么妨碍你没有这么做？""你觉得与客户相处过程中的最佳体验是什么？""哪些最佳体验不同于我们的角色扮演？"等等。

尽管"梯式递进"式访谈技术功能强大，但它的局限性显而易见——难以在大型和多样化组织中进行大规模操作（对大公司客户而言，我们通常需要在评估阶段进行 30 ~ 50 次"梯式递进"式访谈）。为此，我们可以采取的补充方法就是利用视觉工具开展的焦点小组访谈，通过这种方法，我们可以收集更多、更深层次的事实依据，以发掘隐藏在表面之下的深层原因。

视觉提示方法与传统焦点小组技术的不同之处，其实类似于"梯式递进"式访谈和传统事实调查访谈之间的区别。在使用这种方法时，访谈者可以把大约 100 张图片摆放在桌子上，然后请参与者从中找出最能反映他们对某个话题感受的图片。比如说，"组织中最能让你充满激情或是最让你感到沮丧的是什么？"或者"你对组织最大的希望是什么？"

根据变革计划的类型，可针对企业面对的具体挑战进行这种调查。不妨继续沿用前面示例采用的方式进行提问："哪张图片最能代表你向客户销售商品时的感觉？""哪张图片最能代表你在绩效考核中的感受？""哪张图片最能反映合作和知识共享在这里是如何进行的？"和"告诉我……"与以这种方式提出的常规性问题相比，使用图片的好处在于可以引发双方展开更诚恳、更感性以及更发自内心的对话。

当然，这种方法还会带来另外一种额外的收获：可以把代表员工心目中理想组织的图片用于后续的沟通项目，这样就可以把员工的建议与变革计划的主题联系起来。在员工选择各自心仪的图片之后，可以由一个更多人组成的团队在此基础上创作拼图，汇总所有人对各自工作的整体感受。除此之外，按照常规做法，通常由经验丰富且态度客观的第三方协助进行焦点小组式访谈，但我们还是鼓励领导团队亲自参与其中的个别访谈组。这样会让他们大开眼界——这种心态相当于精益制造管理者所说的"genchi genbutsu"（日语），意思是"身临其境，亲身感受"，只有这样，他们才能在现场体验到真实的情况。

　　全面理解组织心态的第三种工具，是来自社会科学研究方法中的"定性数据分析"（qualitative data analysis，QDA）。它采用语言学方法（也就是所谓的叙事、定义和话语分析），对丰富、大量的文本数据资源（包括报告、网站、广告、内部沟通和新闻报道等）进行挖掘，以找出存在于其中的经常性主题，并从中寻找因果关系。

　　很多人都熟悉一种非常基础、直观的定性数据分析技术——"文字云"，也被称为"词云"（word clouds）。词云技术对所有词汇在特定文本中出现的频率进行分析。然后把这些词汇打印在一页纸上，某个单词的使用频率越高，它在这张纸上所代表的词云就越大。个别单词云可以带来很多启发性和洞见，因为人们使用的词语肯定会反映他们的想法，浓墨重彩之处必定最能反映他们希望表达的观点，因此，正如我们所讨论的那样，所思永远是所为的基本驱动力。另一方面，比较不同来源的词云还会带来不同的启迪。比如说，一家公共机构比较了与组织价值观及领导模式相关的词云与高管团队在过去一年多次内部演讲形成的词云，结果让他们大吃一惊：他们居然没有找到一个共同的词汇！

　　总体而言，"梯式递进"式访谈、使用视觉工具的焦点小组和定性数据分析均适用于揭示导致某种外在行为的基本心态。以前述银行、电信公司和制造公司变革计划的失败为例。在这家银行，在"认识差距"阶段进行的调查结果显示，新销售激励工具和培训的使用不足可以归咎于两种心态。第一种心态是"我的工作就是带给客户想得到的东西"，第二种心态则是"我应该遵守'黄金法则'，用我希望被对待的方式去对待客户。"在电信公司，绩效管理行为在高度关联的企业文化中始终没有改变，究其原因，就是源于这样一种根深蒂固的信念——"批评有损关系"。而在制造公司，知识管理系统俨然已成为一座废都，因为所有人都笃信，"在这里，知识就是力量，因此，优秀的领导者就是力量强大的领导者"（如图 4－2 所示）。

实际上，所有这些根源都有一个共同点——即，它们所对应的心态是合情合理的。在这里，有一点至关重要：如果使用正确的工具，就可以让心态分析避免得出草率的结论——譬如，"我们的销售人员害怕与客户交谈""我们的负责人在传达强硬信息时过于软弱""我们的人员不存在'非本地发明'问题"。我们经常会遇到这样的变革问题——当领导者被问及他们的变革到底针对何种心态时，他们大多会回答，官僚主义或是行动迟缓。但这并不属于心态的范畴。任何一个理性人都不会在每天醒来时说："我的工作就是当一名官僚"或者"我今天打算放慢进度"。如前所述，要检验你是否已找到基本心态——或者说，能真正解锁影响健康和绩效奥秘的心态，一个重要的标准是，任何勤奋而又有智慧和良好意愿的员工是否都能理性接受某种信念，而且这种信念还可以解释为什么要改变某种制约绩效改善的行为。

在认识到作为行为根源的心态之后，下个步骤就是对它们予以表述，形成明确具体的定义，以扩大员工在日常工作中可选择的合理行为范围。需要提醒的是，在这个澄清和明确的过程中，我们实际上就是在创造前面提到的化茧成蝶效应。

重构基本心态

对这些业绩乏善可陈的银行从业者来说，还有哪些信念能给他们带来更多、更明智的行为选择呢？如果他们坚信，自己的工作——为客户创造价值的方式，就是"帮助客户充分了解自己需要什么"，而不是"为客户提供他们想得到的东西"，那么，他们会采取怎样的行为呢？如果他们对这个信念坚定不移——就像最初作为研究对象的高绩效者所采取的行为，那么就无需用一连串描述性问题去挖掘其行为根源，因为他们会自然而然地去思考这些问题。

如果他们也像绩效优异者那样对"将欲取之，必先予之"的"白金定律"笃信不疑，而不是依旧停留于"己所不欲，勿施于人"的"黄金法则"，那么他们又会采取怎样的行为呢？毋庸置疑，他们在与客户打交道时会展现更大的行为灵活性，从而改善客户体验。反过来，这种有助于强化客户中心的健康目标也会随之变化。

针对前面提到的电信公司，在开展绩效管理讨论时，如果公司高管认为"在相互尊重基础上的坦诚对稳定关系至关重要"，这会带来怎样的影响呢？有些人认为，直言不讳会破坏关系，那么，他们就会以甜言蜜语代替直言不讳。不可否认的是，如果以开诚布公的对话代替这些毫无意义的糖衣炮弹，必将提高员工对组织的信任感，进而让员工绩效评价实践的效果迅速进入前1/4 的行列。

再看看前面介绍的制造公司，如果管理者认为，"分享信息会削弱实力"，而不相信"信息就是力量"，于是，他们开始囤积力量，拒绝分享，面对这种情况，该如何应对呢？果真如此的话，这家公司或许根本就没有必要投资数百万美元创造信息共享系统，因为真正能帮助他们学会相互支持并分享最佳实践的，是内在的心态，而非外来的技术。

敏锐的读者或许会发现，我们所描述的每一次心态重构，实质上都是世界观的一次深层次转变。比如说，从"为客户提供他们想得到的东西"的观点转变为"帮助客户充分了解自己需要什么"的观点，就是一种由下属心态向伙伴心态的转变。从"己所不欲，勿施于人"的"黄金法则"到"将欲取之，必先予之"的"白金定律"，体现出从以我为本的世界观转变为以他人为本的世界观。认识到坦诚相待只会稳固关系而不会破坏关系，反映了心态由受害者到掌控者的转变。而选择相信"力量会因分享而放大"，而不是"信息本身就是力量"，表明人们的关注点已经由"守住稀缺"转为"极大丰富"。尽管这些变化都对应于深层次的根本性转变，都会带来化茧成蝶的不可逆效应，但如果仅停留于使用这些术语描述转变，那么，它们最多只是浮华无用的书面定义，对现实工作可能毫无指导意义。

因此，理想的命名和重构方法不仅要具备深刻的蕴意（以朴实无华、客观贴切的术语去反映世界观的深层变化），还要富于洞见（将原本隐藏在潜意识中的思维拓展为有意识的行为规范），而且令人难忘（因而变成日常工作中可以轻松谈及的话题），更要有现实意义（与组织的具体背景息息相关，会让我们有豁然顿悟之感，进而迸发出"那就是我们！"的共鸣）。

我们早就已经认识到，尽管有很多实用的工具包可以帮助领导者完成这项任务，但如果与心态尤其是重构步骤并行考虑，必将取得事半功倍的效果，也为这个过程赋予一定的技巧性和艺术性——事实上，这个特征可能比管理变革计划的其他任何环节更明显。不过，这不应妨碍领导者对陌生领域的尝试和探索。需要提醒的是，完美不是我们的目标。在我们当中，很多人在上美术课的时候，都不会想到自己要成为毕加索或伦勃朗那样的传奇人物。我们或许不会有价值数百万的传世作品，但通过学习最基础的构图和绘画技巧，我们依旧有可能成为不错的画家。

通过另一个案例，我们可以进一步深化命名和重构心态带来的好处。一家零售商发现，从"倾听并回应"（被动心态）到"预测并塑造"（主动心态）的转变至关重要，实际上，这也是创建客户为本管理实践的基础。一家工程公司原本希望改变之前依赖外部业务理念的惯例，但却发现它们对结果过度乐观，而且低估了竞争对手。通过确认差距的评估过程，它们意识到，问题就在于"胜者为王"（专家）心态的驱使，导致它们采取了越来越偏执、越来越孤立的行为。于是，它们转而强调"获胜只意味着比他人学得更多、更快"（学习者）的心态，鼓励员工在竞争对手和其他人身上寻找最佳实践。我们注意到，这恰恰就是萨蒂亚·纳德拉在微软发起的根本性变革（从专家到学习者），只不过变革在这家零售商身上实现了不同的表现方式。由此可见，转变所对应的实现方式取决于组织的具体情况。

这些商业案例确实有助于我们说明问题，但肯定不及以人类健康为例那么熟悉且令人难忘。我们不妨想想心脏病患者的遭遇。多年以来的研究表明，对大多数心脏病患者来说，如果通过减少吸烟和饮酒、控制脂肪摄入量、减轻工作生活压力和定期锻炼改变行为习惯，那么，他们的寿命完全可以大大延长。事实上，很多人也确实在为此而努力。但也有大量的研究反复说明，在接受心脏病手术的患者中，90%的人会在两年内恢复原有的不健康行为。

加州大学旧金山分校医学教授、预防医学研究所创始人迪恩·奥尼什（Dean Ornish）博士决心改变这种状况。[8] 他决定尝试一种新的心脏病治疗方法。他并没有把焦点集中于患者为谋取生存而应采取的行为，而是试图解决他们的心态问题。

为此，奥尼什博士首先要解析患者的自我叙述，通过语言表象挖掘他们的基本心态——从"如果这么做，我就不会死"（由恐惧驱动的心态）转变为"如果这么做，我的生活将充满欢乐"（由希望驱动的心态）。对此，奥尼什博士是这样说的："告诉那些孤独和抑郁的人，如果戒烟或是改变饮食习惯及生活方式，那么，他们就会活得更长久，这并不是什么激励，而是常识。"他又转而指出，如果他们能充分享受日常生活带来的乐趣——譬如徒步旅行、与家人或孩子嬉戏玩耍，而不是深陷痛苦或不适情绪中不能自拔，那么，他们会感觉如何呢？肯定会好很多！

采用下一章"明确路径"阶段所讨论的机制，这个重构过程会收效明显：在全部心脏病患者中，77%的人成功改变了自己的生活方式，而在正常情况下这个比例仅为10%。

如同"统一目标"阶段取得的"超级简单"的最终产品——针对如何修复缺陷或推进卓越行为的一份管理实践名单，在"认识差距"阶段，最终成果通常也可以归纳成一页纸的内容。这个最终成果的示例如表 4-1 所示。

表 4-1　对基本心态以及相关行为的命名与重构

管理实践	制约绩效改进的心态及相关行为	推进绩效改进的心态及相关行为
自下而上的创新	坚守传统："过去让我们伟大的传统，会让我们在未来更加伟大" ■ 行动迟缓，凡事只有经过深思熟虑之后才会动手 ■ 对新观点谨小慎微，唯恐遭遇风险和失败 ■ 优柔寡断，把大量时间浪费到制定筹划、调整计划和文档记录环节	塑造未来："致敬过去的最佳方式，就是积极地塑造未来" ■ 快速更新，以实践经验和学习实现持续进步 ■ 创造机遇，接受合理的失败 ■ 把大部分时间投入原型的构思与设计 ■ 让持续创新成为标准任务的一部分
开放与信任	崇尚和谐："与人为善，相互关照，宁愿忍受，不伤和气" ■ 只谈和气，不谈分歧，当面从不讨论真正的问题 ■ 只谈有利，强调适合，只提好消息，不提坏消息（平静胜过一切分歧） ■ 因为害怕报复而从不质疑上司 ■ 以不求他人帮助为荣，似乎所有人都无所不知	崇尚卓越："和谐进步，相互扶持，开诚布公，团结互助" ■ 求同存异，不孤芳自赏，也不忍气吞声，敢于直面棘手问题 ■ 敢于开诚布公，直言不讳，从不拐弯抹角（直白胜于一切形式） ■ 敢于直言相谏，表达异议，不避讳职位高低，善于互助，以合作和支持寻求"1+1>2"的倍增效应
所有权意识	勤奋工作，完成任务："深谙组织的预期和要求，并为实现目标而全力以赴" ■ 领导者决定一切——做什么，如何做 ■ 以严格行动、忙碌奔波和称职的报告展示成功果实 ■ 忙于形式和报告，但不刨根问底 ■ 把公司成败的责任推卸给他人	勤于动脑，强调结果："理解预期目标，坚持基本原则，以达成结果为终极追求" ■ 领导者指导一切——制定目标，提供依据，做好辅助 ■ 以创造最终成果展示成功 ■ 以行为的价值创造能力为基础不断确定事务的优劣先后 ■ 坚持一切成功均以公司成功为终极标准的信念

在第 5 章，我们将讨论影响心态构架以及将它们嵌入管理实践的诸多方法。此外，我们还将在第 6 章介绍一些非常有效的技巧，促使领导者去主动审视和拓展自己的世界观，使之与正在发生的根本性心态转变联系起来（比如从"受害者"到"掌控者"，从"我"到"我们"，从"守住稀缺"到"极大丰富"，从恐惧到希望，等等）。不过，我们在这里要提醒的是，影响心态转变的方法也可能"超级简单"。不妨以一家航空公司为例。尽管转变心态

并不是唯一需要完成的事情，但这家公司还是采取了一种强力措施——在员工的工牌上加一层塑封卡。卡片的一面为红色，印有可能制约绩效改进的心态——"从……"。另一面为绿色，印着有助于改善绩效的心态——"到……"。这张卡片不仅可以提醒员工随时关注心态转变，也为他们提供了实用有效的反馈工具：在启动大会上，如果某个员工意识到，与"红色"心态和相关行为对应的固有潜意识还在主宰自己，那么，他们就可以举起自己的工牌，让大家看到红色的一面，这就可以让其他人关注到他正在调整自我认识的方式。与此同时，其他员工也会刻意强化这种"绿色"心态以及相应的行为，进而鼓励同伴继续努力，不断克服"红色"心态，提升"绿色"心态。

在结束"认识差距"阶段，讨论"健康框架"之前，还有必要强调一下，我们在这里讨论的所有观点都是以非常坚实的学术研究为基础的。至于为什么至今尚未详细介绍这方面的内容，原因很简单，我们的目标是为从业者创作一本指南性读物，而非学术论著。因此，如果读者希望在这方面了解更多的信息，不妨关注如下学术作品：伊恩·米特罗夫（Ian Mitroff）与哈罗德·林斯通（Harold Linstone）合著的《无限思维》（*The Unbounded Mind*）；彼得·圣吉（Peter Senge）在《第五项修炼》（*The Fifth Discipline*）；卡罗尔·德韦克（Carol S. Dweck）的《终身成长：重新定义成功的思维模式》（*Mindset：The New Psychology of Success*）；杰伊·爱德华·拉索（J. Edward Russo）与保罗·休梅克（Paul J. H. Schoemaker）合著的《决策陷阱》（*Decision Traps*）及《赢得决策》（*Winning Decisions*）；罗素·艾可夫（Russell L. Ackoff）的《创造企业未来》（*Creating the Corporate Future*）；克里斯·阿吉里斯（Chris Argyris）的《教聪明人学会学习》（*Teaching Smart People How to Learn*）；以及蒂莫西·加尔韦（Timothy Gallwey）的《如何实现工作自由》（*The Inner Game of Work*）。

这些论著都反复强调了一个共同点：在不改变心态问题的情况下尝试改变行为，就像是在游乐场里玩打地鼠游戏。你把一只地鼠（行为）打进洞里，周围马上会冒出更多的地鼠。正如蒂莫西·加尔韦在《如何实现工作自由》一书中所说的那样，"无论外部游戏的情节如何变化，我们的脑海中总有一个不变的内部游戏。最终决定外部游戏输赢的，是你对这个内部游戏的了解程度。"[9]

作为这部分内容的大结局，我们不妨回忆历史上发生的一个重要事项，当然，它也是最能代表心态重要性的一个经典案例。在20世纪50年代中期之前，整个体育界笃信，在4分钟内完成1英里跑是人类永远不可逾越的极限。甚至医学界也认为这对人类而言遥不可及。但就在1954年5月，一名叫罗杰·班尼斯特（Roger Bannister）的医学院学生首次以3分59.4秒的成绩突破4分钟大关。班尼斯特在后来的回忆录中说，他用于让自己调整心态的时间，几乎不亚于为完成这次"不可能"壮举而投入的训练时间。他曾写道："心理方法至关重要……合理的心态可以充分激发和驾驭身体中的能量。"[10]

也许更令人惊讶的是，就在短短的两个月之后，澳大利亚选手约翰·兰迪（John Landy）便再次突破4分钟大关。而在随后的三年内，竟然有16名运动员紧随其后，纷纷完成4分钟1英里跑的壮举。那么，到底发生了什么呢？难道是人类进化历程中发生了一次突兀而至的大爆发吗？抑或是1英里跑已演变为一场基因工程选手化身的超人竞赛？当然不是。只是相同的人和相同的身体拥有了不同的心态：这就是一种"可以做到"的心态。毫无疑问，在我们的组织里，很多行为表面背后都存在这种"4分钟1英里"式的心态，就像班尼斯特给体育界带来的震撼，只要突破因这些心态而来的极限，我们也可以创造奇迹，实现原本不可能的绩效水平。

因此，我们希望读者到此完全认识到，不应把评价心态视为胆怯懦弱的表现，也不应该把它当作对变革成功可有可无的事情。如果错过这一步，所有变革计划都将难以为继，或者至少举步维艰、进展缓慢，以至于最终不得不以直接或间接方式再做补偿。正如我们所阐述的那样，很多成熟的方法和工具已在其他领域完成测试并得以验证，只不过它们还没有在商业领域得到普及。但正因为它们尚未成为主流，因此，我们可以提早利用这些技术取得先发优势，比竞争对手做出更有利、更迅速的变革（这难道不就是重构心态、把握机会的最好时机和最优方式吗）。

大师点拨：理性询问，兼顾大局

现在，我们把关注点转移到可预期非理性领域带来的最重要的启发，这也是我们在"认识差距"阶段应予以考虑的话题。威斯康星大学的一项研究最能说明这一点。在这项研究中，研究人员对两支保龄球队的比赛进行录像。比赛结束后，研究人员把剪辑后的录像分别交给每支球队进行分析。其中，一支球队拿到的录像中只包含了他们失误的片段；而另一支球队拿到的录像只包含他们成功的片段。在对录像进行研究之后，两支队伍在研究人员面前重新比赛。结果如何呢？两支球队的表现均好于上一场比赛——可见，研究比赛录像显然是值得的！但是让很多人感到费解的是，和拿到失误录像的球队取得的进步相比，另一支球队的进步幅度整整高出一倍。[11]

针对这项研究，大卫·库珀莱德（David Cooperrider）、苏雷什·斯里瓦斯塔瓦（Suresh Srivastava）和戴安娜·惠特尼（Diana Whitney）等研究人员提出了一个重要结论：如果你要激励人们去改变行为，那么最有效的方法就是告诉他们应该怎么做，并让他们回答"我们怎样才能更成功？"（这是一种基于建构主义的激励性方法），而不是只盯着错误反问他们，"我们应如何解决这个问题？"（这是一种从缺陷出发的纠错性方法）。后者更适用于纯技术体系，但对有血有肉有情感的人类来说，一味地关注错误，只会招致相互指责，进而让人们身心疲惫。而第一种方法的核心则是让人们主动利用自己的经验，在成功的基础上再接再厉。

但也不能矫枉过正。我们并不是建议变革领导者只应关注优势方面，或者只盯着有效之处大肆宣扬。在实践中，我们强烈地感受到，很多领导者对"扬长避短"的解读完全没有切中要害。物极必反，被过度渲染的优势反倒会成为缺陷，有些事情就像"阿喀琉斯之踵"（最薄弱、最致命的缺陷），尽管看似光鲜亮丽，但它们恰恰最需要精心呵护，否则就有可能失败。此外，大量的行为学研究也表明，与规避负面影响（逃离失火的桥——弥补弱点）的行为相比，人类在追求积极目标（登到高处寻找光明——强化优势）时，反倒容易缩手缩脚，不敢冒险。这里同样存在我们在讨论乐观偏差时提到的问题。即便是在指出问题的时候，如果不能让员工认识到他们需要改变心态（"从……"），那么，他们很可能就会以为，他们已经具备了理想心态（"到……"）。关于这个话题，我们将在本书第 6 章详细讨论。

因此，我们的建议是：在"认识差距"阶段，针对哪些环节存在问题因而需要调整修复、哪些环节运行良好因而需要鼓励发扬，领导者应给予基本相同的重视程度。这一观点是有事实依据的：和只关注优势或缺陷的变革计划相比，如果组织的大规模变革项目能兼顾这两个方面，那么，其成功的概率很可能高出三倍，而且不管是"从优秀到卓越"的改进计划，还是以走出危机为目的的"重整项目"，这种正相关的关系都成立。[12] 因此，我们可以设想，在前述威斯康星大学的研究中，如果研究人员在试验中增加一个同时观看失误和成功片段的保龄球队，那么，这支球队在随后比赛中的表现应远远优于其他两支球队。

由此可见，变革大师的真正妙招既不是只强调以缺陷为出发点的纠正式方法，也不是基于建构主义的激励性方法。而是应该像前述通用电话电子公司（GTE）电话业务总裁怀特（T. H. White）所说的那样："如果认真剖析我们做对的事情，并把经验运用于我们做错的事情，那么，我们既可以激励组织继续发挥优势，又能解决现有问题，实现自我提升……因此，我们绝对不能忽视问题，但需要换个角度看待问题。"[13]

尽管在理论上貌似完美，但在实践中效果如何呢？不妨考虑一个渴望成为"一站式企业"的金融服务组织。这个愿景的核心就是充分利用公司的所有产品为客户提供全方位服务，以实现更大的规模效益。利用组织健康指数（OHI）法，这家公司将三种管理实践确定为实现健康目标的优先事项：开放和信任、客户为本以及战略清晰度。

首先，封闭孤立的行为会降低相互之间的信任度，而导致这种行为的心态就是强大的责任感。员工坚信，他们的工作就是"像对待我的个人财产那样去做好本职工作"（"我的"事情）。但是要把心态重构为"就像我是公司所有者那样去做好本职工作"（我们的事情），则领导者在坚持责任至上的同时，把责任的落脚点由个人转向集体，以达到强化合作的目标。要增强以客户为本的服务意识，就需要把当前"了解自身业绩指标"的心态（关注内部）重构为"了解客户"的心态（关注外部），以彻底改变员工的工作方式和工作重点。而影响战略清晰度的短期主义则源于这样一种心态——"执行最重要，因此，执行就是我们的战略核心"（行动优先）。但这种心态并非一无是处，它的最大好处就是让员工拥有一种完成本职工作的强烈使命感。但如果以"执行战略最重要"（思想优先）的心态重新利用这种优势，那么，代表企业整体利益的更优决策就会得到迅速落实。

不妨再看看另外一个例子，也是我们之前在技能部分提到的重型设备制造公司。这家公司的愿景是成为一家进入行业前1/4的工业企业，而不只是行业最佳企业之一。另一方面，它们对健康设定的目标包括在战略清晰度、角色清晰度和绩效管理等方面更上一层楼。

缺乏战略清晰度的问题，归根到底源于一种追求事无巨细、尽善尽美的心态——这种"穷尽一切办法，不放弃任何细节"的心态（一丝不苟），会导致员工过分陷入日常工作中，以至于只见树木、不见森林。因此，要转向"放眼大局"的心态（有所取舍），还须领导者从长计议，对长期事务给予同等关注。角色清晰性受制于高度强调关系的企业文化——在这种文化中，所有员工都要"按部就班，按规矩办事"（非正式制度）。但如果让这些关系服从于"让规矩为我所用"（正式制度）的心态，角色清晰度就会变成自然而然的常态。然而，在以解决问题为核心的组织中，对"修复缺陷"（被动式反应）的高度关注，只会让查缺补漏式对话和惩罚行为成为常态，这显然会抑制绩效管理的改善。反之，同样带着解决问题的强烈愿望，但要求领导者改变视角看待问题，以未雨绸缪的态度"预防问题"（主动式反应），就可以为组织在绩效管理及其他方面提供更多完全不同的选择。

■ ■ ■

在变革的"认识差距"阶段即将结束之时，我们应该可以回答如下这个与绩效和健康目标有关的问题——"我们准备好了吗？"到此为止，我们可以识别到实现绩效期望所需要的基本技能要求。此外，我们还会以长期、锐利的视角审视这些技能在组织及市场中的现状，并展望未来。在此基础上，我们即可决定如何查缺补漏，取长补短。

此外，我们还会发现某些导致限制性行为的心态，这些行为已成为实现健康目标的羁绊。而后，我们即可构建更积极、更有效的心态，为未来开启更具建设性的行为。我们可以通过兼顾大局的调查询问法完成上述全部工作，从而扬长避短——在克服缺陷的同时，充分发挥组织的优势。

"认识差距"阶段或许是整个变革计划中最具挑战性的一个阶段。原因来自两个方面：首先，为长期战略性人力资源做规划以及探索潜在心态这项工作，毕竟不是组织熟悉的常规性事务，因而经验有限；其次是"赶紧干吧"的心态，导致组织只能为快速实现既定目标而采取一切必要措施。但如果你选择刻意回避或是绕过这个阶段，那可以肯定的是，一旦变革努力遭遇挫折，你的唯一选择就是回头补上这一课。但是在这种情况下，同样的任务注定会更艰难，只有付出更多努力才能帮你度过这一关，因为更高的期望只会让人变得刻薄挑剔，甚至会让人愤世嫉俗、脱离现实。

但如果做得好，我们就可以通过"认识差距"阶段形成积极有利的心态与观点。针对公司核心技能及心态重构的反馈环节，一位公司高管给出这样的总结，"归根到底，我们只是在讨论无须讨论的问题。这些问题是最根本的问题，因此，解决这些问题必将带来不可逆转的变革。"[14] 由此开始，我们将讨论变革之旅中"明确路径"阶段的核心话题："怎样才能实现目标？"（见图4-3。）

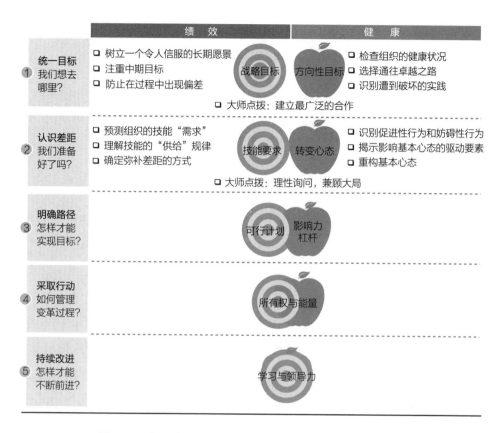

图 4-3　领导大规模变革行动的有效方法：现有案例（二）

明确路径：怎样才能实现目标？

2010 年，全球汽车制造商沃尔沃汽车公司的控股权从福特公司正式移交给到中国吉利汽车集团。当时，新的高管团队面临着诸多挑战。公司的市场份额不断萎缩，销量持续低迷，产品质量日渐下滑。在很多人的眼中，"沃尔沃"已不再是汽车市场上的高端品牌，而是已经沦落为位于高端市场和大众市场之间的中档产品。在公司内部，整个组织已迷失方向，信心溃散。毋庸置疑，任何走出迷雾、拨云见日的道路，都需要对组织实施大规模变革。

在沃尔沃变革行动的"认识差距"阶段，新的高管团队聚焦于机会、能力与热情的交汇点，为公司创建了全新的总体变革愿景——让"沃尔沃"成为全球最富于进取精神的豪华汽车品牌。为了将这个长期愿景与当下现实联系起来，他们制定了一系列中期目标，包括拥有顶级的高端汽车品牌，将全球销量从不足 40 万辆增加到超过 80 万辆，盈利能力进入行业前 1/4 等。

在健康目标方面，根据组织健康指数（OHI）及相关分析的结果，沃尔沃的组织健康状况排名处于中下部（第三个 1/4）。尽管面对种种挑战，但高层管理团队依旧认为，决不能错失时机。正如公司 CEO 所言："尽管我们还不够健康，但至少还活着！"根据市场预测分析的结果，高层领导者者决定，公司将采取"市场塑造者"模式的管理实践组合。为此，他们优先选择的管理实践包括大幅强化以客户为本、角色清晰度、人才培养以及战略清晰度等。

在"认识差距"阶段，公司厘清技能要求，为弥补能力差距制订了相应计划，包括从行业外部引进大量人才。对此，公司人力资源副总裁比约·萨尔斯特罗姆（Björn Sällström）是这样解释的："在技术层面，今天的汽车以及与 10 年前的汽车大不相同。以前，你需要的是机械工程师，而现在，我们更需要软件工程师，因为今天的汽车比任何东西都更像电脑。"[1] 而在健康层面，通过这些优先选择的管理实践，深入研究它们背后的基本心态，揭示出一系列有待实现的"从……到……"式转型目标。有待实现的转变包括：从"把流程置于首位"到"运用良好的判断"；以及从"依靠专业知识及现有技能"到"持续学习及客户参与"，等等。

在变革行动进入"明确路径"阶段时，公司的首要任务就是明确锁定沃尔沃到底应采取哪些不同的措施，引导公司走出困境，不断靠近预期目标。面对"我们需要做什么？"第一层次的答案就是在如下四个专题领域实现逐步改进："提高盈利能力和生产效率""振兴沃尔沃品牌""增强沃尔沃的产品优势"以及"推动全球增长和采购"。在此基础上，沃尔沃针对每一个专题领域制定了一系列的具体措施。比如，为兑现增强产品优势的目标，公司确定了三项具体措施：电动汽车战略、质量改进以及汽车架构更新。提高盈利能力和生产效率的措施则包括改善收入管理、提升研发效率和控制材料成本，等等。在明确了具体对策之后，通过程序对全部措施进行优化排序，以充分考虑各项措施之间的相互依存性，通过抢占先机为公司打造成长动力，为员工提供友好的变革体验。随后，公司为这些专项行动配备了顶尖人才，并制订了详细实施计划。

针对与健康目标有关的行动，公司采取了包括角色塑造活动、讲故事、能力强化机制（对组织结构、操作流程、管理制度和激励性措施进行调整）以及技能培训等在内的措施。随后，公司将这些健康措施与绩效实践组合的详细实施计划——对应，以确保绩效管理与健康管理相辅相成，互相促进。比如说，为实现以客户为本的健康目标，每项措施在设计时就考虑到针对客户反馈进行多次迭代，以动态实时方式跟踪客户需求。即便是承担后台项目的实施团队，也需要参与经销商在展厅举办的现场培训日及车展，并完成汽车杂志的规定阅读任务。此外，与成长性相关的措施也尽可能地配备专人管理，将外籍领导者和本地领导者进行——"配对"，以最大限度提高人才开发的效率。

在"明确路径"阶段，除了把健康要素融入绩效行动中之外，沃尔沃还专门设计了一套覆盖面广泛的综合性绩效和健康干预措施。其中包括：为来自全球的150名最高职位领导者提供变革领导力培训；推广大量变革案例，促使这些来自全球领导团队的所有成员在更大背景下总结各自的变革体验；将绩效和薪酬与健康成果联系起来；制定不同部门之间的轮岗计划；建立实用有效的变革沟通机制（互联网、海报、集会、聊天软件、屏幕保护程序以及咖啡聊天室等）。

到此为止，沃尔沃已形成一套路径通畅、架构完整的变革计划，把绩效目标与健康目标融为一体。而在员工的眼里，所有这些措施不分彼此，唯一的终极目标就是打造绩效和健康相互交织的卓越组织。可见，此时的沃尔沃已为"行动"阶段做好了准备。

■　■　■

沃尔沃的案例让我们认识到，直到变革进程进入"明确路径"阶段，组织为改善绩效和健康所采取的努力才融为一体。随着绩效行动计划通过我们定义的"影响力模型"成为改变心态和行为的工具，两个方面开始相互交织、互相促进。另一方面，在设计健康行动时，兼顾绩效目标的实现，这就把绩效行动与健康措施纳入同一情境中，两个方面相互融合，不可分割，共同体现变革计划的方方面面。

改善绩效：切实可行的计划

在这个阶段，我们既知道自己想去哪里（战略目标明确），也知道该如何接近这个目的地（技能要求清晰）。从绩效角度看，这个时点的任务就是制订一份我们所说的"切实可行的计划"，为我们从当下到实现首个中期目标指出一条清晰的路径，帮助我们厘清实现目标的"方法、执行主体和时间进度"。而制订这项计划的核心，包括明确需要采取的行动组合、以自动程序对各项行动进行排序以及为实现目标而重新配置资源。

明确行动组合

在变革进程的"统一目标"阶段，我们确定了组织的长期变革目标。回想第 3 章的内容：墨西哥国家保险集团（GNP）的长期愿景是"在未来的 5 年内，公司将在三个管理维度（盈利能力、客户服务和首选雇主）上成为行业第一"；塔塔的长期愿景是成为"立足全球市场的多元化汽车巨头"；微软则希望"在移动优先、云优先的大背景下，打造世界一流的平台及生产力服务"。而后，组织还要将这些未来长期愿景沿着时间轴进行逆推，把实现未来愿景的道路分解为一系列中期目标。比如说，在塔塔的变革进程中，第一阶段的任务是"止血"，第二阶段是"巩固我们在印度国内市场的地位"，第三阶段则是"走出印度本土，扩大海外业务"。

在明确中期目标的基础上，我们目前须着眼于近期目标——也就是说，在接下来的 12 ~ 18 个月内，我们需要执行哪些具体任务，推动组织实现中期目标（在"统一目标"阶段加以确定），进而实现长期愿景，并创建必要的技能组合（通过"认识差距"阶段予以确定）？为此，组织须考虑三个重要因素。首先，组织需要选择一套全面、有效的具体行动组合。随后，将整个变革计划构建为一组相互连贯的主题，说明如何让每一块砖（行动）相互搭配起来，并最终构建起一座教堂（中期目标）。最后，利用自下而上的流程，为每一项行动制定具体实施方案。

为确定最优行动组合，我们建议组织领导者从价值、风险和影响的时间框架三个方面出发。一种有效的方法就是把潜在行动绘制在平面坐标图上，坐标图的两个坐标轴分别代表时间和熟悉程度。这样，我们就可以很直观地看到每项行动的相对影响力，具体方法如图 5-1 所示。这个网格图清晰地显示出哪些行动组合是均衡有效的，比如图中左侧的大方格，但有些行动缺乏均衡性，如右边的六个较小方格。

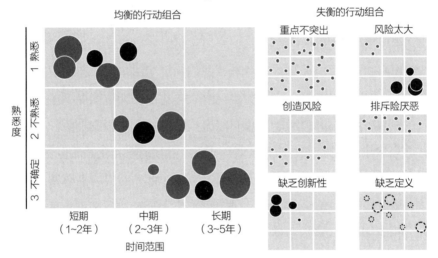

1 熟悉：拥有与众不同的知识（领先于竞争对手）；已全面拥有或易于取得主动性；存在一定程度的执行风险。

2 不熟悉：在知识上落后于竞争对手；循序渐进地进行投资，逐步提高熟悉度。

3 不确定：难以估计成功的概率；采取多样化对策，并积极利用经验实现学习，以尽可能降低不确定性；通过规模相对较小的初始投资，逐步提高熟悉度。

图 5-1　行动组合

通过"时间"坐标轴，可以确保行动方案的组合具有均衡性——既有满足当前盈利预期的行动，也有为实现中期影响力需要采取的行动，还有创造长期价值的行动。尽管这些方案的意义在于告诉我们短期内需要做什么，但不容忽视的是，要进一步实现对未来具有长期先导性的影响，我们眼下还要做很多事情。通过"熟悉度"坐标轴，可以确保方案组合既不疯狂地豪赌未来，也不会局限于对当前状态的修修补补。在这些网格中，每个圆圈的大小均表示对应行动方案的价值创造能力，这样就可以确保所有行动最终都会创造必要的影响力。

在确定了绩效行动方案的最优组合之后，就需要为这些行动方案创建一个相互贯通的总体架构，从而把它们整合到同一个框架之下，这一点至关重要。如果没有这个统一的架构，我们有可能面对"100 个失败项目"同时进发的风险：由于缺乏角色明确性、协调性和工作动力，虽然很多计划已经开始，但能真正完成的却寥寥无几。我们可以用一个实验说明这种情况。不妨看看位于图 5 - 2 左侧的图片。我们看到了什么呢？是一些抽象的形状？还是明暗差异的图案？如果给你几分钟时间去描述这张照片，你会说什么呢？你是否会有很多话要说，或是感到热情澎湃？

图 5 - 2　着眼大局

现在，我们再看看位于图 5 - 2 右侧的图片。在这张图片中，我们可以看到针对左图的额外信息，此时，你对左图的认识会有什么不同？肯定会有的。按照右图提供的信息，我们会看到房子在水中的倒影和前景中的树木。毋庸置疑，从全局出发，可以帮助我们了解个别要素如何构成整个图景，从而赋予这个图片更多的意义，也为整个图片增添了更多的生机与活力。按照同样的逻辑，如果把所有个别方案无间隙地结合起来，那么，整体变革计划取得成功的概率会增加 6.1 倍。[2]

我们可以采用一种简单但有效的方法为变革计划制定合理架构，具体如图5-3所示。图中的第一行明确了组织的中期目标，然后，这个目标自上而下地被分解为一系列绩效主题，这些主题为具体的行动方案和衡量成功的指标提供了合理的分组依据。

图5-3　"绩效餐垫"

这个图来自一家商业保险经纪公司。它们的长期愿景是成为一家以数字与数据为核心的风险解决方案提供商。为此，公司设定了相应的中期目标，即把增加收益的源泉定位于企业的经营活动，而不是一系列被收购企业的大杂烩。在此基础上，它们将这些方案围绕如下三个核心主题全面展开：交叉销售、协同工作及技术优化。

衡量"交叉销售"主题的指标主要包括单位客户的交叉销售率和客户忠诚度。相应的行动方案包括客户细分、产品捆绑及大客户管理等。"协同工作"主题主要包含与费用比率及合规性有关的指标。支持该主题的方案包括将全部新建区域机构纳入统一品牌下（废弃收购前拥有的全部传统品牌）、流程标准化、建立卓越中心以及交易活动标准化等。与"技术优化"主题有关的指标包括重复系统的数量和风险事件（如停机和违规等事件）。对应的行动方案包括创建新数据及分析策略、网络安全升级以及制定技术路线图等。

我们将这个表格称为"绩效餐垫"（performance placemat）。之所以采用这个名字，主要是源于这样一个想法：如果不能用一页纸（我们在餐桌上使用的典型餐垫尺寸）的篇幅解释你为变革计划设计的结构，就说明你的结构过于复杂。正如宝洁公司的艾伦·雷富礼所说的那样，这张"餐垫"为变革计划提供了"芝麻街式的简洁"。

一旦拥有"绩效餐垫"，就可以进入下个步骤——详细规划每一个行动方案。这项工作最好交给方案的最终执行者。之所以这么做，是为了达到我们在第 3 章结尾时介绍的"自主选择彩票号码"的效果，培育员工的所有权意识。此外，它还可以确保引入相应的知识和技能，让变革计划尽可能稳健。相关研究显示，与领导者独自制定方案的项目相比，如果允许员工参与制定他们即将参与的行动方案，那么项目成功的概率性会提高 3.4 倍。[3]

在典型的详细行动方案中，通常应对成功的状态以及如何实现成功做出清晰的描述。清楚列示实现预期结果的活动，并确定完成这些活动的时间表。记录整个过程中的里程碑事件，这样就可以采用活动以外的其他标准衡量变革进度。此外，行动方案还须明确职责，包括使用哪些目标及衡量机制对变革进程的成败进行评价；明确资源（资金和人员）需求，澄清利益相关者的参与方式，并提示与其他工作的相互依赖性。如果对行动方案的规划能达到这样的严格性，那么，变革计划成功的概率会提高 3.5 倍。[4]

对变革行动进行自动排序

在拟定了行动计划的初稿后，下一项任务就是自上而下地审视所有行动方案，判断它们是否同步，进而制订出相互连贯、合乎逻辑的工作计划。如果对确定优先顺序及自上而下的实施规划采取针对性措施，那么变革计划的成功概率会提高 1.7 倍。[5]

　　我们可以采用很多方法对方案进行排序。比如说，采取"速战速决"策略（即，在行动计划初期即能带来直观可见、收益可观的改进）打造变革动力。此外，在变革项目的早期，要确保拥有一套"圣牛"式的标准（即，虽然不尽合理，但被人们普遍接受且被视为不容置疑的惯例），以体现这些标准的严肃性，因而需要人们投入足够的时间和关注。此外，在其他条件相同的情况下，应首先价值创造能力较大的项目。类似的排序方法还有很多。

　　大多数变革领导者都会考虑以这些方式对行动进行排序。但他们很少意识到，这些排序原则完全是从改变架构或者说"发送者"角度进行的优化。但是，从"接受者"角度使用这些排序原则同样至关重要。也就是说，如果变革按计划实施，所有的内部及外部利益相关者会如何看待工作计划？

　　假设你是某个组织的一名员工，每天都在竭尽全力管理企业的日常业务。此外，你还意识到必须为改变业务运行方式等方面的工作提供支持。根据企业的架构重组专项小组制订的计划，你领导的业务部门将参加下周举办的研讨会，讨论简化组织管理层次的事情。技术基础专项小组通知你参加为期一天的新CRM工具培训会。产品开发专项小组要求你亲自通知客户，公司将在本周推出新产品。与此同时，按照销售效能专项小组的计划，你还要参加公司的谈判技能研讨会。巧合的是，行业年度会议也赶在了这一周，参加这次会议并与关键客户见面当然非常重要。可以说，如果真是这样，变革项目的混乱无序肯定会让你无可奈何，甚至万般沮丧——可以想象的是，这些专项行动方案的领导者也会因为得不到一线人员的配合而焦头烂额，更重要的是，他们根本就没有意识到这些任务已完全超过你的承受能力，因为你根本不可能承担如此之多的负荷。

　　不合理的排序不仅会打击组织内部的积极性，也会让客户感到难以接受。例如，一家大型医疗器械公司就曾发现，在很多情况下，当公司不断推出新的行动方案时，一线业务部门往往需要把70%以上的时间消耗在内部事务上。为此，公司对变革计划进行了调整，以确保在任何特定时期内，将用于非客户性事务的时间控制在30%以内。同样，一家保险公司也发现，它们原本策划了一个推出新产品的方案，在此之前，它们还计划实施另一个转换 CRM 系统的方案，但这样的安排无疑会给客户体验造成极大破坏。通过权衡利弊，它们调整了两个方案的实施顺序。

从接受者角度进行影响力分析远比我们想象的更容易。目前有大量在线工具和结构化方法可供借鉴使用。麦肯锡公司的"变革导航器"（Change Navigator）就是这些工具中的一个范例。除针对变革给关键利益相关者带来的影响及工作量负担进行量化之外，这种工具还通过一站式服务，从发送者角度运用常见的经验法则，从而使得变革工作可以从各个视角得以平衡。

为实现目标而重新配置资源

一旦行动计划最终确定并进行合理排序，就可以进入下一个步骤——确保为变革工作配置适当的资源。在很多情况下，变革项目被人们定义为"我们现在所能做的最重要的事情"。但与此同时，这项工作的最终承担者往往是绩效较差的员工。因为组织通常会把正常运营任务交给"超级明星"，以确保短期绩效不会因变革项目而受到影响。此外，尽管很多组织都在努力减少冗余人员，但具有讽刺意味的是，在配置资源时，他们的变革计划往往缺少资源支持。

不妨以我们熟悉的一家公司为例，它们把扩大中国市场作为自己的优先战略。根据这一战略，公司针对中国业务制定了雄心勃勃的销售增长目标，并计划实施一系列收购，在提高有机增长能力的基础上实现目标。但公司只配备了三个人负责实施这项战略任务——与项目要求的人数相比，这不过是九牛一毛。这听起来确实不合常理，但重新进行人员配置往往非常困难。尽管减少变革项目的资源占用在短期内有利于公司总体业务，但雄心勃勃的领导者不可能让他们的顶尖人才远离挑战。更重要的是，这场斗争确实值得一搏，原因很简单——如果为变革计划配备足够的行动实施者，计划取得成功的概率会提高 3.6 倍。[6] 实证研究也表明，与指派一般员工执行变革方案的情况相比，如果组织选派顶级人才落实变革计划，那么变革项目的成功率会整整高出5.5倍。[7]

这个规律不仅限于人力资源，也适用于资本和运营支出。比如说，研究人员对1600多家美国公司在15年内的绩效进行了审查。他们发现，1/3的企业在既定年份取得的资本金几乎和前一年度完全相同，绩效与资本金投入之间的平均相关系数为0.99。就整体经济而言，所有行业的平均相关性为0.92。换句话说，针对变革项目的资源分配只发生了轻微变化。但另一方面，人们无不希望绩效能发生巨大飞跃。这个结论适用于所有行业，即便是在采矿和大众消费品这种貌似风马牛不相及的行业也没有区别。[8]

为扭转这种趋势，我们主张，变革领导者应明确选定推进变革的目标领域，剔除那些明显未达到绩效标准的领域（减少或转移它们占有的资源），以便于重点培育具有优先地位的变革目标。

比如说，宝洁公司前首席执行官艾伦·雷富礼认为，在他任职的前五年里，公司利润之所以会增长70%、收入增长近30%，并不是因为他带领公司启动的新业务，而是归功于他引导公司放弃的固有业务。在他的业绩架构中，只包括四项核心业务（护理性纺织品、婴儿护理用品、女性护理用品及头发护理产品），而在业务覆盖的全球100多个国家中，他只考虑其中的10个重点市场。公司对这些重点业务和重点地域给予了特殊的投资及领导倾斜。而其他没有上榜的业务和市场地域则无权享受这样的待遇，因为公司只告诉他们，"只要做好现有业务就好。"他把这种理念做如下总结："明确你不打算做什么，或者说，需要放弃不再做的事情……大多数人和大多数公司都不喜欢做出选择，尤其是他们必须真正面对而且不得不做出的选择……因此，如果我们恰好看到，有人正在做我们不打算做的事情，那么我们就会削减投入到这些活动中的预算和人员，让他们重新回归我们明确表示要做的事情。"[9]

这一理念与苹果前首席执行官史蒂夫·乔布斯的观点如出一辙。乔布斯曾说："我为我们没有做的事情而感到骄傲，就像为我们做过的所有事情那样骄傲……我们可以拒绝做1000件事情，以确保我们不会走上错误的轨道，或是去做无谓的努力……只有敢于拒绝，你才能专注于真正重要的事情。"[10] 这个观点与管理大师吉姆·柯林斯（Jim Collins）的思想也相当一致。他认为，伟大的公司需要创建一份"不可为"的事务清单，作为它们"有所为"清单的必要补充。[11] 比如说，一家保险公司规定，除非能切实证明被收购公司拥有内在成长能力，否则，需要把收购业务列入"不可为"清单，并停止对之前收购企业的相关管理或业务做任何投资。一家高科技公司规定，所有无外部业务合作伙伴共同出资的创新项目，均属于"不可为"事务。还有一家工业制造公司则停止了所有小规模收购业务，并把产品投资作为优先于服务投资的项目。事实上，所有这些决策都有助于对时间和资源再次进行优化配置，转而投入于"有所为"项目，改善组织的整体绩效。

事实为这种理念提供了最有说服力的支持。成功的变革领导者善于明确沟通哪些是他们希望做的事情，哪些是他们希望不再做的事情。在这方面，他们采取这种有效沟通的可能性比其他普通领导者高出 1.8 倍。[12]

健康：影响力杠杆

到此为止，我们已在健康方面确定了为数不多的几个关键管理实践，这些实践不仅是打开改善健康大门的钥匙，而且有助于最终实现我们的绩效愿景。此外，我们已经命名并重构了潜在的根本心态，这有助于推动前进步伐并实现永久的变化。而在"明确路径"阶段，我们将为如何影响目标心态的转换及其相关行为制订计划。

根据我们以往的研究和经验，在制订这个计划时，须考虑三个方面的要素。首先，我们需要了解可以用来重塑工作环境的所有影响方式（影响力杠杆）。其次，利用这些杠杆把健康改进措施结合到绩效方案的实施过程当中。最终，创建并推广一系列兼具激励性和说服力的变革故事，把所有变革要素融合为一个统一的综合变革项目。此时，绩效改进措施与健康改善方案将密不可分地融为一体。事实表明，如果变革领导者能切实采取这些行动，其变革计划取得成功的可能性将提高一倍。[13]

确定如何重塑工作环境

员工的心态和行为会在很大程度上受工作环境的影响，就像第 4 章提到的被锁在笼子里的猴子一样，它们的心态和思维几乎完全左右于环境。我们不妨举例说明这个问题。设想我们在周六去看歌剧，周日去看体育赛事。在歌剧演绎到高潮部分——或者说进入歌剧最精彩的部分，你静静地坐着，全神贯注。然后，你和其他观众礼貌地鼓掌。而在体育比赛进行最激烈的时候——当然也是比赛最精彩的瞬间，你会从座位上跳起来，大喊大叫，疯狂挥动手臂，上蹿下跳。在两种环境下，你自己没有发生任何变化；你还是你，是同一个人，而且有着同样激动的心情、同样的价值观和同样的需求。只是你所在的环境和心态发生了变化，而后，你关于欣赏和喜悦心情的合理表达方式产生变化。于是，你选择展示这种心境的行为及由此选择参与的实践也随之发生变化。

沿用这个类比，对寻求改善健康状况的组织而言，最大的问题在于，他们最终会让员工被困在歌剧院和体育场两种氛围之间——如果你试图思考自己的处境以及在这种处境中应采取的对策，那么，你会感到很不舒服。假如你采取的评价体系以及他们看到的领导行为对应于歌剧院，那么你告诉员工希望他们采取适合于体育场的做法以及相关的心态和行为显然是没有任何意义的。反之，如果你想让员工像体育场中的球迷那样去思考，首先你需要创造一种体育场的氛围，只有这样，才能鼓励他们以不同的方式去思考和行动。

通过多年的研究和实践应用，我们在麦肯锡创建了所谓的"影响力模型"（influence model）。利用该模型，我们总结出可直接影响员工心态及行为的四种影响力杠杆（见图 5–4）。总体而言，这些杠杆共同塑造了员工所处的工作环境，因此所有影响力杠杆都具有同等的重要性。

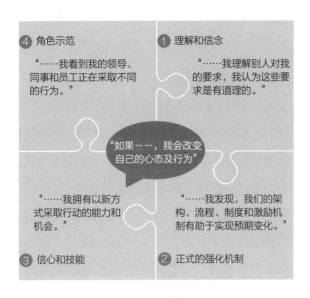

图5-4　影响力模型的四个杠杆

在满足如下前提的时候，我会改变自己的心态及行为：

- **理解和信念**。员工是否会说，"我很清楚组织对我的期望是什么，我同意，而且我想兑现这个期望"？有助于达成理解和信念的主要工具就是通过引人注目和意义深刻的叙述，创建一种高度互动的沟通方式（以创造"自主选择彩票号码"效应），并把描述和定义成功结果的语言、仪式和交流嵌入这个沟通的全过程当中。

- **正式的强化机制**。组织的正式机制是否有助于强化组织希望员工采取的心态及行为转变？正式机制包括财务和非财务激励、奖励和成果、流程以及架构和系统等。

- **信心和技能**。员工是否具备他们所必需的技能和安全的场所，从而以全新方式演绎新的思维和行为方式？为此，可以通过采取"实地和论坛"方式帮助他们培育信心和技能；引导员工自觉地从技术、关系和适应性等各方面去学习和应用新技能；根据需要及时更新人才库。

- **角色示范**。员工是否能在他们尊重的领导者、具有意见领袖地位的同事及员工身上找到范例，并从他们的新思维和新行为中获得启发，受到激励？进行角色示范的有效方法，包括高级团队经历明显的转变、采取象征性行动以及选择和培养有影响力的领导者。

　　为了解如何把这四个要素结合起来，我们不妨假设，在绝大多数认为"跳伞不值得冒险"的人当中，你就其中一员。现在，假设我们想改变你的这种心态，让你相信跳伞是绝对值得尝试的冒险行为，因为只有学会跳伞，你才有机会搭乘漂亮的飞机去尝试这种令人兴奋的探险。

　　为了帮助你建立"理解和信念"，我们向你展示权威可靠数据，这些数据表明，跳伞受伤的概率远低于一个人死于车祸的概率（顺便说一句，这个统计结果确实真实！）。然后，我们又告诉你，你的每次跳伞都将成为跳伞慈善活动的一部分，在这个过程中，你每完成一次练习，我们将会向你选择的慈善机构捐赠 100 万美元。因此，跳伞也是一项非常有社会价值的活动。

　　作为一种"正式的强化机制"，你也可以按自己的意愿，在完成每次练习之后得到 100 万美元，并将这笔资金打入你的个人银行账户。但不只有奖励，也有惩罚：如果你不跳下去，你就要向我们支付 5 万美元（到那时，我们只能对你说，对不起！）。此外，我们还将为你提供世界顶级的安全设备，包括军用级别的自动备用伞。

　　你会与曾获得世界冠军的跳伞运动员共同训练，以帮助你培养"信心和技能"，在跳伞前，他们会为你做深度讲解（包括反复的模拟跳伞），帮助你缓解可能出现的任何恐惧心理。实际上，你们的训练方式是双人串联跳伞练习——也就是说，在整个过程中，你始终和这位已成功完成过 2000 多次跳伞的精英级专业选手牢牢捆绑在一起。

　　最后，你的上司、两位同事、直系亲属和最亲密的朋友，将以"角色示范"的方式和你共同进行跳伞练习。更重要的是，他们已经完成了几次练习，而且非常喜欢这种冒险——因此，他们会鼓励你也去尝试这种新鲜的刺激！

到此为止，你是否愿意登上一架非常漂亮的飞机，去尝试这种令人兴奋的探险呢？过去 100 年的行为和认知心理学研究表明，你很有可能会这么做。

很多领导者都想知道，在这四个影响力杠杆中，哪个最重要？实证研究表明，它们在重要性上只存在极其微小的统计差异，而且在体验中也不存在优先顺序，因此所有影响力杠杆具有同等重要性——由于缺一不可，因此关键就在于确保它们同时存在。此外，任何不能在所有方面做深思熟虑的变革，最终带来的结果都可能会弊大于利。回想一下前述让员工置身于歌剧院和体育场之间的比喻。

这样的情形并非只存在于虚构。不妨想象，一家公司准备启动一项成本削减计划，而公司高管们则优哉游哉地乘坐公务机四处游荡，在轻松惬意的聚会上讨论应该裁掉谁，或是应该削减什么项目。或是在推行跨业务合作时，激励机制突出强调个别业务的优先性。或是要求一线员工承担风险管理责任，却没有为他们提供必要的培训。在这种情况下，唯一可能实现的结果就是让员工感到沮丧和愤怒，并对未来的变革产生抵触情绪。

在创建"影响力模型"的全部四个要素并明确它们之间相互依存的重要性之后，我们开始详细剖析该模型所包含的每一个影响力杠杆。

理解和信念

通过研究，斯坦福大学社会心理学家莱昂·费斯廷格（Leon Festinger）揭示出人必须按自身行为去调整其行为的必要性。半个世纪之前，费斯廷格提出了所谓的"认知失调理论"（cognitive dissonance）：个体都试图在思想、观点、信仰（或认知）和行为之间取得一致性，而且会尽一切努力消除它们之间的不一致或失调。费斯廷格指出，"如果一种行为与你的世界观不一致，那么，你就很难去兑现这种异化方式。"[14]

这一发现带给变革领导者的最大启示是，如果员工不接受变革的基本目标，那么在要求员工支持变革时，他们必然会出现认知失调。另一方面，如果他们确实对变革笃信不疑，那么他们往往会为实现这个目标而调整自身行为。因此，任何负责重大变革行动的领导者都需要花费足够时间去考虑"变革故事"——值得人们演绎这个故事的因素什么，个人行动在这个故事中扮演的角色是什么——让人们认为值得参与到这个故事当中。

不同于报告或者分析，故事的优势在于不仅能传达事实，也能传递情感。因此，我们会以不同方式对故事做出回应；不仅会以理性的方式处理故事所传递的信息，还会从情感上把它们与个人经历及信仰联系起来。我们的调查结果显示，如果把与预期变革相关且令人信服的故事引入变革项目，并对此进行有效沟通，那么，项目成功的概率会达到无此类特征项目的 3.8 倍。[15]此外，在事后对变革领导者进行的访谈中，在向他们问及哪些方面不尽人意时，44% 的变革领导者表示，他们自认为最遗憾的方面就是没有"花更多的时间去创建和传播与变革相关的故事"。[16]

在本节中，我们将重点讨论创建一个伟大变革故事所需要的内容，但这还不是故事的全部。在本章稍后部分，我们将进一步展开这个话题，讨论如何以互动方式让这些故事层层流传（以及传统流传方式为什么没有作用）。随后，在本章的"大师点拨"部分，我们将讨论如何最大限度发挥这些故事的价值效应。在此基础上，我们将在第 6 章进一步讨论，如何通过持续性双向沟通让这些故事始终保持鲜活性。总而言之，这确实非常重要！

但需要提醒的是，如果领导者不能提供故事，那么，员工就会创造自己的故事。比如说，一位领导者对提高成本意识的重要性妄加评论，如果让这样近乎天真、不负责任的观点传遍整个组织，极有可能导致员工产生不满情绪甚至是愤怒。于是，很快就会引发员工开始传递这样的故事："我们部门的所有工作都将被外包，到那时我们都会失业。"听起来貌似牵强？其实不然——实际上，我们就曾经遭遇过这种事情。但如果把这个评论置于稳健有序的变革故事背景下，这种误解永远都不会出现。

因此，我们不妨首先从不可或缺的内容入手。高质量的变革故事会以明确具体、直截了当和富于启发性的语言解答员工的基本问题：我们目前的状态如何？我们为什么需要做出变革？我们的变革方向是什么？到什么时候实现预期变化？我们将如何衡量变革的成功？我们怎样才能实现变革的成功？这对我和我的团队有什么影响？我们如何得到组织的支持？哪些是无须改变的？这为什么非常重要？在图 5 – 5 中，我们进一步描绘出一个伟大变革故事的核心架构。

可以看到，在回答这些问题时，实际上就是使用我们迄今为止在"五框架"中进行的全部工作，并把它们纳入相互协调的唯一变革故事中。在"统一目标"阶段，我们回答了"在哪里""为什么""怎样做"以及"什么时候"之类的问题。比如说，前面提到的大型零售商可以这样讲：尽管公司已在扩大实体覆盖范围方面取得引以为豪的进步，但由于整个行业态势正在发生变化，因此仅有实体存在还远远不够，还不足以确保它们维持业内的领先地位。基于这个现实，它们制定了相应的中期目标，即在五年内成为业内最令人瞩目的全渠道零售商。在健康方面，它们的目标是在三个管理实践方面名列前茅：竞争洞见、运营规范性以及有挑战性的领导模式。为此，它们衡量绩效及健康目标实现情况的指标将采用股东收益率、市场进入差异度（根据客户研究的结论确定）及组织健康指数（OHI）。

其他问题的答案来自我们在"认识差距"和"明确路径"阶段完成的工作。前述零售商的案例清晰表明，实现这些目标需要我们落实一系列行动方案，包括在三个商品大类（食品、日用百货和服装）实现增长，收购一系列初创企业，在两个主要地区加倍投入并成为主导者，把价值主张转换为以客户价值为导向，以及培育市场优化、分析和供应链等方面的技能，等等。此外，还可以命名和重构一整套实现和加快变革步伐所需的基本心态（从"甜言蜜语"到"直言不讳"，从"倾听/回应"到"预测/塑造"，从"零售等于细节"到"零售需要结果"）。不仅如此，它们还可以确定通过重塑工作环境支持变革的具体措施（与"强化机制"、培育"信心和技能"、"角色塑造"以及培养"理解和信念"有关的行动）。最后，它们可以进一步澄清变革重要性的原因——具体可采用我们将在本章结尾"大师点拨"部分深入讨论的技术。

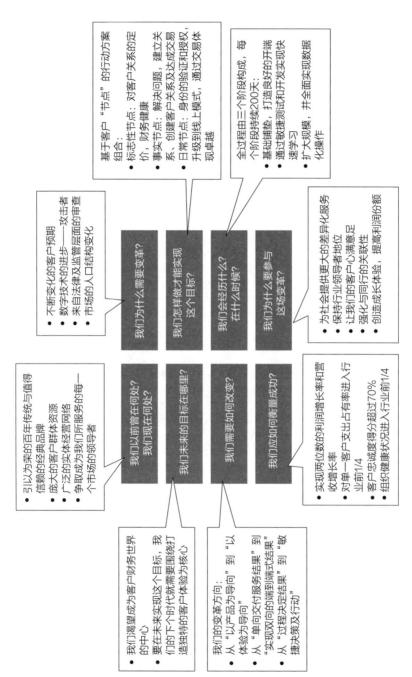

图5-5　构成伟大变革故事的基本要素

需要强调的是，我们在这里所谈论的并不是司空见惯、毫无活力的幻灯片演示稿。相反，它通常是附带一段视频的叙述性文本，并以富于情感和贴近真实生活（而不是"推销"）的表现形式演绎这个故事。此外，在公司故事之后，通常还要追加领导者发表的个人感想，比如，"对我来说，这意味着……"正如意大利国际银行（Banca Intesa）的前首席执行官科拉多·帕塞拉（Corrado Passera）所指出的那样，一个好的故事"不同于分析师的推介，充斥着各种各样的图形和表格"，相反，它应该是"一本用人类语言创作的典籍，它会告诉人们：我们目前身在何处，我们未来想去哪里，以及我们怎样抵达这个目的地"。[17]

正式的强化机制

针对影响预期心态和行为转变的强化机制，变革领导者应考虑如何调整奖励和结果约束机制、正式结构、业务和管理流程以及赋能系统和工具。

奖励和结果会对我们的思想和行为产生重大影响，这当然是尽人皆知的事情。伯尔赫斯·弗雷德里克·斯金纳（Burrhus Frederic Skinner）及其他行为学家都认为，人类的行为无非是对赞扬、奖励、惩罚等各种外界刺激做出反应。当这些外部刺激发生变化时，人的行为也会随之发生变化。斯金纳认为，周围环境会向我们发出信号，促使我们更有可能以某种特定方式采取行为。[18]这个观点与理查德·帕斯卡尔（Richard Pascale）、杰里·斯特宁（Jerry Sternin）和莫妮卡·斯特宁（Monica Sternin）等学者的结论不谋而合，"以调整固有行为方式而接受一种新思维方式，要比以固有思维接受新的行为方式容易得多"，[19]奖励与结果约束机制对塑造心态的力量是显而易见的。施乐公司前首席执行官保罗·阿莱尔（Paul Allaire）将这种机制总结为："如果你只谈论变革，但却没有改变表彰和奖励制度，那么你的变革毫无意义，因为一切都不会变化。"[20]

因此，我们给领导者的建议是，一定要把奖励和后果与预期变革的"内容"和"方式"联系起来。前者涉及为实现绩效目标所作出的贡献，而后者则是为实现健康目标所作出的努力。为此，领导者可以采用一种简单有效的矩阵方法，向员工展示他们的态度以及与之相关的后果，具体如图 5 - 6 所示。如果能把变革的相关目标与员工的个人激励完全绑定起来，那么变革计划取得成功的可能性会提高 4.2 倍。[21]

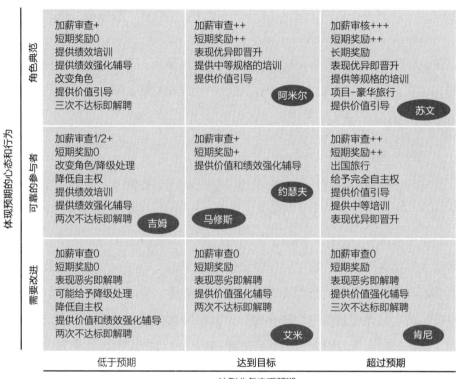

图5-6　将行为与奖励及后果联系起来

在这个矩阵中，最难对付的一类员工就是拥有优异的绩效却有损组织健康的人。但成功的领导者不应回避这个挑战。比如说，思科前首席执行官兼董事长约翰·钱伯斯（John Chambers）就曾以扣减管理者奖金而"臭名远扬"，只要他们的行为不符合组织要求，不管绩效成果如何，都难逃他的"魔掌"。易安信（EMC）前首席执行官约瑟夫·M.图斯（Joseph M. Tucci）的做法更是直截了当："必须解雇他们。"[22]不过，解雇员工永远都不是一件容易的事，但是通用电气前首席执行长杰克·韦尔奇（Jack Welch）的观点令人深思，"任何喜欢但没有做好工作的人或许都不应该留下来，对那些不胜任的人绝不能心慈手软。"[23]但是在决定奖励希望看到的心态和行为时，成功的变革领导者绝不会只依赖正式的评估结果。比如说，在大陆航空公司（Continental Airlines）的准点率进入行业前五名之后，首席执行官戈登·贝休恩（Gordon M. Bethune）当即给每位员工寄出一张 65 美元的支票。当然，他们也并不只依赖金钱刺激。

在圣诞节这一天，澳新银行（ANZ Bank）总裁约翰·麦克法兰（John McFarlane）会向每位参与变革计划的员工赠送一瓶香槟，并附带一张卡片，对他们为改变公司面貌所做出的工作表示感谢。百事公司前首席执行官英德拉·努伊（Indra Nooyi）甚至给高层团队成员的家属寄送一封手写的感谢信。在印度探亲期间，她意识到自身成功给母亲带来的喜悦，于是她开始给公司高层负责人的父母写信。在第 6 章的"大师点拨"部分，我们将会详细介绍如何在变革行动中最大限度发挥非财务激励的作用。

除激励措施之外，组织的结构、流程和系统也会给员工的心态及行为造成深远影响。在这里，我们首先从组织结构谈起。如果说"以客户为中心"是一种重要的管理实践，那么以围绕客户细分市场设计产品结构为起点，对组织的中轴线予以调整，就有可能会对与之相关的心态和行为产生重大影响。与此同时，调整年度战略的规划设计流程，在充分体现财务影响的同时，尽可能纳入更多影响客户体验的信息，也会影响员工的心态及行为。作为管理发展计划的一部分，改变人才发展流程，包括轮换到面向客户的职位，也是他们向员工发出的一种信号。此外，通过实施客户关系管理（CRM）系统，可以更好地帮助员工获取接触和吸引客户的信息，这会给他们带来真实有效的影响。这些变化会带来巨大影响，尤其是将它们整合起来共同使用时，其效果显而易见。

即便是很多貌似无伤大雅的流程和系统，也会对心态和行为造成不可思议的巨大影响。在普华永道（Pricewaterhouse Coopers）向创业文化转型的过程中，一位合伙人曾抱怨说，尽管他喜欢企业正在发生的变化，但他感觉自己并没有得到合伙人应有的待遇，相反，他觉得自己只是被当作一名按时领取薪水的普通员工。比如说，如果他想送给加班到午夜的助理一束鲜花以表感谢，那么他需要在费用报销系统中得到三个人的批示。如果他想到另一个城市去拜访客户，他还需要取得另外三个人的批示。这让他觉得失去了组织的信任。在这种情况下，他感到根本没有能力和动力去主动采取措施，为提高公司业绩做贡献。但任何人都从未认真思考过，实际上，这种费用报销系统传递了一种强大的思维和行为信号，而且是一种与公司文化不相容的信号。

需要提醒的是，正规流程本身的有无即可影响员工的心态和行为。例如，从事在线电影和电视流媒体业务的奈飞（Netflix）并未制定正规的度假政策。但前首席人才官帕蒂·麦考德（Patty McCord）对此不以为然，他幽默地回应说："奈飞也没有规定服装政策，但最近也没有看到有人裸体来上班。"

信心和技能

为使员工对以预期方式进行思考和行为的能力更有信心，领导者还可以利用第三种影响力杠杆去塑造心态和行为。有数据表明，如果组织为此采取必要的变革措施，那么其成功的可能性会增加2.4倍。[24]

作为个人，我们当然更喜欢做自认为有能力做好的事情，尤其是在有他人监督评判的情况下，这种倾向会更明显。比如说，斯科特在工作之余还是一名吉他手，他的水平已得到公认，因而能马上找到为观众演奏的演出机会。另一方面，他的舞蹈天赋显然并不出众。因此，每当遇到涉及舞蹈的演出活动时，他都会不加思考地以另有安排为由推脱！

为说明技能和信心这两者如何相互交织、相互影响，我们不妨考虑成人的学习周期：最初，我们还没有意识到自己的无知（"我确实不知道这很重要"），然后，我们逐渐开始意识到自己的无知（"我已经意识到，这很重要，但我确实还不太擅长"），而后，我们意识到自己拥有的能力（"只要专心学习，我就能做到"），最后，我们再次回到无意识阶段——意识不到自己拥有的能力（"这对我来说是很自然的事情"）。不妨以学习为例。在懵懂少年的某个时候，我们会突然感叹，自己不得不依靠父母开出租车带来的微薄收入为生，这种意识会让我们人为地减少社交活动。然而，在第一次开车时，我们才意识到这件看似自然而然的事情其实并不简单——因此，我们对此既没有信心，也没有能力。但是在经过一段时间的练习之后，我们完全可以学会开车，当然，这需要我们倾注全部注意力：观察后视镜，记得在转弯前打开转向灯，判断在交汇路口时是否可以先行。随着我们的经验不断积累，我们可以在开车时处理其他事情，几乎不需要认真考虑路线，就可以轻而易举地从 A 点赶到 B 点，而且对抵达目的地的能力也充满信心。

那么，我们如何引导员工经历这个过程，获得我们希望看到的心态和行为呢？相关研究表明，在讲座、演说、演示和讨论等基于语言方式的培训课程中，能被学习者保留三个月以上的内容大约只占 10%。借助于通过角色扮演、情景模拟或案例研究等边实践边学习的方法，保留时间超过三个月的内容比例提高到 65%。但如果将课堂学习的成果立即付诸工作，并经过几周的实践巩固，那么几乎所有学到的内容都会保留下来。[25] 这一发现与人类的感性认知不谋而合——正如摘自中国先秦时代《荀子·儒效》）的一句格言："不闻不若闻之，闻之不若见之；见之不若知之，知之不若行之；学至于行而止矣。"

在实践中，"边实践边学习"的方法也被称为"实战与论坛"（field and forum），它把课堂学习、导师辅导、在职培训和具体项目整合为一个相互贯通的项目。大规模变革计划是使用这种学习方法的理想情境。在前面提到的"绩效餐垫"中，每一项行动方案都代表一项须由参与者轮流完成的任务。每个行动方案都有具体的开端、过程和结尾，因而适合于在"论坛"中开展定期的面对面课堂式学习。所有方案都需要尽快产生效果，这就为把所学知识用于日常工作（"实地工作"）提供了理想氛围。如果对学习和实践运用结果进行公开探讨，就可以不断重复这个实践和思考周期，以最大限度地提升学习效果。成功的变革计划大多会明确指出，他们把绩效方案作为培养变革相关能力和信心的工具，而且他们采取这种措施的可能性是失败变革项目的3.2倍。[26]

在使用"实战与论坛"方法培育技能和信心时，需要结合三种类型的能力：技术能力、关系能力和适应能力。绝大多数领导者会告诉我们，后两者不仅是他们在变革计划中最缺乏的能力，也是最难培育的能力。[27]因此，我们将在第6章（让变革成为关键群体的个人使命）和第9章（变革领导者的角色）深入讨论关系能力和适应能力。但在眼下，我们不妨考虑一家工业公司开展的大规模变革，并在这个现实背景下统一考虑这个能力组合。

这家公司需要培养员工的技能和信心，以便为精益制造计划提供支持。公司预期实现的心态转变可能包括：从"成功的内涵在于我们做什么"到"成功的内涵既包括我们在做什么，还涉及我们该如何做"；从"问题意味着失败"到"问题意味着机遇"；从"成本、质量和服务负相关"到"质量、成本和服务直接正相关"；从"与上司在一起就等于自找麻烦"，到"和上司在一起有助于我们完成任务"。

为了对预期转变施加积极影响，他们把技能和信心要素纳入行动方案的执行计划中，并在整个计划执行期间安排了三场论坛，论坛期间还要进行实地工作。第一场论坛的培训主题是领导变革（主要体现为绩效和健康管理方法）和精益制造（如5S、看板管理及八种浪费）所涉及的技术能力、关系能力（如自我认知以及对他人的认识、同理心和建立信任）及适应能力（如望远镜视角和显微镜视角、生产张力和应变能力）。在随后的实地工作中，参与者需要把在论坛期间学到的工具用于实现成本、质量和服务目标。在两次论坛之间，学员还要获得同事反馈并完成一系列电子学习模块的任务，以帮助他们回顾前面的学习体验，进一步强化论坛学习的成果。所有顺利完成课程学习并实现真实绩效目标的学员均被授予精益管理的"绿色腰带"。

下一场论坛的目的是让学员在设计技术系统、领导项目及团队等方面掌握更深层次的技能。在相应的实地工作中，主要包括对厂房区域进行重新设计，以及对专门实施具体改进任务的团队进行监督。在这个阶段，需要从财务业绩、人员和项目领导等方面制定量化考核目标。所有实现这些目标的学员将被授予精益管理的"棕色腰带"。最后一场论坛旨在培养更先进的技能，包括制定和完善以解决战略问题为目标的工厂级改进计划、把改进理念用于复杂的业务运营以及辅导和培训。和以往一样，实地工作的目的就是将这些理念和经验教训诉诸实践。所有实现项目量化改进目标的人将拥有"黑色腰带"的最高荣誉。在整个项目的实施过程中，所有"黑带"级员工随后会成为帮助他人培育技能和建立信心的导师。

在建立信心和技能方面，"实战与论坛"方法绝对不缺少学术支撑。感兴趣的读者可以参考大卫·科尔布（David Kolb）与克里斯·阿尔吉里斯（Chris Argyris）针对体验和行动学习法撰写的论著。此外，维克多·弗洛姆（Victor Vroom）的"期望理论"也非常有启发性，他认为，在激励行为方面，培育技能与其他影响力杠杆具有同等地位。[28]关于关系能力方面的研究成果，可以参考丹尼尔·戈尔曼（Daniel Goleman）针对情商可习得性研究得到的结论，而这些结论的基础则是霍华德·加德纳（Howard Gardner）的多元智能研究。关于适应能力，可以参阅的资料包括罗恩·海菲茨（Ron Heiftz）在该领域取得的成果、保罗·赫塞（Paul Hersey）和肯尼思·布兰查德（Kenneth Blanchard）的情境领导理论、亨利·明茨伯格（Henry Mintzberg）的共享领导模式以及詹姆斯·斯皮兰（James Spillane）的分布式领导模式。

角色示范

领导者影响心态和行为的最后一个杠杆就是角色示范。员工需要看到值得他们钦佩的人，并从这些楷模的新行为方式中得到启发。联合利华（Unilever）前首席执行官尼尔·菲茨杰拉尔德（Niall FitzGerald）非常重视榜样的重要性："领导者没有充分认识到一件非常重要的事情：在他们说话或行动时，他们实际上面对着一个具有超常功能的放大系统。哪怕你只是用最轻微的声音说话，用最不显眼的动作做手势，都会被这个系统中的每个人所接收，并最终成为他们效仿的标准。"[29]

社会心理学领域的学者对此得出了相同结论。斯坦福大学名誉教授阿尔伯特·班杜拉（Albert Bandura）认为，社会行为主要是通过观察和模拟其他相关人的行为而习得。[30] 心理学教授、诺贝尔奖得主康拉德·洛伦茨（Konrad Lorenz）研究"印刻效应"（imprinting）得到的结论是，人们习惯于从自认为"非常重要"的人身上获得启发，并因此而模仿他们的行为。[31] 实际上，我们对转型项目的研究也验证了角色示范的重要性。如果领导者在预期变革方面能成为员工的楷模，那么，变革项目取得成功的可能性会提高 5.3 倍。[32] 在变革行动中，两个特定群体会给他人的思想、行为及实践产生更大的影响：高层领导者和影响力领袖。

很多真实案例都能让我们看到高层领导者在角色塑造方面的特殊价值。比如说，麦当劳的创始人雷·克罗克在一家餐厅停车场里看到垃圾：于是，他叫来餐厅经理和自己的司机，三个人一起收拾垃圾，清理了停车场。随着这件事被传开，其他员工也意识到干净和整洁确实非常重要。同样，惠普创始人比尔·休利特（Bill Hewlett）曾用断线钳剪断供应室的门锁，以此表明管理层和一线员工完全可以相互信任。印孚瑟斯科技集团（Infosys）前董事长纳拉亚纳·穆尔蒂（N. R. Narayana Murthy）和妻子一起商务旅行时，始终自掏腰包支付酒店单人间和双人间的差价，这就为其他员工树立了一个诚信的榜样——这也是印孚瑟斯领导模式中最受推崇的价值观。正如穆尔蒂所言，"在向他人推荐食物之前，你自己先吃一口，这样，信誉自然而然地就产生了。"[33]

在第 8 章，我们将以更多篇幅深入讨论最高层领导者在成功变革行动中扮演的角色——没错，这一点太重要了，因此，即便用整整一章去讨论这个话题也是值得的！为什么如此重要呢？如果按照在成功变革行动中的重要性对团队或人员进行排序，那么 70% 的人会把最高层领导者列在第一位。[34] 此外，如果最高层领导者确实积极发挥角色示范作用，那么变革行动取得成功的概率会提高 2.6 倍。[35]

但个别高层领导者并不是唯一可以承担角色示范的主体。高层管理团队的合作方式同样具有强大的角色示范效应。根据前述调查，按照团队及人员对变革行动成功的重要性，高层管理团队排名第二。[36] 值得注意的是，在事后对变革领导者进行的调查中，研究人员要求他们回答这样一个问题：若要更好地完成变革，他们当初会采取哪些不同的做法，41% 的受访者表示，他们会花更多的时间去实现高层管理团队的协调一致。[37] 背后的原因不尽相同，我们还会在第 8 章中以更大的篇幅去探讨如何创建拥有高水平的高层管理领导团队。

同样至关重要的还有存在于组织内部的影响力领袖（influence leader）；任何变革领导者都必须清楚到底哪些人是影响力领袖，并明确地与他们展开合作。我们将影响力领袖定义为：无论社会头衔或地位如何，他们都拥有非常广泛的人脉交际圈，而且这个圈子内的其他所有人都尊重并效仿他。因此，如果这些让影响力领袖共同激励员工实现变革，那么变革行动取得成功的可能性会提高 3.8 倍。[38] 在"采取行动"阶段，这些影响力领袖在创造所有权意识和能量生成方面具有至关重要的作用，因此我们将在第 6 章深入探讨如何识别影响力领袖，并动员他们参与到变革行动中。

最后需要重点考虑的是，在一个组织中，每个人都有能力成为榜样，因此当一大批人都在这么做的时候，就会给组织带来更广泛、更深刻的影响。著名心理学和市场营销学教授罗伯特·夏尔迪尼（Robert Cialdini）对"社会认证"（social proof）进行了研究——也就是说，人们倾向于假设他人的行为是正确合理的，并相信他人比自己更了解当前处境，因而会以他人行为作为自己的行为指南，这种行为方式的实质就是群体中的从众心理。因此，以他人标准判断事情真伪也就成了人们的心理捷径。[39] 这就不难理解几十年来电视节目为什么始终采用预先录制的观众笑声；如果我们相信其他人都认为这个节目有趣，那么我们就更有可能觉得这个节目确实有趣。此外，在第 6 章，我们还将讨论如何在变革行动中利用这种心理现象，届时，我们将探讨如何让变革成为所有关键领导者自己的事情。

需要提醒的是，如果忽略当今高度联通化数字世界为分享他人思想和行为创造的机会，我们的观点肯定会有失偏颇。我们是否注意到，Yelp（美国最大点评网站）的好评已成为左右我们的天平？或是想想一个拥有百万粉丝的推特用户和一个只有十几个粉丝的用户，谁更有信誉呢？这种影响是真实存在的，因此在领导变革时，我们完全可以而且确实应该利用这种影响力。当然，这些方法的使用还处于相对浅薄的初级阶段，因此我们强烈建议变革领导者去积极地尝试。毫无疑问，在未来的《超越绩效 3.0》中，我们必定会看到很多这样的案例！

健康行动与绩效行动的融合对接

在学习了影响力模型之后，有些领导者便会迫不及待地从全部四种杠杆入手，并为每种杠杆设计一系列干预措施，以期推动心态和行为实现预期变化。毕竟，目标就是明确员工到底是在歌剧院还是在体育场，而不是让他们逗留在两者之间。但这种做法在实践中大多缺乏全局观。因为由此得到的一系列健康行动往往与绩效行动断然分开，最多也只是后者的附属品。这不仅会造成行动方案过多，还意味着员工必须经历两个相互独立的项目：一个是绩效项目，另一个是健康项目，这显然不是通往变革成功的途径——健康的宗旨就是成为改善绩效的手段。

作为经过实践检验的经验法则，我们主张在改善组织健康的全部工作中，80% 应借助于绩效行动完成——不是通过这些行动方案的内容，而是它们的执行方式。事实上，对于涉及员工的每一项绩效行动方案——不管是强化客户服务、提高销售人员效率、IT 升级或者成本削减，都能创造出影响心态和行为的机会。因此，如果把健康干预措施与这些绩效行动方案无缝对接起来，那么健康工作就不再是采取新的行动，而是必须以不同方式实施同样的行动，或者说以更健康的方式对绩效产生更显著、更具有可持续的积极影响。这样，在进入"明确路径"阶段之后，绩效和健康两个方面的工作便逐渐整合为同一项变革行动。

尽管在实务中使用有限，但健康行动与绩效行动中的融合对接过程确实非常简单。具体而言，就是利用一种简单的分析工具，对本章前述的绩效行动计划进行分析，如表 5－1 所示。表中的每一行分别对应于不同的预期健康变革目标，每一列分别对应于影响力模型中的四个杠杆。而后，填写矩阵中的每个单元格，在这里我们应尽可能地利用影响力杠杆，在以绩效行动改善绩效的同时，确保这些活动也能最大限度地改善健康目标。行动领导者及团队根据矩阵设计最初的绩效计划时，往往会留下很多空白。在某些情况下，某些设想的行动甚至会与健康目标背道而驰——或者说，把原本应传递给体育场的信号发送到歌剧院！在最终完成的矩阵中，每个单元格至少应包含一种有效的行动方案——确保所有行动对绩效和健康均会带来积极影响。

表 5－1　健康行动与绩效行动的对接融合：以服务业务为例

哪些绩效行动会明确改善我们在优先改进领域选定的健康目标

管理实践（重新定义的心态）

影响力杠杆	知识共享 （只有集体的共赢才是个人的成功）	所有权意识 （既然一定要做,那就由我承担）	人才发展 （通过教练的辅导让优秀者更优秀）
角色示范	• 高管提供并倡导最佳实践	• 倡导者采取提问方式（而非讲述）	• 倡导者分享自己的"知识优势"
理解和信念	• 积极传播知识共享的示例 • 无功不受禄	• 集体讨论："如何让客户的理想变成现实" • 采用标语："有热情的人会以热情的方式服务客户"	• 采用文字标签："以执教冠军的态度" • 成功的故事更能凸显教练的贡献
信心和技能	• 创建并共享"谁在做什么，知道什么"的名录	• 与技能培养相关的项目	• 绩效优异者和落后者均得到教练的辅导 • "辅导 15 分钟"（15 分钟的正式反馈性谈话）
正式的强化机制	• 以跨职能部门的头脑风暴会议推进知识共享	• 团队利用敏捷方法确定实现预期目标的方式 • 以取消标准作业流程作为支持"运用原则"的标志	• 把辅导质量纳入项目领导者的考评标准 • 以里程碑事件作为触发 360 全方位审查的标准，进一步提高行动有效性

下面，我们以真实案例说明这种方法的运用。以一家美国金融服务供应商为例。这家公司已制定了一项绩效行动方案（众多行动方案之一），旨在将精益制造技术用于处理业务。此外，公司还制定了一系列健康目标，包括提高开放性和信任度等。在利用精益原则实现运营改进时，常见的标准策略就是定期开展"持续改善"活动。这些小规模的改进工作持续时间较短，着眼于解决具体的运营问题。于是，他们利用上述矩阵，通过头脑风暴法共同讨论如何将健康目标纳入精益行动中。最终，他们决定，每一次改进活动的核心就是提高对团队及管理层的信任度。

其中的一场研讨会认为，应增加一线人员在目标制定流程中的参与度，因为该过程之前给人的感觉是流于形式，而且完全是"高层管理团队的一言堂"。另一场研讨会的讨论结果是修改绩效审核流程，实施以自我评价为起点的绩效考核制度，这就为绩效审核流程加入了更多的对话元素。还有一场研讨会做出的决定是每月与管理层召开一次主题为"让我畅所欲言"的会议，改善员工与管理层直接的双向沟通。此外，还有一场研讨会得出的结论是公司应积极推进业务改善委员会（以便对相关领域的KPI实施可视化管理）的更新，以充分重视该团队对如下六个信任度指标的看法：沟通、支持、尊重、公平、可预测性及能力。最终，融入健康元素的绩效行动不仅降低了20%的运营成本，提高了服务水平和质量标准，还提高了组织健康指数，其中，在体现开放度和信任度的管理实践中，考评得分均提高50%以上，并最终跻身行业排名的前1/4。

现在，我们再看看一家汽车公司。这家公司采取的一项绩效行动就是强调安全性，而它们的健康目标之一是强化外部导向。通过头脑风暴式讨论，公司完成了外部导向与安全行动的融合对接矩阵，并据此决定在为工作团队配备人员时，不仅要配备公司的内部员工，还聘请了一名来自外部矿业公司的安全专家专门负责安全实践的改进。这个想法的核心就是双赢——汽车公司借助安全专家的专业特长改善了绩效和健康状况，矿业公司不仅为员工谋得新的发展机遇，还能得益于新的不同安全理念与原有理念相互借鉴带来的促进。这个过程的关键点就是确保矩阵中针对"绩效餐垫"（通常包含 10 到 25 项行动方案）中每项方案中的全部单元格（即，影响力模型中每个杠杆和每个健康优先目标的交叉点）至少包含一个合理化建议，累积起来，就会给总体绩效带来巨大的提升。不妨从数学视角考虑这个话题：如果你的变革计划由 20 个绩效行动构成，此外，你还为组织制定了 3 个健康目标，你把这些健康目标与绩效行动方案完全对接融合起来，那么，员工就将体验到 240 项具有高能影响力的健康干预措施（即，3 个健康目标 × 影响力模型的 4 个杠杆 × 20 项绩效行动方案）。

　　同样的方法也适用于把健康目标融合到招聘、入职、培训、绩效管理和战略规划等常规性流程中。这就让"以不同方式完成我们必须完成的任务"的想法更进一步——可以这样设想，即使只按照这一套流程（招聘→入职→培训→绩效管理→战略规划），员工就能体验到另外 60 项健康干预措施（3 项健康优先目标 × 影响力模型的 4 个杠杆 × 5 个流程）。不难理解，这在重塑工作环境方面也能发挥重要作用。

　　但这并不等于说，除了这些结合进绩效行动方案及其他业务流程中的健康行动之外，我们就不应采取其他任何健康行动。正如我们将在下一节以及第 6 章所提出的观点：我们提倡采取一系列范围更广、在本质上与健康相关的行动（并以此完成其他 20% 的工作）。这些措施通常包括以互动方式让变革故事层层下传，维持具有较大影响力的双向沟通项目，以及把组织健康目标转化为关键群体领导者的个人目标。

以互动方式让变革故事层层下传

　　在变革计划中，从"明确路径"阶段到"采取行动"阶段过渡的一个基本标志就是在组织内部广泛传播变革故事。在本章开端讨论培育理解和信念的影响力模型时，我们就曾谈到一个伟大故事所应包含的内容。然而，一个伟大的故事之所以伟大，完全是因为其他人对这个故事的认可、理解和相信！

　　在变革过程进行到这个阶段时，向所有人讲述变革故事，并把它们嵌入员工的思想和内心深处，就可以让"采取行动"阶段发生的一切引发员工的灵魂思考——"这到底意味着什么"。所有分享变革故事的最优过程都有一个共同的关键性特征：鼓励员工体验到原创者的感受，就像我们在第3章提到的彩票号码制作者。实际上，这就是我们推荐采取"互动式层层下传"方法的基本思想，如图5-7所示。这个过程将创作和讲述变革故事转化为组织中每个人都在参与的事情。

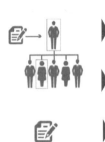

高层领导者担任"原创者"
采纳来自组织的意见以及高管达成的协议，高层领导者从个人角度出发编写一个变革故事

高层领导者担任"老师"，高管成员充当"学生"
高管团队成员与同行共同参与互动会议，倾听和理解CEO讲述的故事，并对故事做出反馈

高管团队成员担任"原创者"，高层领导者担任"教练"
高级团队成员以CEO的故事为背景，根据需要接受CEO的指导，在此基础上，分别从各自角度出发，编写与所在部门相关的变革故事

高管团队成员担任"老师"，下级管理者充当"学生"
高管团队成员为员工主持互动故事讲解会（首席执行官至少应出席首次启动仪式）

　　下级管理者担任"原创者"，高层管理者担任"教练"

　　　　按照级别的降低，以此类推

图5-7　以互动方式将变革故事层层下传的过程

　　在深入探讨这种方法的细节之前，我们首先要明确为什么说这种方法是有效的。有数千个组织已经在使用这种工具，尽管它们拥有各自不同的组织健康指数，但几乎在每个组织中我们都会发现这样一个事实：战略和角色的清晰度会自上而下逐渐降低。为什么会这样呢？公司故事在向下传播到某个层面时，之所以不会再引发共鸣，主要是因为该层级员工认为这个故事仅对应于更高层级人员，和他们自己每天需要完成的日常工作毫无关系。但如果以互动方式将变革故事层层下传，就可以确保故事针对每个领域量身定做，并引导团队或个人去思考——"这对我们或我自己而言意味着什么"。研究表明，如果组织中的所有人都了解自身工作与整体变革目标的依存关系，那么

项目获得成功的可能性会提高 5. 5 倍。[40]

加拿大组织心理学家娜塔莉·艾伦（Natalie Allen）和约翰·迈耶（John Meyer）对此进行了开创性研究。他们发现，在员工层面同时存在着三种类型的投入意识：持续性（只需要足够的投入意识即可确保他们守住现有工作）；规范性（源于互惠原则而对组织产生的责任感）和情感性（源于良好工作体验而与组织建立起来的情感纽带）。[41]从这个角度看，以互动方式层层下传变革故事的优势就在于它对多种类型投入意识做出了同步解读，因此其效力远超过传统下传方法。

那么，它在实践中究竟是如何发挥作用的呢？很简单，公司变革故事（包括本章前述的所有绩效和健康元素融合案例）是所有这一切的共同基础，而且始终是它们得以发挥作用的基石。公司变革故事通常以杂文体编写，也是公司为召集首次互动式下传故事研讨会准备的预读材料。然后，由公司最高领导者以自己的个性化语言讲述公司故事，这就拉开了整个故事层层下传过程的序幕。公司的变革故事对最高领导者意味着什么？变革为什么是不可或缺的？最高领导者为什么要致力于这场变革？要实现变革目标，最高领导者需要改变他们的哪些想法和行为？最高领导者期望他们的团队发生什么变化？随后，最高领导者的直接下属可以自由提问，接下来，与会者共同讨论变革计划对整个领导团队意味着什么。然后，给与会者一段时间，让他们深入思考这些变化对他们各自的领域意味着什么。在会议结束时，所有参与者须在充分理解故事内容及含义的基础上提出自己对变革做出的个人承诺。

会议结束之后，所有参与者需要为本级别会议做准备，在自己负责的团队内部召集一次类似会议。首先，他们用自己的语言讲述故事，故事既可以针对其负责领域的总体状况，也可以针对该领域内的某些具体事项。而后，负责人回答团队成员的问题。根据刚刚听到的故事，团队成员开始讨论变革对团队及其个人的影响。同样，在会议结束时，所有人提出各自对变革做出的承诺。以此类推，这个过程逐级下沉，最终覆盖整个组织。通过这种方式，让所有人参与到故事的创作中，这无疑有助于增强"原创者"对变革的信念，并确保故事适合组织的每个层级和每个成员。

不妨以案例说明这个过程。我们可以看看赛门铁克（Symantec，杀毒软件制造商，也是 IT 安全、存储和系统管理领域的全球领导者）如何使用这种方法。公司创建了一个覆盖各业务领域的高级管理者联盟，他们利用数月收集来自整个组织的意见，并最终拟定了公司的变革故事。随后，他们通过一系列为期四天的培训活动，把故事逐级传达给公司的 14 个部门。

在每次活动的前两天，管理者需要考虑新的绩效和健康目标、核心行动方案，以及实现目标所需要的心态和行为转型。此外，这些管理者还要努力解决这样一个问题："变革对我们部门意味着什么？"在每次活动的最后两天，部门负责人将部门全体员工召集到一起，将公司目标分解为所有员工的具体工作目标。整个过程在 13 周内完成，然后，把这些通过互动式层层下传的内容纳入公司针对新员工制定的岗位计划中。[42]这种做法带来了立竿见影的效果。赛门铁克继续稳坐全球安全市场第一霸主的宝座，而且公司的全球市场份额也在一年之内提高了 6%。[43]

互动式层层下传，无疑比使用平行方式在组织中同步推广故事更费时间。但聪明的领导者很清楚，虽然这需要他们投入多一倍的时间，但是在引导员工为实现结果而增加投入这方面，这一办法很可能会带来更显著的影响。事实上，回顾第 3 章提到的彩票实验，我们看到这种策略带来的影响力可能会高出 5 倍。由此可见，无论以何种标准衡量，互动式层层下传方法都是一项稳赢不赔且拥有稳定回报的投资。

但需要提醒的是，互动式层层下传的优势不仅仅来自"自主选择彩票号码效应"。根据组织心理学家诺埃尔·蒂奇（Noel Tichy）提出的领导理论，领导者首先要有教学观点，善于创造适合组织的故事，并拥有一套定义明确的教学方法（所有这些观点均在互动式串联故事方法中得到体现）。他认为，"创造一种'教学观点'的行为，其本身就是让管理者成为更优秀的领导者……领导者会逐渐认识到他们对自身、组织以及整个企业做出的基本假设。"[44]事实上，形成个人观点的心路历程，以及把观点转化为他人可接受并吸引他人阅读的过程本身就是一种创造性行为。因此，在这个过程中，领导者就是在实现自我提升和自我发展。

大师点拨：内容与价值多样化的好处

本章的大部分内容都在讨论变革故事——包括变革的内容，以及如何在整个组织中以互动方式让变革故事实现层层下传。原因不难理解，一旦变革计划进入"采取行动"阶段，它们会让员工把所有经历与变革目标联系起来，让他们感受到这些经历的价值和意义。否则，变革努力很可能会遭遇管理学家乔尔·巴克（Joel Barker）所描述的境地——"没有远见的行动，只是在消磨时间"。因此，切记大师的忠告，"拥有改造世界的行动，愿景便近在咫尺"。

但是，除了我们所讨论的方法之外，大师是否还有其他忠告呢？是否还有更多需要我们掌握的呢？当然有，再次解读可预期的非理性行为理论注定会给我们带来新的启发。在现实中，大多数公司的变革故事均可归入如下两种传统模式。一种模式的主题是"从优秀到卓越"，常见措辞无外乎是这样的："激烈的竞争和持续变化的客户需求正在不断侵蚀我们以往的优势。如果实施变革，我们就能重新夺回领导地位，在可预见的未来继续主导这个行业，并将竞争对手抛在身后。"

另一种模式的主题是"转危为安"，基本措辞通常是这样的："我们的业绩落后于行业常态，因此，我们只有转型才能生存下去。渐进式变革远远不够；投资者当然不会把资金投入到业绩不佳的公司中。考虑到我们的资产、市场地位、规模、技能和员工，我们完全可以做得更多、更好。我们可以通过充分发掘现有资产潜力而赢得成长权，从而拥有属于行业前 1/4 的业绩水平。"

大多数高管都读过这样的故事，而且觉得它们很有吸引力和感召力。但事实并非如此。实际上，对绝大多数员工来说，这些故事乏善可陈，根本就不会引起他们的共鸣。丹娜·左哈尔（Danah Zohar）、克里斯·考文（Chris Cowen）、唐·贝克（Don Beck）和理查德·巴雷特（Richard Barrett）等著名社会科学家的研究，或许可以帮助我们找到其中的原委。[45] 这些传统故事基本以"公司"为主题而展开——其中的关键词无非是打败竞争对手、引领行业或是吸引投资者。这只是激发人们寻求改变的源泉之一，实际上，变革的动力源泉至少还包括其他四个方面。人们还希望认识到变革会给社会（改善人们的生活水平、打造美好社区和管理资源）、客户（提供卓越的服务、更优质的产品并创建更密切的关系）、他们的工作团队（创造归属感、人文关爱环境以及和谐的工作氛围）及其个人（更好的职业发展机会、更高的薪酬和奖金以及更多的行动自由）带来怎样的影响。

针对这五种重要的变革动力源泉，有研究人员对数十万名员工进行了调查，旨在揭示哪种源泉的动力最强大。调查结果令人意外——它们的动力强度大体上不相上下，均在 20% 左右。此外，不管职位（从最高管理层到一线员工）、行业（从医疗保健到制造业）和地理位置（发达经济体或是发展中经济体）如何，这种分配比例基本上相差无几。[46]

这个结论对领导者而言蕴意深刻。这表明，以公司为中心的故事类型——当然也是大多数人最熟悉和最擅长的故事类型，只能在员工身上挖掘出 20% 左右的变革动力。要让员工真正参与到变革中，与组织同舟共济，就需要变革领导者尽可能弥补被遗漏的 80%，以充分利用员工所关心的全部动力源泉。换句话说，他们需要有能力同时讲述五种变革故事。如果能做到这一点，他们就能让组织释放出巨大的变革能量。否则，这些动力还会继续蛰伏，让员工感到前进乏力。

一家美国大型抵押贷款公司曾实施一项变革计划，其目标是通过减少管理费用和流程再造而提高效率。为此，它们设计了一个变革故事，根据变革管理的传统观点，它们在故事中纳入了所有变革要素。成本上升，收入下降，岌岌可危的状况似乎显而易见，而且他们也向员工传达了同样的信息：如果不精简运营，提高效率，我们就无法生存。但是在经过三个月的尝试之后，这个故事似乎并未奏效，变革计划也陷入停滞。员工对变革计划的抵触情绪非常强烈——几乎没有人提交改进意见，也没有人愿意公开讨论自己的绩效情况。

面对这个易守难攻的瓶颈，恰好接触过同时采用五个变革故事方法的管理团队并未灰心，他们重新编写了新的变革故事。这一次，他们并没有把问题完全集中于遏制成本持续增长的必要性，而是把故事的覆盖范围延伸到之前未被考虑的其他四个方面。新故事的着力点就是变革即将给所有人带来的好处，并突出强调这轮变革是一个千载难逢的机会，不仅可以带领公司走出困境，还会创造出更多、更有吸引力的工作职位。新故事更关注工作团队在生活工作环境方面的改善，而减少了对努力、增加工作自主权和强化责任感等方面的赘述。另一方面，新故事还强调了以简约的风格、更少的失误和更有竞争力的价格改善客户体验。此外，它还涉及变革带来的社会效益：让更多的人实现他们的置业梦想。

这种简单易行的策略调整马上就带来立竿见影的效果。在一个月之内，员工支持变革计划的比例就从 35% 飙升至 57%。此外，变革计划在第一年就带来 10% 的效率提高，这也远远超过公司最初的预期。

需要澄清的是，"一次讲五个故事"的实质既非有所指向，更非故弄玄虚。相反，领导者传递的信息必须真实反映正在采取的变革行动（在抵押贷款公司的变革故事中，他们并未回避针对降低成本采取的变革计划，而是为这项计划给出了五个理由，以阐述这么做为什么会带来更值得期待的未来）。其次，故事必须开诚布公，是他们发自内心的倾诉——领导者必须对他们所说的每一句话坚信不疑。对此，全食超市（Whole Foods Market）首席执行官约翰·麦基（John Mackey）指出，任何"不诚实、不真实的沟通以及缺乏透明度的行为，都会适得其反……它只能破坏信任，制造谣言。"[47]

■ ■ ■

归根到底，在变革计划的"明确路径"阶段，我们可以回答这样一个问题："我们需要怎样去实现这个目标？"在绩效层面，我们已构建了一整套均衡的绩效改进行动组合，并完成了对这个组合的结构化、排序和资源配置。在健康层面，我们已利用现有的四种影响力杠杆，把健康改进目标融入绩效行动组合的实施方案中。随后，我们创作了一个极具说服力的变革故事，并充分发挥五种动力源的价值引导功能。现在，我们需要以互动方式把这个故事层层落实在整个组织当中。

到此为止，绩效和健康之间的区别已不复存在，因为两者已共同融入唯一的全面变革计划当中。我们通过这个计划以无差异方式平等地解决这两个方面的问题。由此开始，我们可以用宝洁公司艾伦·雷富礼的话作为总结，成功的关键将取决于"采取行动"阶段的"卓越执行"。[48]而变革的核心问题也由此转变为："我们应如何管理变革过程？"（见图 5-8）。

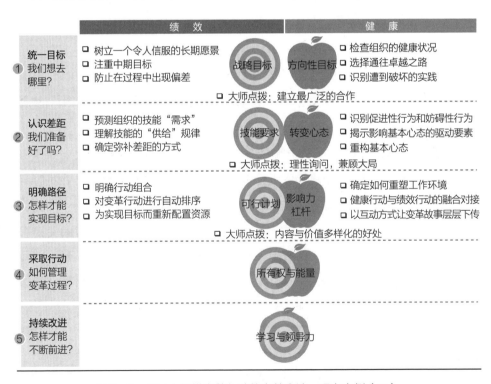

图 5-8 领导大规模变革行动的有效方法：现有案例（三）

采取行动：如何管理变革过程？

中东零售业巨头马吉德·阿尔·弗泰姆集团（Majid Al Futtaim，MAF）是一家总部位于迪拜的跨国企业集团，其经营的购物中心、零售和休闲场所遍布中东、北非及中亚地区。在接任集团首席执行官职位时，阿兰·贝贾尼（Alain Bejjani）意识到，MAF 涉足的每个行业几乎都存在极大的混乱。他的目标是创建"经得起未来考验"的业务，为此，他启动了一项规模庞大的变革行动作为变革计划的开端为公司创造一颗"北极星"。

在这项变革计划的"统一目标"阶段，公司组建了一个有高度代表性的领导联盟，着眼未来 25 年的公司发展。然后，把"每时每刻为每个人缔造伟大时刻"的总体最高愿景转化为一系列更具体的中期目标。在变革过程的前五年，公司确立了三个占主导地位的主题：改善客户体验、释放数字及分析的潜能以及培养全球顶级领导者和人才（反映公司在健康层面制定的"领导力工厂"愿望）。

在"认识差距"阶段，公司确定了一系列为实现变革战略而亟待培育的技能：客户服务、预测分析和人力资本管理。与此同时，还归纳出为实现改善健康而需要进行的心态转变：把认识变革的出发点从员工视角转为所有者视角，把追求"部分之和最大化"的思维转变为追求"总体大于局部之和"

的思维，把经营理念从创造交易转变为打造关系。

在"明确路径"阶段，公司制定了一套均衡的行动组合，包括改变控股公司的角色、推出一套新的领导力模式和领导力开发工具、将分析技术嵌入决策过程以及提供标志性客户体验等。每一项行动方案的设计都需要兼顾绩效和健康两个方面；与此同时，还重新设计了绩效管理系统，以确保与两个方面相关的反馈和激励措施落实到位。此外，公司还拟定了一个极富说服力的变革故事，并通过互动式层层下传机制，从公司最顶层开始，逐级落实到全体4.5万名员工。

随后，公司进入变革过程的"采取行动"阶段。由50人组成的核心团队负责指挥这项工作，他们不仅要跟踪变革在绩效和健康方面取得的进展，还要在试点和扩大行动方案过程中共同解决影响变革计划的现实问题。比如说，在一项针对人员分析创建数据库的行动中，他们很快就发现该行动方案完全无效。于是，核心团队迅速采用替代方案，直接要求由员工自愿提供个人信息，最终得以提供更及时、更可靠的数据。该团队的成员代表了公司的所有职能部门、下属公司和经营地域，具体事务由一个小规模管理办公室负责协调。

所有这些工作均在高密度的双向沟通模式下完成，这种模式采用了新鲜时尚的方法，如维护和更新幽默视频、脸书和漫画等多媒体信息。当然，他们也采用了一些较传统的方法，比如领导午餐和"问答式"论坛等。此外，他们还从公司各层级、各职能部门及地区选拔影响力领袖，并把他们组建为一个团队，通过培训把这些影响力领袖打造为变革倡导者，在行动进程中推进员工对变革的理解，并为组织创造变革动力。此外，所有这些领导者再加上其他数千名管理者，还参加了由新创建的MAF领导力研究所召集的个人洞见研讨会（PIW）。PIW的一项重要任务就是组织"实地和论坛"活动，让参与者理解并真正接受预期心态和行为转换的重要性——首先，让他们掌握关系能力与适应能力这两种最基本的变革领导技能；而后，启发他们深刻认识到每个领导者都可以借助与众不同的工作最大限度地为变革成功带来积极影响，促使他们真正投入本职工作中。

在转型的"采取行动"阶段即将结束时，MAF 开始把目光转向"持续改进"阶段——按预先规划，该阶段将引导组织进入下一个 S 曲线的"统一目标"阶段，这也是实现 25 年"北极星"长期愿景的必经之路。

■ ■ ■

MAF 的经历告诉我们，"采取行动"阶段的大部分内容其实都在我们意料之中——即，执行"明确路径"阶段制订的计划。为确保这些计划在执行过程中维持正轨，并根据需要调整具体措施，变革领导者应着重关注两个领域：创造持续的所有权意识，提供推动变革不断进步的能量。

绩效：所有权模型

正如从事污水处理业务的英国联合公用事业集团（United Utilities）前董事长理查德·埃文斯（Richard Evans）所说："如果没有所有权意识，他们就不可能充分发挥自身潜力。"[1] 而且就像我们之前所指出的那样，在"统一目标""认识差距"和"采取行动"阶段，很多具有"自主选择彩票号码"特征的行为都体现出很强的所有权意识。不过，即便变革计划已经做到这一点，也不能想当然地以为这种所有权意识会在整个"采取行动"阶段持续下去。因此，为确保这种意识的延续性，变革领导者必须打造强有力的公司治理机制，审慎选择实施方法，对变革计划执行情况进行监督，并在必要情况下进行调整。

构建强有力的公司治理机制

有了强大的治理机制，我们就可以在"采取行动"阶段对变革计划进行连贯、协调和积极的管理。有效的治理机制为澄清角色和职责提供了保证，因此，这种变革计划实现成功的可能性会提高 6.4 倍。[2] 虽然治理方式应根据具体情况适时调整，但绝大多数成功的变革计划都应包括如下四个要素：执行指导委员会、变革管理办公室、执行发起人、行动负责人及其行动团队。

执行指导委员会（executive steering committee，ESC），通常由组织最高层领导者及高管团队组成（如果变革工作正在组织的较低层级进行，则由该层级对应职务的人员构成）。[3] ESC 的职责包括明确变革计划的总体方向及制定关键的后续决策，譬如批准执行计划的变更、资源的重新配置、解决不同行动方案的协调问题以及根据具体情况对行动组合实施动态调整。该机构也是要求和监督变革计划参与者对其结果负责的最高权力机构。此外，它还应经常对"采取行动"阶段取得的进展和成功开展公开宣传。在 ESC 发挥这种宣传沟通作用的情况下，变革项目取得成功的概率会提高 8 倍。[4]

变革管理办公室（change management office，CMO），负责协调整个变革计划，跟踪变革计划进展情况，并确保问题随时得到关注和解决。此外，它还可以在 ESC 和所有相关行动之间形成一种高效透明的互动机制。在某些情况下，CMO 可借助多种方式协助变革计划的实施，具体方式包括：为最佳实践在整个行动组合中实现共享提供媒介，担任行动团队的顾问或创意合作伙伴。它很少独立牵头变革行动的实施，除非行动方案找不到合适人选。CMO 通常由一名全职高层领导者牵头，对整个变革计划负责。该 CMO 负责人的直接报告人至少包括一名或多名负责沟通和变更事务的牵头人和一名实施情况的监督专员（负责跟踪活动进行情况、指标、预算和影响）。

执行发起人（executive sponsor，ES），通过监督进度、提出建议并验证执行计划的变更以及密切关注业务受到的影响，为行动团队及时提供指南、判断和引导。他们既可以是 ESC 的成员，也可以是对某个具体行动方案（或是为该行动提供必要支持的其他部门）直接负责的较低层级领导者。ESC 的意义在于实现整个行动组合的最优化，而 ES 的作用则是最大限度实现具体行动的影响力。

行动负责人（initiative owner，IO）**及其行动团队**，负责落实行动计划，并通过行动实现预期影响力。团队成员通常来自一线员工，但也可以包括人事部门的代表。行动负责人通常已参与了行动计划的制订；确定行动对资源、运营费用和资本的需求；确定扩大规模的方法；制作时间进度表和里程碑（如前几节所述）。他们以项目团队形式开展工作，承担任务并负责完成任务，而且可以认为，他们既有能力解决问题，还能满足创造预期影响力所需要的人员需求。

在这样的治理机制中，最终影响力的责任尽可能由业务线管理层承担，并把这项任务纳入该层级的业务预算。有一句略显庸俗的话，"收益是烹制预算面包的面粉"，但我们可以用这句话提醒自己，如果没有把收益充分体现在相关预算中，那么变革计划的所有方面都是不完整的。当然，这样的结构还可以保证 CMO 提供的是必要的支持和监督，而对最终成果承担完全责任的依旧是业务执行部门。

创建合理的治理机制会让组织受益无穷。与角色和职责界定不清的变革计划相比，如果变革计划对角色和职责做出清晰的界定，那么，其成功的可能性会提高 6 倍。同样，如果变革项目建立了有效的 CMO，成功的概率很有可能会提高 1 倍。[5]

要了解治理模式的运行方式，不妨看看一家正在对全球业务进行重组的零售商。在经历了连续三个季度的亏损之后，这家公司终于启动了变革计划。通过对组织健康指数进行的调查，他们发现了很多健康问题。于是，公司首席执行官组建了一个由零售商与母公司高层领导者参与的 ESC。

随后，零售公司又创建了 CMO，团队负责人来自盈利能力最强的业务部门，作为该部门的最高责任人，他本身就享有非常高的声望。他随即招来本部门业绩最优秀的员工，并从其他部门聘请了两名同样非常有声望的中层管理者，这样，CMO 团队就正式组建起来。此外，他还从公司外部聘请了一位变革专家和一位零售业转型专家，有了他们的参与，自然不必担心缺少第一流的建议。除此之外，CMO 的人员配备高度精简，这就可以确保该团队既不会成为组织的常设机构，也不会导致项目所有权旁落，毕竟行动团队和业务管理层才是项目的真正责任人和所有者。

在变革计划中，每个行动方案都设有一个明确的 IO 和 ES，他们共同为 ESC 和 CMO 提供支持，以确保各行动团队拥有完成任务所需要的资源，并全身心地致力于实现变革目标。此外，行动团队中还包括一名"项目推广员"，负责在最基础的业务层面普及宣传行动方案，收集来自组织各层面的想法和意见，并把它们传达给行动团队。

采用这种结构清晰的所有权模型，这家零售商仅用 6 个月时间便完成了对超过 7.5 万名员工进行的重组，成本大幅削减 12%。与此同时，公司的健康状况也得到了全面显著的改善。事实证明，精简而有活力的项目结构既易于创造，也易于拆除，这样就可以把继续实现目标、跟踪后续行动并实现持续改进的责权利留给业务部门。

实施方法

对绝大多数行动方案而言，"采取行动"阶段都要包含"检验、学习和推广"的实施方法。这种方法的商业意义是显而易见的：通过试验地点试用原型时，我们可以实现学习，并在大规模推广之前补偿和完善实施方法。如果进展顺利，就可以将这种方法成功地复制到其他领域；反之，如果出现问题，可以将错误限制在小范围内，避免让个别问题招致更大损失。此外，如果能尽早看到结果，也有助于增强员工对变革的渴望，为变革计划的全面实施铺平道路。但是在很多情况下，组织缺乏以循序渐进的方式开展试点探索的耐心，于是，他们会快马加鞭地执行后续程序，以至于根本就不给自己留下反思和完善的余地。必须提醒的是，如果跑得太快，或是缺少足够的谨慎和耐心，意想不到的后果很可能随之而来。

不妨看看荷兰大型保险机构阿奇米亚保险集团（Achmea）的经历。在荷兰政府对医疗保健市场进行全面改革的大背景下，阿奇米亚启动了对健康业务的变革计划。改革最重要的方案之一就是对它们的呼叫中心实施转型，旨在实现 25% 效率提升的同时改善客户体验。最初的试点取得了巨大成功，也让人们信心大增——这个艰巨的目标完全是可以实现的。但是，它们很快就遇到问题：项目负责人采用的方法很难复制到其他领域，原因其实很简单——其成功在很大程度上来自个人影响力，而不是通过引入必要的系统为预期转型提供支持。对此，之前负责健康业务的负责人杰伦·范布雷达·弗里斯曼（Jeroen van Breda Vriesman）不无讽刺地指出："这位管理者完全是凭借一己之力做到的，我们可没办法复制他取得的成绩。"[6]

阿奇米亚保险集团的经历也为我们提供了一个重要启示：一次成功的试点未必等于这种成功一定会推广延续下去。为稳妥起见，试点阶段不应只有一次测试，而是两次测试，或者采取双试点方法。第一次试点的实质是"概念验证"，旨在确定被测试的想法是否能真正创造价值。第二次试点是"可行性验证"，旨在检验推广方法的稳定性和有效性，以确保这种方法能以完全可复制的方式达到预期效果。这次试点的最终产物不仅是具有预期效果的影响力，还有完全标准化、具有行业优势且易于部署运用的推广方法。通常，在第二次试点中，还可以对即将负责后续推广实施的领导者提供"预备性培训"。在阿奇米亚保险集团的案例中，这一点得到了很好的体现，也给其他机构提供了良好的示范效应。它们的变革方案在随后几年实现了成功推广，来自其他公司的高管纷纷造访阿奇米亚保险集团，希望借此学习和复制它们的成功模式。

正如亚里士多德所言，"好的开始就是成功的一半"，这种双试点方法显然有助于保证我们始终不偏离正轨。但是要想把试点成功转化为全面成功，当然还需要切实可行的推广。为此，我们对数十个成功的实施项目进行深入剖析，然后又对几百个项目进行了客观的考察。在此基础上，我们将变革计划的推广行动划分为三大类（如图 6 - 1 所示），把这三种推广模式的特征归结为线性、几何式和"大爆炸"式。

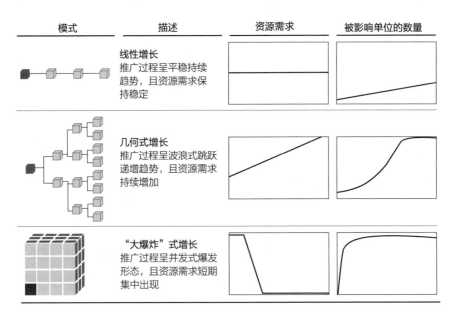

图 6-1　变革计划的推广模式

在线性推广模式中，第二次试点（可行性验证）被组织内的其他领域逐一复制，最终覆盖整个组织。在这种方法中，只有在上个领域复制试点方法之后，再进入下一个领域进行复制。在某些情况下，这种方法是最优的推广策略，譬如：行动方案仅在少数个别领域推出；具备实施能力的团队成员数量不满足大规模推广的需求；公司并未出现危机；利害关系（风险或回报）很大；项目实施需要由具有较高能力的专业人员牵头；变革阻力很大；采用的工具包和解决方案须大量定制。

在几何式推广模式中，实施过程以间断的波浪式展开，每一波的拓展规模均远远超过上一波（比如说，第一波推广选择了两个点位，第二波会同时选择 4 个点位，而第三波则同时选择 16 个点位，依此类推）。这种方法适用于如下情境：若干待实施领域存在某些共同特征；很多领域均亟待转型，而线性方法需要的时间太长，不能满足时间要求；具备相应能力的实施者随时待命；组织有能力吸收变化带来的冲击。

在"大爆炸"式推广模式中，变革行动在所有相关领域同时展开。尽管这需要组织投入充沛的资源，但变革过程的总体时间相对较短。这种方法适用于如下情况：所有待实施领域存在某些共同特征；所有领域均迫切需要转型；这个组织对变革的阻力预期很小（甚至对变革渴望已久）；可采用标准模式的工具包和方法。

我们以一家跨国能源公司为例。这家公司采用线性推广模式推出了一款标准型人事管理软件系统，新系统已陆续开始替代国内原有的一系列分散标准。高层管理者意识到，如果通过公司的全球机构一次性推出这款新软件，甚至是选择某个大区同时发售新产品，都有可能招致强烈的技术震动，并迫使项目团队不得不承担大量的故障排除任务。考虑到启用新系统注定是一次重大转变，因此，公司还希望所有国家层面的组织均参与这项工作，这就可以确保在下个地区推广这款新系统之前，在前面已推广地区可能出现的任何问题均已得到妥善解决。除此之外，执行工作还需要一家外部供应商提供高强度技术支持，但这家供应商可投入的资源非常有限，这也导致它们只能采取线性推广模式。

同样是这家跨国能源公司，在实施新的全球采购战略时，它们却选择了几何式推广策略。通过对供应商关系进行分析，它们发现很多市场在购买模式、采购的复杂程度以及选择供应商等方面有相似之处。因此，如果把具有类似特征的市场构建为不同的组群，就可以提高公司面对供应商的议价能力。在把全部市场划分不同组群之后，它们便开始采用几何式推广策略，在各区域和不同国家内推出新采购战略。这就让采购团队能快速启动，及时跟进，并根据工作的进展情况随时补充或更新原有方法，以确保从启动阶段即可实施有效的成本控制。

这家能源公司的另一项行动涉及公共关系流程的改革。最近，公司经历了一场公共关系危机，而危机的根源就是它们始终以零散方法管理公众形象，以至于在危机到来之时缺乏有效的应对机制。因此，这场变革计划的一项重要行动就是集中全部的公共关系和利益相关者管理事务，推出一套新的公关政策和指导方针，并在全公司（包括所有地区和所有业务部门）范围内推广，以确保公众及关键性利益相关者及时了解公司正在开展的变革，最终达到提高信息透明度和改善权责制度的目标。在变革的实施过程中，他们采取的是"大爆炸"式推广策略，因此新的公关政策在两个月内便得到全面落实。

自本书第 1 版面世以来，一个与检验和学习有关的流行词汇已逐渐成为管理学中的时尚标志：敏捷（agile）。很多人可能还不熟悉这个词的内涵，实际上，敏捷团队的概念起源于软件开发领域。在这个领域，很多具有自组织形态的跨职能团队通过与终端用户合作，将客户需求与他们的解决方案整合起来。敏捷团队具有高度自主权，而且最终对开发成果负责，但获得这些结果的手段并不由他们决定。通过与敏捷团队合作推广新产品的这种方法，尤其适合于处理动态环境下的复杂状况——在这种环境中，开发团队与最终用户开展深度密切合作完全是可行的。但这种方法不适合于常规事务（譬如采购、会计和组织精简）相关的行动。

有人猜测，敏捷工作方法会导致传统组织层级制度的终结，并最终成为组织运行的基本管理理念。但我们并不认可这种猜测。实际上，即便是那些以采取敏捷方法而著称的企业——比如谷歌、亚马逊、Spotify、奈飞、博世、特斯拉、SAP、Salesforce 或是萨博等，依旧会选择将敏捷团队和传统结构相结合的操作模式。[7] 对此，哥伦比亚商学院的丽塔·甘瑟·麦克格拉斯（Rita Gunther McGrath）教授认为，"一方面，（成长型公司）善于尝试和探索，而且能随机而动。但另一方面，它们又出奇地稳定。"[8] 无论如何，如果一个组织正在考虑启动变革计划，把总体管理方法由传统的层级结构转变为高度自治的敏捷团队，那么我们都要建议它们，如果采用绩效和健康的"五框架"模型推进变革，变革取得成功的可能性最大！

监督进度并进行动态调整

要发挥治理机制的积极作用，及时监督检验、学习和推广带来的影响，就需要 CMO 承担起全面衡量与规划的作用。在这个角色中，最根本的任务就是通过清晰的指标和里程碑事件严格跟踪变革进展和效果。具有这项特征的变革计划，变革取得成功的概率会高出 7.3 倍。[9] 实际上，这个角色非常类似于汽车车载程序在汽车行驶过程中发挥的角色，它随时向你报告车辆的运行状况——包括速度、燃油、发动机温度、油压以及胎压，等等。

但 CMO 的职责不只是监督。对此，西班牙电信（Telefónica de España）前董事总经理兼首席运营官胡里奥·利纳雷斯（Julio Linares）曾做出这样警告："市场注定会不断变化，因此你只能不断努力地去适应市场。当然，计划的某些部分终究会结束，但新的部分也会接踵而来。"[10] 不妨继续以驾驶汽车为例。即使有最好的计划和性能卓越的汽车，长途旅行也很少会像我们预期的那样一路上畅通无阻、称心如意。天气可能会毫无征兆地发生变化，拥挤的交通随时会让你寸步难行，道路施工路段会提示你绕行避开，在长途跋涉的路途上，你还要休息。即使你的汽车配备功能强大的车载电脑，但不妨想想在手机时代到来之前的驾驶经历——这些出其不意的变化可能会让你的抵达时间推迟几天。今天，卫星导航设备可以为我们提前规划路线，提醒我们该怎样转弯，利用手机我们可以在开车时提前做好安排，重新预订路途中可能需要的服务。如果把 CMO 置于这个类比的情境中，那么，它需要同时承担车载电脑与手机卫星导航这两个角色。如果 CMO 能扮演好这些角色的话，那么变革计划的成功概率会高出 4.6 倍。[11]

那么，现实状况怎样呢？首先，我们引用印孚瑟斯科技集团前董事长纳拉亚纳·穆尔蒂的一句幽默的话，"我们相信上帝，但我们只能祈祷其他人已经为我们准备好全部数据。"[12] 能否以动态方式管理变革项目，完全取决于是否拥有充足的数据支撑。我们必须时时刻刻都清楚地看到，每天取得了多大进展，这样的进度是否符合计划安排。这就意味着，我们至少应在如下四个关键维度上定期衡量变革计划的效果（如图 6-2 所示）。

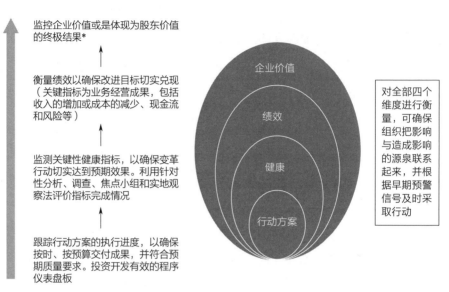

监控企业价值或是体现为股东价值的终极结果*

衡量绩效以确保改进目标切实兑现（关键指标为业务经营成果，包括收入的增加或成本的减少、现金流和风险等）

监测关键性健康指标，以确保变革行动切实达到预期效果。利用针对性分析、调查、焦点小组和实地观察法评价指标完成情况

跟踪行动方案的执行进度，以确保按时、按预算交付成果，并符合预期质量要求。投资开发有效的程序仪表盘板

企业价值

绩效

健康

行动方案

对全部四个维度进行衡量，可确保组织把影响与造成影响的源泉联系起来，并根据早期预警信号及时采取行动

*对非营利组织和政府组织而言，体现为对关键利益相关者的影响

图6-2　基于四个维度的变革指标体系

- **行动方案**。在跟踪方案的执行进度时，不仅要考虑时间（里程碑）和预算（实际支出和计划支出），还要考虑关键的运营绩效指标（如每个周期占用的时间、浪费的时间、等待时间和质量）。

- **健康**。管理实践及其基础心态和行为是否正在发生变化，为我们希望看到的绩效改进提供支持？针对性分析、调查、焦点小组和实地观察有助于我们获取这些信息。需要提醒的是，考虑到这也是很多领导者很少经历的方面，因此在第10章，我们将深入探讨如何衡量健康状况随时间而改善的策略。

- **绩效**。通过衡量收入、成本和风险等关键性经营成果，有助于确认预期变革是否出现，而且不会对组织的其他方面造成不可预见的后果。

- **企业价值**。始终关注对组织至关重要的终极成果。在覆盖全公司范围的大规模变革计划中，这个标准就是为股东创造的价值。在非营利性组织和政府组织中，价值创造还有可能与其他利益相关者有关。但是，变革计划最终选取的衡量标准是什么，我们都需要对具有最大影响力的终极结果有清晰的认识，这一点至关重要。

每个变更计划都是不同的，因此在每个维度中，我们需要监控的具体指标也会有所差异。这就促使我们不得不做出警告：少即是多，因此越少越好。在很多情况下，变革计划的指标体系最终都会变成为一份内容庞大的目录。WAVE 工具是麦肯锡公司针对自动管理变革计划而开发的解决方案，目前已被全球数千家公司所采纳。通过对 WAVE 工具中的全部数据进行分析，我们发现，在这些组织声称所采纳的全部指标中，只有 29% 真正用于管理变革。其他指标无非是为了达到粉饰效果，进而形成统计噪音，这不仅助长了官僚作风，甚至已给变革过程造成混乱和浪费。

在确定了合理的衡量标准之后，下一个要回答的问题就是需要多长时间进行一次衡量及审查？当然，答案同样与具体情况有关。也就是说，对大规模变革计划而言，基于简单的经验标准，行动团队应每周审查行动方案的执行标准，执行发起人和执行指导委员会按月份或季度审查健康和绩效情况，参与变革计划的所有人均应每年对企业价值进行一到两次审核。这些审查应服务于两个目的：首先，可以让我们有效落实责任制，及时发现问题并采取补救措施。其次，可以帮助我们及时总结可供分享的最佳实践，突出须大张旗鼓宣传的成功，并进一步灌输持续学习和不断改进的组织文化。

在"明确路径"阶段，我们规划的每一项重大行动方案都不难找到有说服力的商业案例，而且会为它们制定合理的执行进度标准，当然也不缺少反映价值创造能力的利润预测表。但还是要有未雨绸缪的准备，毕竟在"采取行动"阶段，很多行动都可能会在某个环节出现问题。根据麦肯锡公司WAVE 工具提供的数据，即使是计划周密、准备充分的行动方案，依旧有28% 未能取得预期效果。这意味着，在变革这条充分不确定性的道路上，你完全可以相信这样一个事实：在这个过程中，肯定需要不断提出新的理念，而且注定会有某些方案被搁置甚至放弃。CMO 的职责之一就是根据实际情况对变革计划进行必要调整，以确保总体目标的实现。而这种调整就意味着，需要不断剔除某些行动方案，启动新的行动方案（以确保健康目标与这些绩效行动相互关联），并相应地重新配置资源。

之前，我们已讨论过行动方案造成的预期影响在"采取行动"阶段会发挥怎样的作用，但如何控制它们的时机呢？根据我们掌握的数据显示，就平均水平而言，在一项行动方案的整个执行周期中，在执行结束日期之前更改一次的比例为31%，完成两次更改的比例为28%，而完成三次更改的比例为19%。CMO的另一项重要职责就是确保所有调整都有合理的理由，在理由充分的情况下尽早做出决策（不必等到为时已晚，让延迟或意外成为既定事实的那一刻），以认真严谨的方式解决问题，确保变革进程回归正轨。这也是我们主张每周监测行动指标的一个原因——无论是否出现重大里程碑事件，都对变革进度进行简单的更新，为行动团队提供必要的提示，这往往有助于及早发现潜在问题，并以最小的投入将问题控制在萌芽之中。实际上，即便是5分钟的讨论，也可能让我们茅塞顿开，及时转向，让原本不可规避的"红灯"（意味着行动滞后的风险很高）变为"绿灯"（表明行动在可预见的未来会一帆风顺）。[13]

健康：能量的源泉

变革计划既要求员工保持日常业务的正常运行，与此同时，还要不断调整日常工作的操作。从理论上说，这些额外工作当然需要他们投入更多能量。因此，在"采取行动"阶段，变革领导者的一项重要任务就是确保变革计划创造的能量大于其消耗的能量。在项目启动后，员工们往往会忽略变革的整体布局和目标，觉得自己不得不忍受"毫无收获的痛苦"，这无疑会助长他们产生愤世嫉俗的情绪，令他们感到身心疲惫。我们将这一时期称之为"荒凉谷"（见图6-3）。[14]

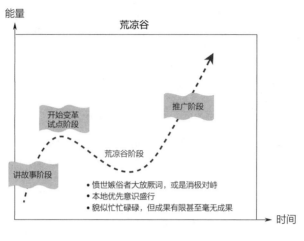

图 6-3   "荒凉谷"

为了最大限度减少这个所谓"荒凉谷"的深度和长度，我们建议变革领导者应充分发挥影响力领袖的感召力和示范作用，把变革计划变成关键领导者群体的个人使命，并以持续的双向沟通强化变革计划的合理性和吸引力，从而为员工带来源源不断的新能量。

动员影响力领袖

在第 5 章讨论角色示范的话题时，我们曾提到，高层领导者并不是员工获得启迪和动力的唯一源泉。在组织的内部还隐藏着一些影响力领袖，如果他们为变革计划而感到振奋并参与其中，就有可能给所有人的能量水平带来不同寻常的影响。

影响力领袖与官职头衔或地位无关，他们的优势在于拥有极其广泛的人脉关系，而且是这个圈子中被其他人尊重和效仿的对象。在其经典作品《引爆点》（*The Tipping Point*）中，记者、作家兼演说家马尔科姆·格拉德威尔（Malcolm Gladwell）描述了三种类型的影响力领袖："行家"拥有丰富的知识，善于分享建议，而且拥有独到的眼光；"连接者"是指那些见多识广的人；"推销员"则是那些生来就拥有超强影响力和说服力的人。在变革过程中，这几种类型的影响力领袖都会成为创造强大能量和影响力的人。正如我们在第5章中所提到的，我们的研究表明，如果这些影响力领袖能激励员工追求变革，那么变革行动成功的可能性会提高3.8倍。[15]

为说明这些影响力领袖为什么具有如此超强的能力，我们不妨以撒哈拉以南非洲地区的医生及非政府组织为例，看看他们在孕产妇保健方面实施的变革计划。在此之前，他们通过医生和宣传手册等传统方式采取的干预措施均未奏效。但是在从影响力领袖角度看待这个问题时，他们却发现，理发师在年轻的目标女性群体中具有非常重要的影响力。事实证明，在当地女性的思维中，她们认为可以和其他女性公开谈论这个话题的地点非常有限，而其中之一就是发廊。在了解这一点之后，医生和非政府组织将宣教活动的对象转移到理发师身上。然后，借助理发师作为媒介，相关知识终于得到了普及。

另一个示例来自我们对加拿大北部锯木厂开展的研究。在"采取行动"阶段，作为实施精益运营模式的一部分内容，我们帮助一线主管以不同方式（采用数据和图板）召集日常例会。尽管这确实给他们的工作带来起色，但并未引起他们的关注。显而易见，新方法的可持续性不容乐观。于是，我们对整个命令链条进行了调整，从工厂管理者到一线的部门负责人，所有领导者都须按我们的要求向下属员工发出正确的讯息，并以身作则发挥角色示范效应。另一方面，员工也开始接受针对新方法的培训，让他们知道该做什么。公司管理层建议我们应该和工会负责人讨论这种新方法。不过，尽管我们已经照做，但还是遭遇了工会的冷眼。

显然，我们并没有意识到，当地劳动力中的很大一部分来自附近的原住民社区。对他们来说，社会的非正式等级制度比公司的正式等级制度更重要。事实也证明了这一点，在这家锯木厂，一名叉车操作员是当地的酋长。但由于锯木厂采取了几何式推广策略，使得他并未参与这一过程，也就是说新方法并没有得到他的允许。在了解到这一点后，我们拜访了这位酋长级别的叉车操作员，亲自向他解释了这种方法和原理，并听取了他对流程的建议。仅仅在几天之内，新方法便得到了广泛采用。

我们在加拿大的经历表明,影响力领袖有时会隐藏在组织的中低层。那么,我们该如何识别这种藏而不露的影响力领袖呢?一种被称为"社交网络分析"(social network analysis, SNA)的技术可以帮助我们识别哪些人是影响力领袖,以及他们会影响哪些人。社交网络分析技术有一种非常简单的使用方法,通常被称为"雪球抽样"法。雪球抽样法的基本原理来自一种简单的调查技术,社会学家最初曾使用这种方法对街头帮派、吸毒者和性工作者进行研究——这些人基本属于不愿意接受传统调查的边缘人群。针对这种特殊情景,雪球调查法会采用非常简短的调查方式(通常两到三分钟),让受访者指出在他们的身边还有哪些人也应该参与到调查中。这样,受访对象的数量就会像滚雪球一样越来越多,从最初接受调查的人开始,最后会形成一个庞大的受访群体。但这个过程始终保持高度信任,因为所有后期加入的受访者均由熟人或同行以匿名方式推荐,中间没有任何正式的身份验证程序。[16]

在商业情境中,我们可以对这种方法进行简单调整,使之更好地体现中低层的影响力模式和网络。如果按常规搜索方法,我们很难发现这些隐藏在组织深处的影响力领袖。最简单的方法就是采用简单的匿名电子邮件调查,比如说,通过电子邮件向员工提出问题:"当你在工作中遇到麻烦时,你会向谁寻求帮助?"或者"你最信任和尊重谁的建议?"按照这种调查模式,可以要求每个员工提名 3~5 人(对规模较大的组织,可适当放宽这个上限),然后,将他们提名的人也纳入调查范围。这样,管理层即可快速锁定一个具有明显影响力的群体。而后,第一批被提名者重复上述环节,找出他们心目中的影响力领袖。这个过程通常只需重复 3~4 轮,而后,调查即可结束。

麦肯锡开发了自己的"影响力调查工具"(Influencer),它实际上就是采用滚雪球原理来识别影响力领袖。根据数百家客户使用这种工具情况的结果,我们可以非常肯定地说,调查的结果极有可能会让组织领导者大吃一惊。比如说,影响力领袖的分布模式几乎与组织结构图毫不相干。不过,我们遇到的大多数领导者都自认为,他们很清楚谁是本组织的影响力领袖。幸运的是,来自"影响力调查工具"的经验证据更能说明真相——实际上,领导者并不能掌握全貌，通常40%的影响力领袖是他们根本没有想到的。

为进一步说明这个问题，我们可以采用图6-4中的简化网络图。如果按照左侧这个正规的组织结构图，我们根本就不可能把史密斯确定为影响力领袖。但右侧的社交关系网显示出，史密斯是整个群体中最具影响力的人，因此，他理应处于塑造正面角色示范这一重要影响力杠杆的最高点（当然，也可能处于制造负面角色示范这个影响力杠杆的最高点）。

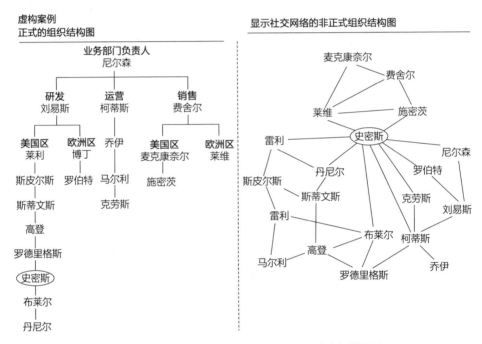

图6-4　使用"社交网络分析"技术识别影响力领袖的过程

资料来源：Rob Cross and Andrew Parker, *The Hidden Power of Social Networks*（Boston：Harvard Business School Press, 2004）。

在识别出影响力领袖之后，我们即可采用多种方法把他们动员起来。如果能要求其中的部分人参与试点工作，或是让他们成为新工具和新方法的第一批试用者，无疑有助于放大他们的影响力效应。我们至少可以创建一个双向沟通渠道，掌握他们对变革的态度和意见，这样我们就可以尽早收集有关计划实施情况的重要反馈，进而解答很多关键性问题，比如说：一线员工的真实感受是怎样的？员工到底希望看到更多还是更少的变化？最有效的试点对象在哪里？另一种理想的做法是，随时以新的理念强化行动团队的实施工作，在确保他们尽可能强大的同时，也让他们的成果被更多人所接受。

在澳大利亚 - 新西兰银行集团，也就是我们经常提到的澳新银行（ANZ Bank），确定了 180 位影响力领袖。除承担常规性工作之外，他们还负责与变革管理办公室及业务领导者合作，以确保公司的大规模变革计划顺利实施。这些变革领导者获得早期变革经验的主要途径就是参与一个以研讨会形式开展的试点实施项目。通过这种方法，让领导者理解并接受变革计划，并把变革变成他们自己的使命。这也是我们将在下一节详细介绍的主题。总之，这是一种动员变革领袖投身变革事业的强大工具。

让变革成为关键群体的个人使命

奥斯威辛集中营幸存者维克托·弗兰克尔（Victor Frankl）后来撰写了《活出生命的意义》（*Man's Search for Measure*）。他在书中写道："在被动刺激和主动反应之间，存在着一个特殊的空间。在这个空间里，隐藏着我们选择如何发出积极反应的力量。而在我们做出的这些反应中，跳动着追求成长和自由的力量。"我们发现，用弗兰克尔这段话的简写版似乎更有助于说明问题：S（刺激）+ T（个人选择思考刺激的方式）= R（反应）。针对大规模变革，这个等式给我们提出了一个有趣的挑战。

不妨想想，到此为止，我们在"五框架"对应的过程中已完成了哪些任务。一方面，我们对希望在"认识差距"阶段看到的潜在心态转变（"T"）及其相关行为（"R"）进行了命名和重构。对极少数具有特殊禀赋的员工而言，只需让他们看到这些改变就足以让他们选择参与到变革当中。但是，要让大多数人心甘情愿地选择非常规行为方式，显然还需要给予他们更多的证据和鼓励。他们会有很多问题有待解答：为什么要进行变革呢？还有谁与我们有同样的感受呢？我得到的收入是否有助于强化这种转变？我有信心取得成功吗？等等。因此，在"明确路径"阶段，我们利用影响力模型对工作环境的一系列变化做出规划（"S"），以促使员工接受并实现预期的转型。

然而，要最大限度成功实现快速重大变革的可能性，我们还需要考虑人类行为学的三个方面。第一个方面与第4章中猴子和香蕉的故事有关，这个故事表明，由一组外界刺激（喷水）引发的心态远比刺激本身存在的时间更长。这带来我们的启发是，如果我们借助"S"的变化来改变"T"，那么，我们很可能会等待更长的时间。其次，改变"S"并不会以同样的方式影响每一个人。不妨回到歌剧院与体育场的比喻：在体育场里，尽管所有人都处于相同的环境中，但并非每个人都会选择以同样的方式采取行动。

第三个方面或许最令人费解。由于影响力模型本身就在一定程度上依赖角色示范（而不只是培养理解和信念、打造信心和技能、强化正规机制等任务的完成），因此在变革计划刚刚启动时，影响第一个影响力杠杆（角色示范）的"S"很可能尚不存在。但是，要让他们的"T"及其相关的"R"成为其他人的"S"，怎样才能实现这个示范过程呢？需要提醒的是，这可比单纯要求领导者自己采取不同的思考和行为方式困难得多。事实上，妨碍个人做出迅速改变的唯一最大羁绊就是让大多数领导者克服自以为是的观点："是的，这就是问题所在。但只有其他人愿意改变其行为，我们才能解决问题。"

作为案例，我们曾要求一家公司的领导者估计一下，他们需要耗费多少时间去寻找通融的办法，且不会伤及其他人的自尊心，比如说，要让其他人认为"我的想法和你一样"；或是谨言慎行，不至于因为轻举妄动而涉足他人领地。大多数受访者的答案是：需要拿出20%~30%的时间去考虑这些事情。然后，我们继续向他们提问，为维护自己的尊严，保住自己的面子，他们会拿出多少时间呢？大多数人沉默不语。这种现象或许可以说明，在信任度较低的团队中，为什么所有人都同意团队中确实缺乏相互信任，但每个团队成员都会说，作为团队中成员，他们本身是值得信赖的。同样的道理还可以解释，在官僚程度较高的组织中，尽管所有成员可能都接受这个现实，但我们很难从中找到一个成员承认自己就是官僚，或者承认自己制造了妨碍进步的官僚机制。

为什么会出现这样的差异呢？心理学把这种现象解释为一种高度可预测、高度人性化的"自利性偏差"（self-serving bias，或自我服务偏见）。它和我们在第 3 章提到的乐观偏差非常类似，乐观偏差导致人们更有可能对未来做出最优结果的预期（而不是最可能的结果）。但"自利性偏差"更具个人色彩，因为它会导致人们以更积极的方式看待自身行为，或以对自己最有利的方式解释外部事件。这就可以解释，为什么会有 88% 的司机认为自己的安全意识和驾驶能力位居前 50%。[17] 至于为什么会有 25% 的学生认为，他们与人交往相处的能力处于前 1%，其实是同样的道理。[18] 最有趣的是，如果让夫妇双方分别评价自己对家务劳动的贡献比例，那么，两个人的答案之和肯定会超过100%，这当然是他们头脑里的"自利性偏差"在作怪。[19] 显然，上述现象在统计上都是不可能的，另一方面，这也说明在很多与行为相关的领域中，人类总是倾向于把自己视为解决方案的创造者，而不是问题的始作俑者。事实表明，角色示范的改变就属于这个范畴：就平均水平而言，有 86% 的领导者认为，"领导者是预期行为改变的楷模"，但如果让这些领导者的下属回答这个问题，只有 53% 的下属认为，他们的上司确实配得上楷模这个称号。[20]

如果你的行动不仅针对领导和员工的"S"，还直接作用于他们的"T"，那么，变革就会更快、更可靠而且更显著。但问题的关键在于，我们是否有办法克服他们思维中的这种"自利性偏差"，即便他们的"S"尚未发生改变，但领导者和员工还是会意识到，从个人层面出发，他们可以或是应采取怎样的行为去发挥角色示范效应，并实现预期的心态和行为转变。当然，长期以来，我们也一直在探索如何以更有效的方法实现这个目标。

之前的经历促使我们对所谓"个人洞见研讨会"（PIW）的实用价值深信不疑。目前，我们已在世界各地举办了数千场这种研讨会，幸运的是，这些活动的效果从未让我们失望过。现在，我们解释一下这种方法的内容，以及它为什么会如此有效。"个人洞见研讨会"通常以 20 ~ 30 名员工构成的小组为单位，研讨会选择在公司以外的地点召集，为期 2 ~ 3 天。研讨会的主持人须精通成人学习理论，熟悉人类潜能领域的最新前沿技术，而且会熟练运用

"U 型理论"（U-process）——这是一种由杰纳伦顾问公司（Generon Consulting）、麻省理工学院奥托·夏默尔（Otto Scharmer）、彼得·圣吉（Peter Senge）和组织学习学会（Society for Organizational Learning）经过十年合作开发形成的社会学研究方法。这个"U 型理论"包括三个阶段。

第一阶段被称为"感知"（sensing，在研讨会中，通常会有 30% 的时间花在这个阶段）。在这个阶段，通常由一位之前参加过活动的高层领导者讲述公司变革故事，而后再介绍自己的变革故事。这就为与会者开辟了一个获取灵感和学习机会的空间。接下来，他向与会者介绍与组织背景有关的"确凿事实"和细节，以加强故事的真实性和感染力。然后，留出时间给参会者，让他们厘清并分享本组织尚未解决的问题。需要提醒的是，如果之前已经进行过互动式的故事分享过程（如前一章所述），而且下一步就是"个人洞见研讨会"，那么，感知阶段的性质和持续时间会有很大不同。但是在某些变革计划中，两者是相互结合、同时完成的。

此时，研讨会进入第二阶段，也就是所谓的"呈现"（presencing），它位于整个 U 型过程的底部。这个阶段通常占据研讨会 40% 的时间。在这个阶段中，参与者开始探索自身行为中的"冰山"——也就是说，哪些因素促使他们成为独一无二的自我（具体体现在思想、感受、信仰和需求等方面）。所有问题均采用一系列互动式问题模块解决：我什么时候会感到自己进入"变化"状态，什么时候会做出战斗、逃跑还是原地不动的反应？什么促使我进入某一种状态，而不是其他状态？我是否有办法始终掌握选择权，而不是只能被动做出反应？如果确有办法，那么哪些新的行为和结果有可能出现？怎样才能让这些新的行为和结果在研讨会中产生更大的影响力，以及如何把它们与之前讨论的更大规模组织变革联系起来？

把这些问题模块整合起来，以便让参与者认识到，对于变革计划所需的基本心态转变（比如说从受害者到控制者，从个体的我到集体的我们，从匮乏到富足或是从恐惧到希望，等等），他们自己持有怎样的观点；在思考这个问题的过程中，他们会对每个领导者产生独一无二的个人洞见——他们怎样才能成为最优秀的榜样，并最大限度地发挥影响力（引用成年学习理论的术语，就是把参与者从"没有意识到自己的无能"转变为"意识到自己的无能"）。

在解答这些问题之后，"个人洞见研讨会"进入了第三阶段，同时也是最后一个阶段——"实现"（realizing），通常占研讨会30%的时间。在这个阶段，参与者需要做出明确的选择：他们将如何调整自己的领导心态及行为，并最终确定有助于他们按已有洞见采取行动的"可持续实践"方式。然后，他们需要反思自己的个人关系网，以确保他们在研讨会结束后能实现转变所需要的挑战和支持。在这个支持性社交网络中，还可以包括由研讨会成员构成的小组——我们不妨称之为"迷你董事会"（因为他们的作用相当于为个人提供支持的董事会）。成立这些小组的目标，就是为他们在研讨会之外提供一种同行辅导的互助机制——从"意识到自己的无能"转变为"意识到自己的能力"。此外，小组未来代表组织采取的任何集体行为都需要经过讨论和决策。研讨会结束时，所有参会者分享自己取得的洞见及做出的承诺，并得到同行的首肯。

PIW已成功地在诸多领域得到应用——从帮助哥伦比亚结束内战，到协助一线运营领导者充分认识他们在引导客户体验变革计划中发挥的作用。当然，这种方法听起来与本书介绍的其他方法一样"偏软"，似乎不够硬朗，缺乏震撼力，但不可否认的是，研讨会模式已得到荷兰工程师、美国投资银行家、中东政府官员以及韩国企业集团等各类组织的一致好评。我们听到的评价包括："这是我有史以来所参与的最有意义的项目——它将引导我们升华至一个全新的水平""我的生活发生了改变，我们的企业完成了转型""这是一次令人大开眼界、充满张力又妙趣横生的经历""我们更有深度，但也更加务实。我喜欢这种研究现实问题而非常见领导理论的做法""如果有人说企业转型依赖于个人转型时，我不会再一头雾水。"

所有领导者是否都需要体验一次"个人洞见研讨会"？尽管很多组织最终会选择让全体员工参与该项目，毕竟，他们已经认识到这种方法带来的深远影响，但是，绝大部分影响力的实现还是通过参与该项目的关键领导者群体。根据流行病社会学（研究思想和行为模式在社交网络中传播方式的一门学科）研究得出的经验法则，只要有 25%～30% 的领导者参与了这项活动，他们就会彻底撇弃"只有他们愿意才可能推行变革"的心态，取而代之的是一种更有责任感的思维——"如果条件具备，剩下的全部交给我"。[21] 当然，具体的数字可能会因其领导权责的分布情况而有所不同。回想一下我们之前提到的观点——个人"T"的任何变化都会影响到周围所有人的"S"（也就是说，它会放大角色示范这一影响力杠杆的效应），因此，不难理解为什么会出现这种情况。

　　对直接参与规划和执行绩效行动的领导者来说，他们的 PIW 体验往往可以融入以培养技能和信心为目的"实体和论坛"过程中——就像我们在第 5 章中所描述的那样。但是对影响力领袖而言，随着时间的推移，他们通常会把这段经历纳入他们所参与的一系列技能提升和互融性活动（engagement event，促进员工与变革事务相互匹配、增加双向契合性的活动）中，并使之成为其中的一部分。如前所述，这个群体往往也是实施 PIW 方法最理想的试点对象——如果这种方法不适合你的组织，那么，这个群体会首先做出反应，作为组织的影响力领袖，如果不能被他们所接受，自然也无法推广到整个组织，当然通过他们的试点，也可以让组织认识到，需要改变哪些方面才能产生影响。反之，如果他们认为会带来深远的影响力，那么，他们就会把这个信息传递给整个组织，让其他人也为之振奋，这样组织就会有强烈的动力去满足这些需求！事实上，在我们的经历中，还从来没有哪个试点小组在完成 PIW 训练后建议"不要推广这项计划"。

　　当然，也并非我们经历过的每一个成功变革计划都使用了 PIW 技术，但以往的经验也表明，所有采用这种方法的变革计划都以成功而告终。尤其需要指出的是，当组织因为"原地不动的中间层"（倾向于对变革采取抵触行为的中间管理层）而焦头烂额时，我们会发现，PIW 就像一把加热的利刃，轻松切开冰冷僵硬的黄油块。

这种方法的高效确实非常惊人，为此，麦肯锡集团甚至专门创建了一个新的业务部门——该部门的唯一职责就是为客户提供 PIW 培训和相关辅导。麦肯锡把这个新业务部门命名为阿铂金咨询公司（Aberkyn，一个源自凯尔特人和挪威人的人名，意为社区与其源头相连的地方），公司由全球 100 多名专业研讨会设计师、主持人和教练组成。阿铂金咨询公司还与麦肯锡学院的团队开展合作，通过数据及分析驱动技术为 PIW 流程提供强化支撑。比如说，其正在进行的大工程就是对以行为"助推"（behavioral nudges，即只引导个人如何选择，但不限制选择的结果，通过这种润物细无声的干预措施，既充分考虑个人在选择时的行为偏好，又能以积极方式影响其沿预期发展）为主题的神经科学进行整合包装，以进一步推行员工技能大规模定制，并把 PIW 技术嵌入所有员工的技能培训中。毋庸置疑，这些方法必将成为未来《超越绩效 3.0》中的一个重要话题！

不过，即使没有采用 PIW 方法，只要你正在领导一项大规模变革计划，那么我们同样强烈建议，务必尽最大可能引导和促使关键领导者把变革转化为个人事务。否则，你很有可能会面对一群各有所思的领导者，不管他们的初衷有多么美好，在表面上都会对你点头称是，赞美你的变革计划多么重要，但他们隐藏在内心的潜台词是：这些变革完全是别人的事情，和我们没有一点关系。在你的领导团队中，如果有 30% 甚至更多人的理解、甘于付出并以其行动去兑现这样一件事——作为个体，当每个人都在以其独有的方式为实现绩效和健康目标而尽最大努力的时候，那么，你就会发现自己已经在通往成功的道路上迈出了一大步！

我们希望，我们在这里对 PIW 的原因、内容和方式做出的解释令人信服。我们经常把 PIW 的体验比作品尝苹果，我们可以用汁甜味美、冰鲜脆爽、新鲜饱满或是汁液丰富之类的词语来形容这个苹果，但是如果你面对的是一个从未吃过苹果的听众，那么，在他们第一次品尝苹果之前，肯定无法理解你给出的这些形容。因此，我们鼓励所有变革领导者都要亲自"品尝苹果"，参与 PIW 活动，只有这样，他们才能确定是否应该把这件事写入他们的变革领导力"菜单"。多年以来，我们已为多家客户提供了 PIW 服务，这些活动也让他们的领导者真真切切地体会到这一点。

最后，我们必须承认的是，和第 4 章针对心态的处理方式相比，有些不讲情面、直言不讳的领导者可能会觉得，这种"个人化"方法过于"绵软"，缺乏震慑力。但还是希望他们少安毋躁，不管方法如何，目标是一致：归根到底，就是要改善绩效和健康结果。对此，跨国科技企业飞利浦公司的首席执行官万豪敦（Frans van Houten）深有体会，当谈及公司内部的"加速领导力计划"（Accelerate Leadership Program，ALP）采用 PIW 流程的时候，他说："最漂亮的是，当你带领员工完成这项活动时，他们会找到自己身上的盲点，并为自己和团队提出克服这些盲点的行动计划，于是我们的生产效率也迎来奇妙的提升。这样，我可以根据业务绩效，指出哪些团队是这样做的，哪些团队没有这么做——做与不做，最终的差异肯定是真实可见的。"[22]

维持高度影响力的双向沟通

在"采取行动"阶段，变革领导者必须严格遵循的最后一个要素，就是让员工积极参与具有高度影响力的双向沟通。如果通过沟通和参与让组织感受到员工的参与意识和变革激情，那么变革计划成功的可能性会提高 4 倍。[23]但我们可能也会问，在变革过程的前三个阶段中，我们不是已通过"自主选择彩票号码"方法取得了压倒性胜利了吗？有趣的是，我们之前采用"自主选择彩票号码"方式完成的所有工作都有可能在这个阶段引发问题。当然，是否会真正遇到麻烦，最终完全取决于你——作为变革领导者，你的责任就是确保不出现问题。

不妨用一个实验说明这个问题。我们把一群人分为两组，一组是"打击乐手"，另一组为"听众"。[24]打击乐手用手指敲打出一首经典曲目的节奏，比如"祝你生日快乐"。听众的任务是猜出这首曲子的名称。在打击乐手知道自己即将敲击的乐曲名称时，他们就需要预测听众中正确猜出乐曲名称的比例。这些打击乐手预测的比例是 50%。但是在完成实验之后，实际结果却让他们大跌眼镜——听众猜对的比例只有 2.5%。也就是说，在 40 人中，只有 1 个人能正确猜出乐曲的名称。更重要的是，当打击乐手敲击节奏时，他们明显流露出对听众的不满情绪。此时，他们肯定在心里很沮丧地说："这已经很清楚了，他们怎么能猜不到呢？"但与此同时，听众仍然满脸迷茫，不知所云，因为他们听到的不过是一连串无法理解的莫尔斯电码。

期望和现实之间为什么会存在如此巨大的差距呢？对参与者来说，为什么会变成如此高度情绪化的体验呢？原因其实很简单，一旦知晓事情的结果，我们永远都无法去想象，不知道结果会是何等情形。因此，如果我们是打击乐手的话，那么我们当然知道自己敲击的节奏是什么乐曲，因为我们自认为就是在演绎这首曲子——因此，在我们敲打这首曲子的节奏时，不可能不知道自己在做什么。但同样的体验对听众而言则完全不同，因为他们听到的不过是一连串明显具有随机性的节拍而已。人们把这种现象称为"知识的诅咒"（the curse of knowledge）。这会导致人们认为，既然是如此简单的知识，自然也就没有分享的价值。

我们会看到，"知识的诅咒"也是变革计划不可规避的心理误区。当领导者对变革故事已了如指掌，而且充满无限的激情和无尽的期待时，他们就误认为其他人也会和自己一样感同身受。但遗憾的是，与上面提到的打击乐手和听众一样，现实情况远非这么简单，也不可能这么尽如人意。当人们第一次听到故事时，他们要做的第一件事是在脑海里处理听到的内容，并试图厘清这个故事背后的蕴意是什么，因此他们根本就不可能理解故事中的细枝末节。通常情况下，领导者会认为自己发出的信息是经过深思熟虑和精心设计的，因而意义重大、蕴意深远，但遗憾的是，员工听到的不过是一系列零零散散、毫无章法的奇思怪想。

既然已经意识到"诅咒"的存在，那么，我们是否有办法去破解这个诅咒呢？我们建议，可以把如下四种方法结合起来去解决这个问题：以正确的心态不断重复；重复简单而易于牢记的语言；平衡"说"和"问"；使用若干精心编排的渠道。尽管这不是什么火箭科学，但绝不意味着它很容易。

如果领导者不得不一遍又一遍地反复讲述同一个故事，那么他们就应该提醒自己，一定要以"初学者的心态"来认识这个故事——永远不要忘记第一次讲述和听到这个故事时带来的那种新鲜感和震撼力。正如宝洁公司前首席执行官艾伦·雷富礼所言，"难以忍受的重复和清朗直白的清晰非常重要——毕竟，员工在日常业务运营中有太多的事情要处理，他们没有多少时间可以放下手中的工作，专心致志地去思考和吸收你的故事。"[25] 对此，曾担任过德兴集团（Techint）、意大利国家电力公司（Enel）和埃尼国家碳化氢公司（Eni）三家意大利上市公司首席执行官的保罗·斯卡罗尼（Paolo Scaroni）深有感触。在带领这三家公司完成重大转型之后，斯卡罗尼非常赞同这个观点，他认为，进行成功沟通的关键就是要"在整个组织中重复、重复、再重复。"[26]

确保信息黏性的第二种方法，就是杜撰一段简单易记的话，而后反复地向员工灌输这段话。沃尔玛的"10英尺规则"就是最好的例证，它会让一线员工随时牢记公司的客户服务理念：只要你和客户的距离不到10英尺，那么，你就要看着他们的眼睛，同时保持微笑，并询问你能为客户提供哪些帮助。在微软，每次会议即将结束时都会有人问："这是一次成长型心态会议，还是一次固化心态会议？"英国航空公司前首席执行官威利·沃尔什（Willie Walsh）对此的解释是，"信息越简单，就越容易传播。信息越简单，就越有可能在传播过程中保持一致。信息越简单，对传播过程的控制和管理就越容易。"[27]

需要提醒的是，不被使用的语言或许和使用的语言一样意义重大。澳大利亚电信集团（Telstra）是一家从事电信和媒体业务的企业。考虑到改善内部合作的目标，公司禁止员工在谈论其他团队和单位时使用"他们"这个词，以此提醒员工所有人都服务于同一个组织。因此，在公司内部，下面的海报随处可见。目的就是让人们随时随刻都要记住"不要说'他们'"。甚至在日常的闲聊中，员工也会刻意规避使用"他们"这个词。

克服知识诅咒的第三种方法，就是从"告诉"转向"询问"。实际上，这也是"自主选择彩票号码"效应带来的所有权意识。利用这个技巧，即使是偶然的谈话，也可以成为传播变革信息的载体。在艾默生电气（Emerson Electric），首席执行官大卫·法尔（David Farr）强调，面对你遇到的每个人，都要向他们提出下面这四个问题："你如何为公司发展做出贡献？"（以确定员工的个人导向与公司前景保持一致）；"你有什么改进的想法吗？"（强调高管对健康目标的重视）；"你上次得到上司辅导是在什么时候？"（向他们了解人才开发管理实践的看法）；以及"谁是我们的敌人？"（强调合作——正确的答案应该是来自外部的竞争对手，而不是公司内部的其他部门）。通过这些问题，领导者向员工发出了一个明确的讯息——这些问题非常重要。当然，在第一次面对这些问题时，员工可能会不知所措，但可以肯定的是，在下次向他们提出这些问题时，你肯定会得到满意的答案。

克服知识诅咒的第四种方法，就是确保故事不能完全来自领导者，而且只依赖他们传播，相反，应以尽可能多的渠道去强化这个故事，包括演讲、宣传手册、在线、行动、符号或仪式，等等。使用多种渠道有助于强化信息的一致性和持久性。不妨回到前面打击乐手和听众的例子，乐手可以使用不同的乐器演奏这首曲子，让听者反复倾听，这肯定会提高他们猜对的可能性。提到双向沟通这个话题，我们当然不能不提到所谓的"多媒体"技术，否则无异于失职——"多媒体"技术所实现的，不仅是以多个渠道讲述同一个故事，而且是以不同渠道讲述故事的不同方面，把所有这些要素结合起来，当然会取得其他方法无法比拟的效果，为听众描绘出一个全方位的完整画面。

此外，在使用多种渠道传播故事的时候，我们也鼓励公司发挥创造精神，尤其要充分利用社交媒体所提供的多种选择。在实务中，我们已经历过非常成功的双向沟通策略，包括博客、推文、视频、播客和"果酱"（通常由数千名员工参与并限定主题和时间的在线专题讨论会，比如说，在第 3 章里，我们曾提到 IBM 创建的 ValuesJam 就属于这种情况），还有针对特定员工群体定制、类似于 Wiki 的在线变革资源中心，总之，具体方式多种多样。不过，如果能和大型外部聚会、突击性"走访"以及午餐谈话等与面对面的线下方式结合起来，它们注定会发挥更大的作用。

对自上而下式的传播渠道而言，创建自下而上式渠道同样至关重要。那么，在实践中两种方式并存会呈现出怎样的状态呢？在从事云安全服务提供商的中立星科技公司（Neustar），前首席执行官莉莎·胡克（Lisa Hook）曾发起了一场以传播公司故事和战略为目标的视频比赛（由员工提交个人的视频，员工可以在线投票，由执行委员会从前五名中选出一名最终获胜者，并由首席执行官在年度全体员工大会上为其颁奖）。在澳大利亚最大的电信企业澳大利亚电信集团，员工们绘制了一幅"流氓"漫画，以表达和纠正对变革计划的各种负面情绪。麦肯锡公司则鼓励员工积极参与"公民新闻"活动（citizen journalism），通过这种载体，员工可以分享自己的故事或是他们感兴趣的其他故事，也可以向公司沟通团队申请获取"调查报告"。诚然，这种自下而上式渠道仍须由组织核心团队发起，只不过在建成之后，就必须把它们分布到下级团队当中。当然，项目启动可能需要相应的基础设施和资金支持。因此，公司通常会给各领域的影响力领袖拨付一笔金额不大的预算，为他们提供所谓的"框架内自主权"，也就是说，在故事核心要素符合框架性指导原则的前提下，他们可自主决定如何为变革创造动力。

一直以来经常被人们低估的沟通渠道，就是将新的仪式嵌入组织日常生活中。比如说，我们曾和一家矿业公司开展合作，它们把安全性确定为变革计划的基本主题之一。为此，公司专门强调，在所有会议开始时，都需要发布有关紧急出口和安全隐患的通知。考虑在会议室环境下发生严重事故的情况并不多见，因此，有人提出把安全事故视为非经常事件，前述做法似乎多此一举，完全是在浪费时间。但作为一种仪式，长此以往地坚持下去，肯定有助于让员工树立安全最重要的心态。

另一个经常被人们忽略的沟通渠道就是外部力量。正如意大利国际银行前首席执行官科拉多·帕塞拉所言，"内部结果固然重要，但如果人们经常在报上看到某家公司业绩不佳、缺乏社会贡献度或是让整个国家失望这样的负面信息，再好的内部结果也无济于事。"[28] 除媒体之外，变革领导者还应打开视野，充分利用顾客、用户、患者、选民或其他利益相关者的力量，从外部为组织变革创造能量。

无论是多渠道策略还是跨媒体策略，从"接受者"视角进行设计，显然更有可能让它们的优势最大化——在第 5 章，我们曾指出以行动排序优化变革计划的策略，同样适用于这种情况。在这里，所谓的从"接收者"视角出发，就是由一个员工团队牵头创建沟通渠道，而后通过合理筹划，确保未来沟通路径涉及的不同渠道或载体相互兼容。沿着这个路径，员工就可以顺利完成从理解到承诺，最后再到采取行动的转换。比如说，通过非工作场合开展的研讨活动，员工已借助"互动式层层下传"方法了解了变更计划。然后，他们在登录公司网站主页时也看到了这条信息。在午餐时间，他们在餐厅墙壁上又看到宣传变革计划的海报。回到家里，他们在媒体上看到这方面的新闻。接下来，他们还要参加以培养技能为主题的"实地和论坛"系列活动，而活动的第一项内容就是通过 PIW 帮助他们成为更好的变革领导者。随着时间的推移，他们就会意识到大环境的变化。人们开始在开放式办公室工作，而不是像以前那样关上门。公司会卖掉原来仅供高管使用的公务飞机。实际上，所有这些变化都是在变化故事的大背景中发生的。从接受者的角度看，如果把所有的沟通方式和体验结合起来，帮助员工清晰认识变革故事的意义，说服他们接受故事的真实性，并激发他们释放变革能量，那么，我们就可以认为沟通计划是稳定有效的。

在即将结束具有高度影响力的双向沟通这个话题时，精明的企业管理者肯定会感到疑惑不解，我们为什么对庆祝成功的重要性只字不提呢？庆祝成功的方式当然很重要，因为它会突出强调组织希望看到的结果，让员工认识到兑现组织预期的重要性，进而开始分享最佳实践，增强他们的变革动力。此外，如果配合"怎样才能获得更多此类信息？"这样的问题，那么借助这样的沟通，员工就会主动去"研究自己的击球"——不妨回顾我们在第4章结尾部分介绍的保龄球案例。毕竟，我们经历了太多的负面教训，很多变革沟通项目的庆祝成功完全停留在口号上，把总结、学习和激励的机会变成空洞无物的啦啦队项目，以至于员工们很快就会认为庆祝活动毫无意义。

对此，在麦肯锡，一位负责沟通业务的同事做出了一个精辟总结，"所有人都喜欢吃冰淇淋，但如果每餐都让他们吃冰淇淋，他们迟早会讨厌冰淇淋。因此，还要让他们吃西兰花或是其他同样重要但可能更健康的食物。"通过将清晰、深刻而且有现实意义的信息与变革故事直接联系起来，以"学习者的心态"不断重复，采用简单但令人难忘的语言，平衡说教和问讯的分量，采用若干精心策划的沟通渠道，让信息的接收者经历一场有意义、有目标、有收获的旅程——知识的诅咒自然会迎刃而解！

大师点拨：以社会契约创造激励

美国作家厄普顿·辛克莱（Upton Sinclair）曾写道："如果一个人因为自己不理解的事情而得到回报，那么，他永远都不会去理解这件事。"[29] 正如我们在"明确路径"一章所指出的那样，针对影响力模型的正规强化机制这个话题，如果变革计划的目标与员工薪酬没有关联性，就会向员工发出一个强烈的信号——变革计划根本就不是组织的优先事务，这就会导致变革动机受到不利影响。但遗憾的是，把变革目标与经济补偿联系起来的好处往往也是有局限性的。造成这种约束的原因既有现实因素，也有心理因素。

在实践中，组织能为员工提供的薪酬水平总是有限制的。在这些限制范围内，薪酬和奖金往往与一系列指标相互挂钩（比如公司的整体业绩、各部门的收益、客户、质量、成本、风险、安全、社会责任、多样性和能力等）。而在实务中，这就意味着在计划的总体方案中，任何一个指标与薪酬的关联性都不存在显著相关性。当然，我们也可以选择改变大多数公司采用的方法，但往往说起来容易做起来难，因为调整薪酬政策通常需要得到董事会的批准，而且无法保证不会带来任何风险和不可预知的意外后果。此外，从心理学角度看，大量研究表明，财富与情感和幸福度之间存在明显的收益递减规律，当收入超过 7.5 万美元时，如果按变革成果继续增加收入，那么每增加 1 美元奖金对员工而言的价值以及给他们带来的激励，都会大大减小。[30]

但也不是没有好消息，我们完全可以采用某些更简单而且成本更低的方法去激励员工，这一灵感来自可预测的非理性理论。而这个话题也引导我们进入"采取行动"阶段的"大师点拨"部分。这些新激励策略的关键就是创建一种全新的交易理念——当员工以兑现组织预期的变革成果得到相应的激励时，在员工的心目中，他们与组织之间进行的这种交换并不是以金钱和价格衡量的市场交易，而是一种社会交易，在这场交易中，员工得到的不只有金钱，还有金钱以外的收获。

不妨设想这样一个情景：假设你接受邀请，到岳母家品尝一顿特别丰盛的晚餐。岳母花费了几个星期的时间筹备这次晚宴，而且为这顿饭已经整整忙碌了一天。晚餐之后，你向岳母表示了谢意，并询问自己应该为这顿饭支付多少钱。她和家人会有什么反应呢？和所有人一样，她极有可能认为遭到了你的羞辱。金钱改变了这次体验的性质，让这顿晚餐从以长期互惠关系为基础的社交互动，变成一次基于财务、短见和眼前利益而进行的市场交易。但如果你携带一瓶昂贵的葡萄酒送给岳母，并在晚餐和大家共同品尝这瓶好酒，结果会怎样呢？她很可能会欣然接受。提供礼物而不是支付对价的做法表明，主导这个情境的是情意绵绵的社交礼仪，而不是冷酷无情的市场规则。[31]

　　我们再看看另一个例子。在一家日托中心，如果接孩子的父母没有按时赶到，那么日托中心会向迟到者收取 3 美元的罚款。结果，这不仅没有鼓励父母按时到位，反而适得其反。越来越多的父母开始迟到，为什么会这样呢？在执行罚款政策之前，日托工作人员和父母在"按时"这个问题上遵守的是社会契约，因此父母从信誉和道义出发，会尽可能地争取按时，迟到会让他们感到内疚。但是在执行罚款政策之后，这家中心在无意中以市场规则取代了社会规范。在摆脱内疚感的约束之后，父母或许心甘情愿以费用来换取迟到的权利——这显然不是这家日托中心的本意。[32]

　　上面这些例子表明，针对组织变革，以社会规范而非市场规则去引导和塑造员工的行为不仅成本更低，而且在实务中往往更有效。看到日托中心这个例子，有些人可能会想："他们应该把罚款额提高到 3 美元以上！"的确，按照 3 美元的罚款，这家中心很可能在无意间提供了一种廉价保育服务，但是在很多情况下，起决定作用的是社会契约，而非市场契约。比如说，美国退休人员协会（AARP）曾询问部分律师是否愿意按每小时 30 美元的低价格为有需要的退休人员提供法律服务。这个请求遭到了一致拒绝。随后，美国退休人员协会又询问他们是否愿意为退休人员提供免费法律服务。这一次，大多数律师表示同意。两种情况的反差如何解释呢？在涉及费用的情况下，律师们采纳的是市场规范，因此从收支平衡角度出发，他们认为收费太低，不足以弥补成本。但是在不考虑回报的情况下，他们采用的则是社会规范，因此，他们从社会福利角度出发自愿提供免费服务。

　　这些示例表明，在现实生活中，无论是微不足道却出乎意料的非财务奖励，还是来自同事和上司的认可，都会产生意外强大的激励作用。在第 5 章里，我们曾提到澳新银行的案例，约翰·麦克法兰会在圣诞节向每位员工赠送一瓶香槟，而在百事公司，英德拉·努伊会亲自给高层团队的配偶寄出一封手写的感谢信。在澳大利亚的一家矿业公司，只要实现了变革计划中的某个重要里程碑事件，管理层就会为员工及其家人举办一场尽情狂欢的"坑顶烧烤"大聚会（因为聚会地点设在露天煤矿的顶部），以示庆祝。在几年之后，员工们依旧对那段充满愉悦的时光历历在目，而因实现变革计划里程碑而拿到的奖金，早已随着时间的流逝而被淡忘。其实，我们还可以举出很多简单示例说明这个问题。比如说，请员工就餐，多花一点时间去了解他们的个人情况以及他们的愿望，在公共场合给予他们意想不到的赞赏，为他们提供与家人或朋友共度时光的机会（比如说，赠送球赛和歌剧门票或是餐厅优惠券，等等），为员工提供更有弹性的工作时间。归根到底，社会契约方式不必复杂。正如沃尔玛创始人山姆·沃尔顿（Sam Walton）所说，"没有什么能比几句精心措辞、正合时宜且发自内心的赞美之词更宝贵。虽然它们没有价格，但价值不菲。"[33]

■ ■ ■

变革过程的前三个阶段通常需要几个月，而"采取行动"阶段可能会持续数年。不可否认，在很多人的内心，这无异于一场漫长的煎熬，尤其是在最初的兴奋消失之后，失落的情绪会油然而生。但是要实现中期目标，确实还有很长的路要走。此时，想想本杰明·富兰克林的格言"能量和毅力征服一切"，或许可以让我们再次振奋起来。在"采取行动"阶段，我们把所有权意识和创造能量的方法结合起来，可以料想，我们的变革计划将会沿着康庄大道前进下去。

当与公司谈论"采取行动"时，我们经常会把这个阶段比作冠军球队登场之前的那一刻。每个球员的心中都有着共同的愿望，清楚自己应具备怎样的技能和意志，也都知道教练赛前部署的比赛计划。但是在开赛哨声响起之后，在赛场上占据上风的一方，却未必是认真演练过既定战术的那一方。无论是篮球赛中的关键篮板，还是美式橄榄球比赛中拦截对方传球后的反击得分，抑或是足球赛中后卫凭借单打独斗的进球，决定比赛输赢的往往是球员在赛场上的即兴发挥，而不是赛前部署的既定策略。组织也是如此。在比赛中，我们的任务就是随着比赛进程的变化进行必要调整，而且要让球员有足够的动力，为追求成功而付出110%的努力。

在"采取行动"阶段的最后，我们将踏上实现或超越变革理想的康庄大道。而现在要做的事情，就是筹划我们在抵达目的地之时需要做的事情。怎样才能确保我们会不断取得胜利，并继续保持领先位置？这就是我们即将在随后"持续改进"阶段讨论的话题，当然，最重要的任务就是要回答："我们怎样才能不断前进？"（见图 6-5）。

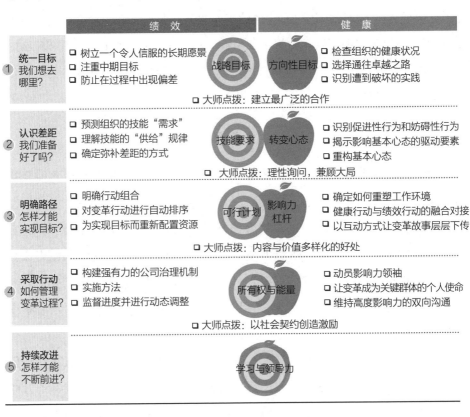

图 6-5　领导大规模变革行动的有效方法：现有案例（四）

持续改进：怎样才能不断前进？

当约翰·麦克法兰接管澳新银行时，这家公司的业绩在澳大利亚四大银行中排行垫底，不仅被外部市场视为投资风险最高的银行，内部战略同样混乱不堪。此时，公司需要应对近 20 亿澳元的坏账和高达 63% 的成本收入比。[1]

为此，这家银行指定未来五年的目标——将盈利能力和市值翻一番，将成本收入比降至 50% 以下。为实现这一绩效目标，需要它们在人才开发、开放度和信任度、风险管理和以客户为本等方面改善健康状况。很明显，在"认识差距"阶段，它们需要在风险、技术、销售、营销和人力资源等方面培养大量人才，显著改善员工技能。此外，它们还需要转变心态，比如说，从"风险是风险职能部门的任务"到"风险是所有人的职责"，从"不在公开场合发表异议就是相互尊重"到"我们有责任在会议上发表不同见解"，从"流程必然是客户服务的负担"到"流程是帮助我们以负责任的方式服务客户的工具"，等等。

变革计划的核心架构由围绕三个主题展开的一系列行动构成：执行、增长和突破。在"执行"主题中，讨论了降低间接成本、回款管理和精益服务运营等主题。列入"增长"主题的内容包括改善客户服务、提升销售团队效率和重组国际业务组合等行动方案。"突破"主题则由一系列与员工相关的方案构成，包括创建内部人才市场、开发新领导模式和 360 度审核流程以及创建并实施新的多元化战略。每一项行动均以推进必要的心态和行为转变为目标，所有行动方案均经过严格的排序和资源配给。

随后在"采取行动"阶段落实这些计划。期间，变革管理办公室（CMO）在为所有各项行动中发挥纽带和整合作用，其任务包括每月提供"绩效、增长与突破"记分卡，根据交付结果随时调整变革计划等。此外，它们还制订了一个非常高效的双向通信计划。这项计划的一个独有特征就是采用了"愚蠢规则按钮"，确保员工能迅速剔除没有意义的标准、流程和协议。公司确定了影响力领袖，并对他们进行了有效动员，合计6 000多名领导者参加了个人洞见研讨会（PIW）。用变革项目负责人的话说，"我们意识到，变革必须采取'由内而外'的路径。换句话说，是员工改变了组织。"[2]

仅仅用了四年时间，澳新银行的大规模变革计划便宣告结束。实际进度整整比计划提前了一年多，而且既定目标全部实现。但故事并未就此结束。在"持续改进"阶段，澳新银行再次步入一个继续前进的时代。例如，在变革管理办公室的实体机构正式关闭后，180名"突破"模范继续坚守岗位，在履行常规性"日常工作"以外寻求持续改进的机会。为推进最佳实践的确定和共享，他们创建了在线"高管平台"，在全公司范围内持续分享21个专业性业务部门的绩效结果。此外，他们还投资创建了客户管理系统，协助跨职能团队定期召集会议、反思和改善端到端的客户体验。内部劳动力市场也得到强化，帮助员工随时了解最具价值创造潜力的职位，并把最优秀的人才安排在这些职位上。

在以扭转公司局面为目标的变革计划完成后，麦克法兰在首席执行官职位上继续工作了6年。在此期间，澳新银行的业务稳步增长，呈现出持续上升的态势。公司税后利润的年均增长率达到15%，市值再次翻了一番，客户满意度也从65%大幅提高到78%。此外，尽管澳新银行每年只为研究生领导力项目安排250个职位，但收到的应聘申请数量始终超过一万份，这表明，一贯稳定的健康状态和优异的经营业绩已让他们成为吸引力巨大的人才宝库。在麦克法兰长达10年的首席执行官任期结束时，这家10年前还被澳大利亚媒体称为"跛脚鸭"的银行，已变成他们眼中"外形美观、光彩熠熠的印钞机"。[3]

■ ■ ■

不过，在大规模变革计划结束之后，并非所有公司都能像澳新银行那样继续保持旺盛的活力，始终坚持卓尔不群。我们记得一家美国工程公司，就在高管还沉浸在庆祝成功的喜悦时，我们进行了一次交流。在实施变革之前，公司陷入停滞不前的泥潭，股东情绪极度低落，通过 18 个月的变革，公司息税折旧摊销前利润提高了 1 亿多美元，现金流也增加了 1.5 亿美元！但就在几年之后，这家公司却突然毫无征兆地宣告破产。显然，在变革计划的动能消耗殆尽之后，公司又慢慢回到了原有的方式，而且这一次完全不可逆，孤军奋战的思维再次盛行，等级观念和层级文化再度猖獗，于是，原本已经走上正轨的决策和运营节奏戛然而止。

遗憾的是，这家工程公司并非唯一遭遇这种过山车式逆转的企业。回顾我们在第 1 章里的讨论，在介绍兼顾绩效和健康两方面的"超级理念"时，我们也发现，很多公司确实兑现了变革计划所设定的财务目标，但仅仅在计划完成后的一两年时间里，它们就不得不再次面对业绩下滑的局面，以至于只好再次启动重大变革。想想化茧成蝶的例子，实际上，它们并未实现真正的转变。

实际上，我们不难看到，在变革计划结束时到底发生了什么。CMO 的作用正在不断削弱——以前，他们需要每周审查计划进度，而今这项工作重新被之前的月度预算报告和季度审查流程所取代。当年度人才考评逐渐成为岗位调动的唯一依据时，资源也开始越来越多地被固化在某些职位上。随着 PowerPoint 演示文稿的再度盛行，绩效透明度也大打折扣。新的想法不仅难以得到资金扶植，甚至根本就没有支持者。在针对变革领导者开展的调查中，面对"如果可以从头再来，希望采取哪些不同的策略"这个问题，足足有 39% 的人回答，他们应该用更多时间去思考，如何把变革成果转化为持续改进。[4]

但也不是没有好消息：如果你始终遵循"五框架"所对应的过程，那么，到此为止，你实际上已完成了为避免厄运所需要的绝大部分工作。不仅会最终实现你的绩效愿景，而且会获得新的技能，此外，限制性心态也将发生不可逆的蜕变，领导能力将会大幅改善，而总体健康状况也将大大改善——也就是说，和以往相比，组织目前的运行方式拥有更强大的自我调节和自我适应能力，在无系统摩擦的情况下持续前进，并根据需要进行自我更新，在适应环境的同时，也在主动地塑造环境。

不过，为确保绩效和健康在正式变革结束后继续维持良性发展，我们建议，变革领导者应创建一套持续学习的基础设施，为未来价值创造的关键岗位配备合适的领导人才，走好实现持续改进这盘大棋局的最后几步。

绩效：打造学习型基础设施

要实现从密集型工作和持续性变革到持续性改进的转型，首先需要方法论的转变，即，从计划性变革方法转变为另一种新的模式——就像澳新银行CEO 约翰·麦克法兰的总结，"让所有才华横溢者尽展才华，让他们彻底释放潜能，给他们更大的自由，带领企业向着他们追求的方向前进。"[5] 但这并不意味着只是简单地回避，让影响力领袖为所欲为。在一个社会中，真正的自由离不开法律基础设施的维护，在麦克法兰所描述的组织中，自由同样需要一种学习基础。因此，对变革领导者而言，明智的做法是不能把这件事留给偶然，即使一线管理者有这样的诉求，也不能把一切都交给他们。不妨引用现代持续改进管理学之父爱德华兹·戴明（W. Edwards Deming）的一句话："在糟糕的系统面前，好人也只能自认命苦。"那么，好的系统到底应该是什么样的呢？应该是一个具有嵌入知识共享功能、将改进流程予以制度化并有助于促进持续学习的系统。

嵌入知识共享功能

通过分享知识和最佳做法的系统，可以确保任何一个领域的改进都能在整个组织中得到快速普及。微软员工最熟悉的一句话就是："被共享的知识等于知识的平方。"[6]

在德国，大众汽车创建了自己的精益中心，这个示范工厂的设计理念就是传播有关制造效率、人体工程学和质量等方面的最佳实践，培训员工掌握精益和清洁工艺流程，并把这些流程用于公司旗下的全部九个品牌。宝洁公司创建了一个在线知识库，通过组织定期审核讨论查阅，在品牌经理之间分享最佳实践，此外，他们还通过持续更新国际培训计划来反映最佳实践。在强调与客户及供应商建立伙伴关系的行业中，这些方法通常会延伸到公司以外，这样就可以实现知识从流程或关系一端到另一端的全路径共享，最大限度提高知识的共享范围。

尽管实现知识共享可采用的方法千差万别，但相关研究清楚表明，以系统方式实现知识和最佳实践的共享非常重要：在实施知识和最佳实践方法的情况下，变革计划取得可持续成功的可能性会高出 4.2 倍。[7]

变革流程制度化

借助实现持续改进的流程和专业知识，任何级别的员工都能创造出更好的结果。丰田的制造环境为我们认识这个问题提供了最佳视角。如果员工在生产线上方发现问题，那么，理想的流程是：他们马上发现问题，然后关闭生产线，召集会议沟通找出问题根源，采取校正措施，并跟踪进度，直到问题得到解决。实际上，这个流程适用于任何商业环境。

但让人费解的是，有些公司明明擅长持续改进所有人的工作，却把这项任务交给个别人和个别团队——而且通常是之前的 CMO 成员。据估计，在财富 500 强中，2/3 的组织拥有专门从事培育、赋能和推动持续改进的专业部门，而且大多是一个由指导和协调改进活动的技能型员工组成的核心团队。[8]

例如，摩托罗拉创建了三个具有类似功能的团队：专门处理简单问题的改善团队；负责承担跨职能项目的精益团队；以及通过执行深度流程分析解决复杂问题的"六西格玛"团队。

推进持续学习

采取促进持续学习的方法，可以为组织提供喘息的机会，让组织去深入思考，判断哪些工作有效，哪些工作无效，造成无效的根源是什么，以及应如何处理无效问题。美国陆军采取的"事后回顾法"（After Action Reviews）的目的即在于此，这种方法不仅针对所有军衔的军人，也适用于感兴趣的外部观察者。他们把培训活动变成学习过程，要求参与者回答一系列问题：计划是什么、实际情况怎样、为什么以及下次如何做得更好。这些问题的目的并不是为了判断成功或失败，而是强调从经验中学习，让组织在未来可以更好地应对类似挑战。这种研讨会不必一定安排在活动后：可以采取竞赛方式，采用"事先预防"式问题对参与者提出的假设发出质疑和挑战（比如说，管理者要求团队成员故意唱反调，以指出项目可能的出错方式）。

当然，持续学习不应仅限于组织内部。一家国际航空公司对印第安纳波利斯500英里大奖赛安排赛车进站的方法进行了研究，并希望借此帮助他们设计出效率更高的行李处理系统。一家建筑公司则吸取比萨配送连锁店在路线规划方面的经验，将水泥的准时配送率从68%提高到95%。[9]

在我们所接受的学习基础设施中，全部三个要素都需要根据组织具体环境进行高度定制；有些组织可能比其他组织更需要强调某个特定元素。但成功的原则是一致的：必须保证全部要素均经过深思熟虑的设计，而且要相辅相成，相互促进。不妨以谷歌实现持续改进的方法为例。如果工程团队遭遇重大错误——譬如出现明显的服务中断或是延缓解决客户问题等事件，那么，团队需要进行事后分析，明确问题的性质、原因、后续影响、如何解决问题以及未来将采取哪些措施防止问题再次出现（持续学习）。但事后分析的覆盖面还不止于此。公司把事后分析存入"谷歌文档"数据库，这样就可以接受公开评论和注释、发送电子邮件通知以及开展实时协作。随后，通过每月新闻通讯以及事件分析阅读俱乐部（实现知识共享的平台），将事故分析报告进一步分享到整个组织。最后，选择部分事故分析报告用于"命运之轮"练习——每个季度，由新任职的现场工程师重温以前的事故分析报告，尝试重新确定问题的根源，探索能否找到更新颖、更有效的解决方案（改进过程）。

此外，我们还可以看看一家重型设备制造公司如何开展所谓的"持续产品改进"（continuous product improvement，CPI）流程，帮助公司度过大规模变革计划的"持续改进"阶段。通过这个流程，经销商和服务代表可以把客户提出的问题转达给更多部门。在出现问题时，公司的 CPI 团队会马上联系客户，了解问题的严重程度和影响，就问题原因展开调查，在履行相应程序之后，他们会在适当时候向怨气冲天的客户反馈调查结果和解决方案（改进过程）。此外，他们还和分布在全球各地的经销商进行信息共享，为面临类似问题的其他客户提供帮助（知识共享），协助他们进行新产品开发，以最大限度地把相关成果用于未来设计与制造的改进（持续学习）。

和变革计划中的其他所有阶段一样，创建学习基础设施也需要投入大量的精力。但为此付出的努力是值得的。根据调查，如果公司积极创造持续学习的能力，那么，在变革计划结束后的很长一段时间内，公司持续实现成功的可能性会高出 2.6 倍。[10]

健康：以领导力为基础

在即将结束变革计划之时，我们还将面临一个问题，即如何安置之前专门负责实施变革行动方案的人才，怎样才能让他们重返组织的常态事务中，应该把他们安排到哪些永久性岗位。多方面的要素导致这个问题非常棘手。

以专项行动方案负责人之一的斯维特拉娜为例。在过去的 18 个月里，她全职负责推行公司的供应链重组和数字化工作，现在她的任务已正式完成。

正是在她的领导下，解决了以前供应商单一带来的交付问题，按照目前的交付时间模式，这种威胁已不复存在；同样，她还负责实施了垂直整合战略，为提升公司盈利能力打造了坚实的基础。实际上，所有人对这些改进带来的影响都感到满意，但是，斯维特拉娜的下一步该如何安排呢？供应链部门负责人距离退休还有整整 10 年的时间，而且他的工作能力和业绩非常出色，使得该部门完全没必要设置更多的高级管理岗位，而原有的部分职位空置问题，也因斯维特拉娜开展的变革行动方案而得到解决。实际上，像斯维特拉娜这样之前负责实施具体行动方案的同事还有 20～30 人。在整个变革计划中，无论是他们个人还是组织，均对他们的技术能力、关系能力和适应能力做出了巨大投入。难道就让这些投入变成沉没成本吗？

至于如何在"持续改进"阶段合理安排领导力资源，基本思路应该与"明确路径"阶段采取的方法相互衔接，互相对应。在"明确路径"阶段，通过对人才的重新配置，以便于与变革行动组合相互匹配。这个思路很简单：从价值创造角度看，就是把合适的人才配置到合适的岗位上。但这种配置当然不是一劳永逸的事情：一定要让人才配置流程形成制度，这样，在持续改进过程中，我们就可以根据现实需求的变化，采取动态的人才配置策略，以实现绩效最优化的终极目标。不过需要提醒的是，尽管理论上很简单，但依旧是说起容易做起难。不妨看看一家医疗保健公司首席执行官的经历。我们请他列出公司内最有才华的 20 位领导者。然后，再请他列出公司中最重要的 20 个岗位——也就是说，价值创造能力最大的 20 个职位。

我们的第三个问题是：在第一份名单中，目前有多少人正在承担第二份名单中的职位。听到这个问题，这位首席执行官脸色苍白。他根本不必计算，因为他心里很清楚这个问题的答案，但这个答案显然不是董事会或股东们愿意听到的。此外，如果这位首席执行官执行了我们将在下一节介绍的步骤——按价值创造能力确定角色的优先顺序，而后将人才按优先顺序与角色进行匹配，最后落实流程并确保人才到位，那么他马上会意识到，他制定这份人才清单和岗位清单的出发点原本就是错误的！

按价值创造能力确定角色优先顺序

在按价值创造 (和赋能) 能力确定角色优先顺序的过程中, 第一步就是定义组织的价值导向——了解未来将如何创造价值, 以及通过哪些领域或方式创造价值。这个过程着眼于驱动价值的变量 (对于公开上市公司, 价值驱动变量包括收入、营业利润率和资本收益率等) 以及影响变量的驱动因素。在明确了价值驱动因素之后, 即可根据对这些因素的影响程度, 对各角色进行评分和排序 (如果某个重要驱动因素找不到合适的角色与之对应, 可根据该驱动要素增加一个新角色)。

第一次执行这个过程的领导者需要有足够的准备——因为在这个过程中, 他们要面对大量新的洞见, 这很有可能会促使他们重新思考自己的企业。其中一种发人深思的洞见, 就是价值创造能力与职位制度的关联程度。根据我们与客户合作的经验, 在按价值创造能力确定角色的优先顺序时, 我们发现, 在价值创造能力最大的前 50 个角色, 只有 10% 的人直接向首席执行官汇报工作 (我们将这 10% 的人标记为 CEO - 1), 60% 的人向他们的直接上司汇报工作 (标记为 CEO - 2), 依次类推, 20% 的人标记为 CEO - 3。那么, 你肯定会问, 最后这 10% 对应哪些人呢? 如果公司能以更敏锐的眼光去理解不同角色的价值创造能力, 那么它们往往会发现某些尚不存在但确实应该存在的角色。这些角色往往能突破现有组织边界的约束, 以非传统方式或是在非传统领域创造价值, 或是利用行业发展趋势所带来的新价值源泉 (譬如数据和分析), 或是善于把握因变革计划而带来的机遇, 探索出新的价值天地。

另一个同样深刻的见解, 源于职能部门与业务部门在价值创造方面的不同角色。反映美式橄榄球题材的电影《盲点》(The Blind Side), 生动形象地展示了这种差异的微妙关系。在开场白片段中, 影片用幕后声音向观众提出一个问题: 你认为, 谁是球队中收入最高的球员呢? 熟悉这项运动的人大多会说, 肯定是四分卫, 因为他是球队的灵魂, 也是决定比赛胜负的最核心人物。随后, 这个幕后声音说, 这绝对正确, 然后又提出第二个问题: "那么,收入第二高的队员应该是谁呢？”大多数观众都会想到负责带球进攻的跑卫或边路接球手，因为他们是四分卫最直接的搭档——他们的任务就是在接到四分卫的传球后，持球突破前进，直至触底得分，并最终帮助球队取得胜利。但观众很快就意识到，事实并非如此。收入第二高的队员竟然是左内边锋（假设四分卫习惯于用右手传球），这是一个完全不需要触球的球员。为什么会这样呢？因为他们的职责就是保护四分卫，避免四分卫受到视野以外因素（“盲点”）的干扰和伤害，而且恰恰是这些因素最有可能导致四分卫受伤。

回到商业环境中，在人们的心目中，这些四分卫、外线接球手和跑卫等光芒四射的岗位往往对应于创收业务。但是要为“左内边锋”找到对应的主体似乎不太容易，因为他们经常处于隐身状态，因此，大多数高层领导者很难想象出哪些人可能是他们队伍中的左内边锋。如果是在海军中，这个左内边锋可能是船上的IT工程师，他的任务就是保证船长、船员乃至整条船避免意外灾难。在金融服务业，左内边锋可能是政府关系部门的负责人，通过了解并主动影响政客和监管机构，他们有可能成为改变公司和行业命运的天使。这些角色的职责是为价值创造过程保驾护航，或是为创造价值提供先决条件。因此，在按价值创造能力优先排序的情况下，只有对他们的贡献先予以量化，才能在竞争环境中公平展现他们的价值，但这谈何容易呢！

为进一步澄清这个概念，不妨看看这一过程在实践中是如何发生的。面对一家保险经纪公司的首席执行官，我们请他列出本公司最重要的角色——或者说，所有应优先配置顶级员工的职位。但是在这份名单中，这位首席执行官竟然没有提到负责关键客户的客户经理，他认为部分原因就是所有正规的组织结构图中均未体现这个职位。然而，几乎从其他所有标准上看，该职位都是对公司当前业绩和未来增长最关键的角色之一。它不仅需要高度的责任感、高超的人际交往能力和技术技能，还需要巧妙应对客户随时变化的需求。而且后来的事实也表明，首席执行官本人并没有意识到这一点。现任客户经理已开始对公司的模式越来越不满，也没有事先提交任何继任计划。直到有一天，她突然提出辞职，跳槽到了另一家公司，这一举动让高层团队目瞪口呆。由于担心公司业绩受到影响，他们只能临时抱佛脚，随便找个人接替这项关键任务。

由于她的离职，这位首席执行官和高管团队终于意识到，他们必须从创造价值角度去认真思考角色的优先性。他们认为，由于公司未来战略的核心是创造小企业平台，并推动中国市场业务实现高速增长，因此，与之相关角色的价值远高于目前被视为核心业务及核心地区的角色。此外，他们还发现，以前被视为"二流"业务的"服务运营"部门，如今也亟须以一流创新提高效率，从而为公司的增长平台助力。他们的另一个新发现是，公司还需要创造一个全球销售及营销岗位，以推动最佳实践实现地区和跨部门的共享，而公司目前还尚未设立这个岗位。

按优先顺序将角色与人才进行匹配

在确定了未来最有价值的角色之后，我们即可进入下一步：确保为这些角色配备合适的人才。这项工作可以分成两个步骤。第一步是明确为实现价值而必须完成的任务（即"待办任务"）。例如，我们假设产品线主管是一个优先角色，预计将为公司创造 1.5 亿美元的价值，这个数字意味着，公司未来 3 年将实现 10% 的年均增长率。成为"待办任务"还可能包括提供运营的敏捷性，这将为公司降低 5% 的成本，占创造价值的 1/3（5 000万美元）。另一项"待办任务"可能是加速销售和营销效率的提高，这将带来 5% 的收入增长，相当于创造 6 000 万美元的新增价值。假如业务增长动量可带来 2 000 万美元的新增收入，那么，突破性创新的预期价值能力就是 2 000 万美元。

在为这 50 个具有价值创造能力的角色找到相应的"待办任务"之后，我们即可确定，拥有哪些"知识、技能、特性和经验"（KSAE）的人才最适合承担这些"待办任务"。譬如前面提到的产品领导者角色，这个岗位所需要的知识和技能可能与业务发展、敏捷工作法、目标搜索及尽职调查有关（假设企业增长需要开展对外并购）。从特性角度看，这个岗位可能需要具有全球化思维、强烈求知欲和优秀团队建设技能的人才。至于经验，候选人应具有业务规模不低于 1 亿美元的并购项目，至少全程负责过一次并购，而且已创建并执行过有高度影响力的销售模型。

我们建议，应对前 50 个最具价值创造（或赋能）能力的角色进行这种"待办任务"与 KSAE 的匹配。之所以选择"50"这个数字，是考虑到它确实不小，足以覆盖组织的基本业务范围，帮助组织发现"常态下存疑"但有可能给组织带来重大影响的职位，也就是说，由这些角色构成的集合，应确保组织的总体价值创造目标基本实现。但这个数字也不大，不会导致匹配工作复杂到不可能完成的地步，因此，最高领导者可在与职位相关的招聘、留任、绩效管理和继任规划等方面亲自过问，甚至亲自操作。

在逐一明确前 50 个创造价值角色的 KSAE 之后，即可进入人才匹配流程，也就是说，在组织中寻找与既定角色最具匹配性的领导者——需要提醒的是，这个环节无须考虑候选人目前担任的任何职务。此时的对话应高度具体，而且要以事实为依据。比如说，在介绍候选人时，有人可能会这样说，"哈维尔目前任职于一家规模不大的企业，在财务总监这个岗位上始终表现优异；我认为，他已具备了担任更高职位的能力和素质。"但如果过往业绩数据表明，哈维尔在目前职位上推动价值创造的主要方式是收购，而空缺职位则需要以积极降低成本而推动价值，那么，他还是最佳人性吗？

但公平地说，对从未实施过这个流程的公司而言，这可能会让人们感到极度不适。在采用以数据为基础的人才选拔机制中，可能会让很多令人尴尬的事实浮出水面。比如说，有些现任在职者或许根本就无法满足未来工作的需求，因此，如果让他们继续留任，将会让未来的价值创造过程面对极大风险。一般情况下，在关键岗位的现任者当中，通常会有 20%～30% 的人与未来工作需求的匹配性不高。

此外，该流程还有可能揭示出组织中存在的系统性问题——整个领导层在知识、技能和特性等方面与预期要求存在系统性差距。这种发现显然具有指导意义，要最大限度发挥未来的价值创造能力，组织就必须重新审视和改造领导力发展规划。此外，人才匹配过程还可以明显强化继任计划的落实。根据匹配结果，组织可以为人才量身定做职业发展规划，培养他们掌握必要的 KSAE。另一方面，原本不为组织关注的人才，通过分析被发掘出来，并成为空缺职位的候选对象。

让流程具有可操作性

使人才匹配流程制度化，并具有可操作性，有助于保证人才匹配工作不再是一次性事务，或者退化为每年一次的人才评审活动，而是把它作为长期性和持续性的任务。更重要的是，就像财务团队需要经常考虑资金收支平衡问题一样，通过人才匹配流程的制度化，可以对人才实施科学、有效、严格的管理。

实现流程的可操作性，显然不是开启一个以活页夹和 Excel 电子表格为核心的新时代。实际上，我们刚刚描述的这些变化，均有助于实现数字化操作：简单、高度互动式的前台用户界面，并以强大的数据和分析引擎提供后台支持。其实，很多类似的解决方案可供组织使用，麦肯锡的"人才匹配"（Talent Match）方案就是其中之一，它本身就是针对这一目的而开发的。利用这套方案，使用者首先针对组织优先选择的角色填写相应 KSAE 数据，而后，再结合针对个人业绩和偏好的其他信息，即可创建一个动态的领导力基准模型。之后，只需轻轻扫过触摸屏，使用者即可拖动某个候选人与一个新角色重叠，创建一个新的人才—角色配对，随即，我们就会看到一系列多米诺骨牌效应的出现，影响涉及其他角色（例如，继任计划是否稳健——我们是否愿意让候选人 X 承担角色 Y?）、人员（比如是否有人存在留任风险?）乃至总体性人力资本指标（如员工构成的多样化或能力集合的深度等）。

毫无疑问，在《超越绩效 3.0》中，这项内容必将占据很大篇幅，以便介绍人员分析技术方面的更多进步。但这个领域目前仍处于起步阶段，毕竟，只有 8% 的公司公开披露它们有能力在人力资本方面建立预测性模型。但这个领域的发展速度绝对不可小觑：仅在一年之前，这个数字还只有 4%。可以预见，在不久的将来，很多组织就会以复杂的算法去预测和预防关键人才的流失问题，为组织发掘有可能成功担任关键角色的被"埋没"人才，并以更高的精度和针对性创建人才开发渠道。这里有一个例子，美国国家经济研究局（National Bureau of Economic Research）曾利用算法对15家公司超过30万个高流动性岗位的应聘者进行分析，对最终成功入职的应聘者进行标注。结果显示，人类的经验、本能和判断在算法面前不堪一击。就总体而言，机器选中者在新岗位上的任职时间更长，表现也不错，甚至更优秀——不管是针对业务一线、中层管理者还是高管职位，这个结论均成立。[11]

作为实现匹配流程可制度化和可操作性的前提，不管技术多么复杂或者数字化程度多高，只要掌握前50（或更多）个创造价值角色的JTBD和KSAE信息，规范化流程的任务往往就是逐月访问和更新数据。这项任务通常由人力资源领导团队完成，他们可以集中讨论确定各业务部门的趋势——比如说，对某些具体角色技能要求（如数字影响力）的认证存在滞后。此外，他们还可以和业务部门负责人合作，获得个人的相关信息或数据，从而对担任关键角色的人进行业绩跟踪和评价，并据此提出积极的问题："这个人是否实现了预期的价值？通过哪些干预措施（如辅导、培训或是更有效的激励措施）可以为他提供支持？"也可能是负面建议，"这个人始终被大家视为负面因素，我们可以采取哪些挽救措施？"当然也可能是止损建议，"我们是否还有合适人选去接替这个职位？"显然，最后这个问题通常是最高领导团队在季度会议上讨论并做出决定的话题。

按价值创造能力确定角色的优先顺序，将人才与角色进行匹配，而后转换为未来"我们该如何应对"式的具体方法，无疑会让组织深受裨益。根据我们的研究，如果公司拥有"快速"进行人才再分配的能力，那么，与这方面动作缓慢的竞争对手相比，前者的股东总回报率（TRS）可达到后者的2.2倍。[12]

大师点拨：确保流程的公平性

庆祝变革愿景的成功实现，注定是一种异常奇妙而特殊的感觉。如果这种成就感又能与个人对成功团队的高度归属感相结合，那么，这个团队必将创造出整体大于部分之和的质变效应。一路上经历的无数次挫折、反思、完善和再度崛起，既让我们满怀信心地迎接美好未来，也让我们学会以谦逊的态度不断进行自我提升。而我们在一路上收获的所有重要技能，无不源于我们在智慧上的提升，而且这种智慧只能源自体验。

但归根到底，一切成功和成长的根源，都是因为我们的信任达到了一个新高度。其实，我们只是达成预期实现的目标而已。我们彼此之间开诚布公。一路上，我们从无数错误中汲取教训。我们只是做了真正属于自己的事情——没有抄袭任何人。这个信任的基础，既是推动绩效和健康状况持续改善的终极基础，也是竞争对手难以效仿和匹敌的基础。

但不要以为信任是理所当然的事情！有句古语，"信任来时如赤脚跋涉，信任去时如脱缰野马。"当然，在很多方面，我们都会和员工以诚相待，以善相处，只有这样，他们才会从组织的整体利益出发，毫不避讳地提出疑问，或是在感觉出现问题时，及时寻求信息予以验证。但是，在出现如下两种情况时，可能会导致信任这匹"野马"失去控制。第一种情况显而易见：有意采取有悖诚实和正直原则的行为。第二种情形则可能完全是在无意间背离了诚实和正直原则，这种情况源于我们对公平所采取的"可预见的非理性"行为。

不妨以一家银行为例。该银行通过实施重大变革计划增加了收入。它们对产品组合进行了合理化调整，精简了产品类别，并强化了对现有产品的价值主张，与此同时，它们还改进了激励措施，为员工提供销售培训。在实现了收入目标之后，这家银行就大张旗鼓地宣布变革计划已顺利完成，并把承担持续改进销售的任务推给了渠道部分，把产品定价权交给营销部门。

随后，营销部开始推行实现持续改进目标的任务，为此，它们充分利用变革计划的成果，借助已得到提升的技术、更好的数据和改进的工具，开发出更复杂的风险调整收益率模型。模型的运行结果显示，它们的很多产品定价方法并不能反映银行承担的信贷风险。于是，它们制订并推出了新的定价计划，与此同时，还调整了销售部门的激励措施，确保激励水平与客户带来的真实盈利水平挂钩，而不是与客户的销售数量挂钩。结果怎样呢？不管是没有盈利的客户，还是给银行带来利润的客户，纷纷远离这家银行。尽管价格飞涨，却摧毁了价值。

那么，到底出了什么问题呢？想想所谓的"最后通牒游戏"，或许可以为我们提供线索。在游戏中，我们预先给A玩家发放10美元，并告知他们必须和B玩家分享这笔钱。A玩家需要提出如何分配这笔钱，如果B玩家接受分配方案，那么，他们均按这个方案得到相应的份额。但如果B玩家拒绝这个方案，双方都不能拿到一分钱。研究表明，如果A玩家提出7.50/2.50美元的分配方案，B玩家拒绝方案的概率超过95%，也就是说，他们宁愿放弃1/4的分成，也不愿看到别人莫名其妙地得到三倍的分成。这并不是因为绝对金额太小：即使把总额增加到两周的工资，结果也是一样的。[13]

这个例子可以为领导者提供一个明确的信息。如果员工的处境让他们感觉有违正义感和公平竞争意识，那么，他们宁愿放弃自己本应享受的个人收益，甚至违背任何生效的正式激励措施也在所不惜。这听起来似乎不合常理，但这种行为完全是可预见的。而且这个推论显然不只是从最后通牒游戏中得到的猜测。例如，在西班牙IESE商学院的塞巴斯蒂安·布莱恩（Sebastien Brion）教授完成的一项实验中，他发现，老板会高估他们与下属之间的关系强度，而且如果老板缺乏公平意识，那么，下属会团结起来共同与老板为敌，这显然也不符合他们自己的利益。[14]

我们再回到前面的这家银行。在银行提高产品价格并调整销售激励措施时，一线员工认为这些政策对客户不公平——显然，公司高管过于贪婪，以至于对客户服务视而不见。尽管他们在制定新销售目标时丧失了风险意识，但还是有很多员工和客户吐槽新政策的弊端，可见，他们选择支持顾客，而不是和银行站在一起。此外，他们还利用权限内的自主定价权，尽可能地向客户表达诚意，反过来这也是对银行采取的暗中报复。

但颇具讽刺意味的是，他们对不公正的看法完全是一种误解。毕竟，让客户支付银行因承担风险而增加的成本原本就是天经地义的事情。如果银行事先对员工的公平感给予足够重视，制定有效的沟通政策，并对调价行为提供必要的培训，那么，这种令人唏嘘的局面其实完全可以避免。

因此，明智的领导者务必牢记，在实施绩效和健康的五框架变革计划过程中，他们需要随时准备一套坚实的"脚手架"，为员工的公平感提供支撑，避免这种公平感遭到破坏。在这方面，重视员工的参与，主动向他们说明原因，从"接收者"视角而不只是"发送者"视角进行合理规划，并确保始终以大局为重（可以回想第6章针对克服"知识的诅咒"而采用的方法），注定会让组织受益匪浅。当这个"脚手架"被推倒时，领导层应该将公平感视为神圣，并将其保持在原位。

■ ■ ■

随着进入"持续改进"阶段，我们的组织也从剧烈震荡的变革期（"S曲线"中的陡峭部分）进入持续改进期（此时，"S曲线"的顶部开始无止境地缓慢平稳地抬升）。持续改进源自学习型基础设施的创建，因为这个基础嵌入了知识共享、改进过程制度化以及促进持续学习等一系列要素。此外，它还包括通过按价值创造能力对角色进行优先排序，角色按优先顺序与人才进行匹配，并为流程予了规范化、制度化和可操作性的灵魂，从而为组织搭建起强有力的领导力体系。最后，它提醒领导者不要侵犯员工的公平感——因为这样的行为无异于自毁前程，让我们通过变革计划在组织内外辛勤打造起来的信任基础在瞬息之间土崩瓦解（见图7-1）。

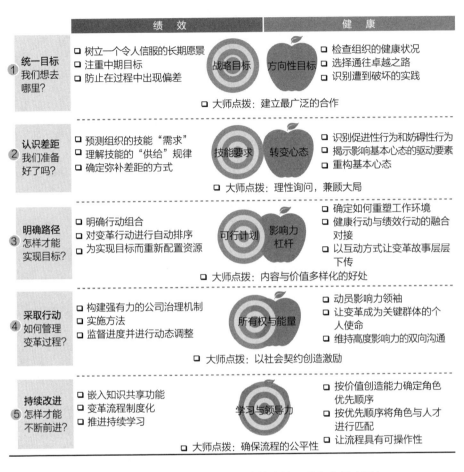

图7-1　领导大规模变革行动的有效方法：现有案例（五）

　　毫无疑问，迟早会有一天，这种以适应性为主的变革策略会再次面临挑战，但也会让我们看到新的机遇，把组织再次带进大规模调整时期——换句话说，这也是再度开展大规模变革计划的时机。至于引发新一场变革的根源，可能是竞争格局的演进、技术创新、客户需求的变化或是监管层提出的新要求，也可能是地缘政治事件的变动或其他外部冲击。不管怎样，一旦不得不面对，我们就应该做好准备，而且我们已经有所准备——我们不仅拥有一个健康的组织，而且深谙如何以绩效和健康的五框架模型去迎接不可逆转的变革。

　　恭喜，你终于走上这条永无止境的前进道路！

Putting It All Together

Beyond Performance 2.0
A Proven Approach to
Leading Large-Scale
Change

第三部分

汇流成川

8

The Senior Leader's
Role: Does Change
Have to Start at
the Top?

第 8 章

高层领导者的角色：变革是否必须自上而下？

到目前为止，实现大规模变革的绩效和健康五框架模式已尽览无余。我们坚信，只要遵循这条路径，几乎任何组织都可以成功地实施变革。但更重要的是，在变革正式结束之后，随着我们日复一日、月复一月、年复一年的持续改进，我们的变革将走上可持续发展之路。

本书提到的一众企业案例都让我们看到，领导力和角色示范始终是变革之旅的核心。但是在某种程度上，我们更希望这些研究能引发我们产生一种反直觉的洞见，即：高层领导者的作用远不及形形色色管理文献所描绘的那么重要。好在我们确实发现了反面示例。我们的研究表明，在组织高层领导者大力参与的情况下，变革成功的可能性会高出 2.6 倍。[1] 全食超市的约翰·麦基对这种现象的原因做出了解释："作为公司的联合创始人和首席执行官，我当然是公司中最引人注目的人……因此，我们的团队成员始终在研究我……我自己当然也始终站在舞台的中央。"[2]

正是出于这个原因，我们才觉得，确实有必要用整整一章的篇幅讨论高层领导者在领导变革中的作用。到底谁有资格成为这个所谓的"高层领导者"完全取决于变革所面对的挑战。考虑到我们的研究主要以全公司范围的变革计划为对象，因此所谓的相关高层领导者角色应该是这家公司的首席执行官。

在政府公共部门，高层领导者通常是政府机构的主要负责人；在社会非营利领域，他应该是非营利组织的主管；而在家族企业中，高层领导者通常是这个家族的家长。另一方面，如果变革计划在部门层面进行，那么，高层领导者称号应归属于相关业务的负责人——比如说，在营销部门实施变革计划，高层领导者可能是首席营销官，在技术部门则是技术总监，而负责市场业务的高层领导者则是销售总监，等等。

那么，这是否意味着本章的结论仅适用于高层领导者呢？当然不是。了解高层领导者在转型中应该扮演的角色，组织中每个层级的成员，甚至也包括未来的领导者，都可以帮助他们的高层领导者去承担起应该承担的角色。当然，你完全可以利用这些理念引导他们来帮助你！如果你正准备对自己的组织实施变革，那么，毫无疑问的是，如果你的最高领导者坚定地和你站在一起，义无反顾地支持你，并发挥只有最高领导者才能发挥的作用，充分履行他们的使命，那么你的变革之路无疑会更轻松，更畅通。

但不能忘记的是，当你试图让高层领导者参与自己的变革计划时，不妨借鉴第 5 章介绍的影响力模型。在这个过程中，你一定充分考虑了他们的个人风格和偏好。他们更信任谁的意见？什么样的变革故事更有可能引发他们的共鸣，激发他们对成功的渴望？他们是否会理解并接受他们需要承担的角色？他们需要掌握哪些新的技能才能承担起这个角色？哪些流程有助于兑现这些条件？

为什么只有高层领导者才可以

在一个组织里，高层领导者的作用是独一无二的。他是那个站在组织金字塔顶端的人，因此，只有他才能为组织中的所有人提供真正有价值的线索。针对这个问题，我们异想天开地杜撰了一个所谓的"管理的齿轮减速原理"，但这个原理确实可以让我们更形象、更透彻地解释这个问题。设想一个这样的系统：它的最顶部是系统内最大的一级齿轮，与它啮合的二级齿轮相对较小，依此类推，随着级数的增加，齿轮的半径就越小。因此，如果这个一级齿轮旋转一周，二级齿轮就会旋转 5 周或 6 周，三级齿轮则会旋转 10 周或者 12 周。随着级数的增加，尺寸更小的齿轮自然会旋转得更快。

但如果这个最大的一级齿轮改变主意，决定朝相反方向旋转一周，会发生什么？对大齿轮来说，这似乎易如反掌——因为对这个级别的齿轮来说，这可能只是一次微不足道的变化而已。但对于整个齿轮系统而言，局面就完全不同了。较低级次的齿轮首先需要急刹车，然后开始向相反方向转动。改变方向会造成巨大的摩擦力，但二级齿轮还是会存续下来，按一级齿轮的变化改变转向，在这个过程中，强烈的刹车和巨大的摩擦让它们发出金属碰撞的噪音。随着级次的下降，所有其他齿轮都开始停车变向。一时间，火花飞溅，低层级的小齿轮会发出让人难以忍受的巨大声响，但最无法忍受的可能是它们自己，有些齿轮可能会因超载而被彻底破坏，并最终被踢出这个齿轮系统。这就是高层领导者的权力，或者说特权！

最高领导者的角色固然不可比拟，但让我们感到意外的是，鲜有文字材料为我们解释，领导者能以什么方式或者说应该怎样做，才能为变革计划提供最强有力的支持。或许成功原本就不存在单一的秘诀。毕竟，角色的具体性质取决于变革的规模、紧迫性和性质、组织能力以及高层领导者的个人风格。通过对数十次变革实务的研究和体验，最终我们认识到，一个成功的高层领导者通常会承担如下四种关键角色：

- **让变革更有意义**。变革故事带来的影响，取决于高层领导者能在多大程度上将这个故事予以个人化，与其他人公开地分享和探讨，并对来之不易的成功给予充分的肯定和宣传。

- **角色示范的变化**。成功的高层领导者往往会先行开启自己的变革之路。通过他们的示范行动，其他人不仅会看到更美好的结果，还能体会到自我提升的过程。

- **建立强大的领导团队**。他们必须做出艰难的决策，决定谁拥有投身变革道路的能力和动力，他们还需要投入大量的时间去调整和巩固这个团队，为推动变革培育力量。

- **持之以恒地追求影响力**。对于最重要的变革行动——或者说与重要客户、财务或企业形象相关的行动，高层领导者必须亲自参战，因为他们所能发挥的作用是无可替代的。此外，纵览整个"绩效行动组合"，最终负责领导全体参与者各司其职并对其履职结果做出评判的角色，必定是组织的高层领导者。

只要把这四种角色结合起来，就能确保变革赢得我们所说的这场"争取中间派的战斗"。不过，在我们看到或经历的大多数变革计划中，只有一小部分员工会自始至终地参与全过程。而另一种极端情况是，在一个组织中，还有一小部分人可能永远都不会参与变革行动，不仅如此，一旦变革改变开始，他们就会选择离开组织。（回顾我们在第 5 章讨论影响力模型时提到的类比：一旦尘埃落定，他们既不会继续委身于歌剧院，也不会继续逗留在体育场，相反，他们会选择退出！）但大多数人处于这两个极端状态之间。对这些人来说，他们最想知道的是：这是否只是一时的心血来潮，变革是否能真正出现，他们是否值得投入精力去面对再次失望的风险。对这个比例庞大的群体而言，如果能看到高层领导者承担起这四种角色，显然有助于获得他们的信任，吸引他们加入并投身到这场把变革愿景化为现实的征程。

让变革更有意义

贯穿全书，我们都可以看到，大规模变革计划需要非凡的能量，毕竟，领导者和员工需要重新认识企业，重塑整个业务，与此同时，他们还要履行各自的日常职责。强有力的变革故事有助于让员工相信——努力一定会得到回报，尤其是这个故事不仅在内涵上充分体现五种意义的源泉，还借助强大的双向沟通技术而得到强化。不过，变革故事的全部影响力归根到底依赖于高层领导者完成如下三项任务：个性化故事、公开吸引他人和突出成功。

把变革故事变成自己的故事

如果高层领导者愿意多花点时间把变革故事变成自己的经历，那么，这样的故事无疑会更有感染力和启发性，激发员工释放出更多的变革力量。相比之下，如果按部就班，完全由工作团队为他们准备发言稿，这样的变革故事注定乏善可陈，让人昏昏欲睡。回到实践中，这就要求高层领导者必须认真思考如下问题："这个故事和我及我承担的角色有何关系？""故事为什么对我个人很重要？""对自己以及我们成功实现目标的能力，我个人方面还有哪些希望和担心？"而后，他们还要和其他人分享自己的答案。在变革计划中，需要采用第5章描述的互动式故事下传法作为沟通方式，那么，就需要把这些思考和分享纳入变革过程当中。

称职的领导者经常会谈论个人生活中的重要经历和重大影响，强调他们攻克问题的决心，并让其他人认识到，这些障碍是可以克服的。百事公司前首席执行官英德拉·努伊丝毫不回避在离开印度后经历的坎坷，当时，除了手里的奖学金之外，她一无所有："在来到美国的那一刻，我有一种移民的感觉……我只能努力做到更优秀；如果不成功，我还能去哪里呢？"[3] 后来，她以这个故事作为战斗口号，激发员工在品牌大战中更加努力，直至有一天成为市场的领头羊。

英特尔曾经是世界上最大的半导体芯片制造商，公司前首席执行官安迪·格罗夫（Andy Grove）同样不乏感人的经历。他在苏联出兵匈牙利时离开那里，当时他决心到美国开启自己的新生活，他经常用这段经历向人们展示勇气和坚决的重要性。思科前首席执行官约翰·钱伯斯（John Chambers）用自己在少年时期克服学习障碍的经历告诉人们"如何克服前进路途上的任何障碍，以及为什么要坚守将欲取之、必先予之的接人待物之道"。[4] 在谈到带领巴克莱银行转型的时候，时任个人金融服务首席执行官大卫·罗伯茨

（David Roberts）提到了偶像蒙蒂·罗伯茨（Monty Roberts，现实生活中的"马语者"）带给自己的教训。

大卫·诺瓦克（David Novack）曾担任百胜餐饮集团的首席执行官，当时的百胜集团已拥有肯德基、必胜客和塔可钟等一系列特许经营权品牌。针对如何帮助员工认识自身努力与集体努力的关系，他做出了简洁明了的总结："他们能看到自己的首席执行官，这让一家大公司在他们的眼里变小。"他指出，如果员工能直接从高层领导者的身上获得知识，那么，他们注定会"更关心公司，而且会更投入"。[5]

以开诚布公的方式广结善缘

如果高层领导者拟定了一个用意清晰的变革故事，那么，随后的成功就取决于他们能否抓住每一个机会和员工去谈论这个故事，诠释这个故事的内涵，阐明它和组织各个部门的关联性，并引导员工感悟故事带给他们的意义。

成功变革的领导者会倾注巨大的精力，让他们的故事融入组织。在担任 IBM 首席执行官期间，郭士纳（Lou Gerstner）曾远行 100 多万英里，拜见了数千位客户、员工和商业合作伙伴。[6] 众所周知，在他的办公室里有一块非常醒目的标语，上面写着："坐在办公桌旁观察世界是危险的。"这句话的用意就是不断提醒与组织内外人士积极交往的重要性。[7] 正如财捷集团（Intuit）前首席执行官史蒂夫·贝内特（Steve Bennett）给出的解释，"首席执行官不可能通过发送电子邮件去实现一系列改变。变革管理只能以面对面的形式进行。这需要投入大量的时间和精力。"[8] 当然，贝内特也收获了这种方法的回报。在他的带领下，财捷集团从一家业绩不佳的初创型科技公司摇身一变成为"财富 500 强"的成员，收入实现了两位数的增长，利润更是比他接手时翻了四番。在上任意大利国际银行首席执行官之后，科拉多·帕塞拉走遍意大利各地，开始向这家银行的 6 万名员工讲述他的变革故事："这注定是一次漫长的征程，但如果你想让员工追随自己，就必须要面对面地向他们敞开心扉。"[9]

有的时候，领导者需要付出极大的努力，去面对充分质疑甚至是带着挑衅情绪的利益相关者群体。印度国家银行前主席奥姆·普拉卡什·巴特（Om Prakash Bhatt）为应对工会挑战而倾注了大量时间，他说："我和来自全国各地的 30 位工会领导人共处了四天……（尽管如此）银行的很多顶级顾问还是警告我，这些人根本不值得信任，他们很可能会坏了我们的好事……因为吸引他们的不只是谈话的实质性和信息披露的充分性，还有董事长是否愿意花时间陪他们，带着他们吃吃喝喝，甚至歌舞升平。"[10]

在和员工互动时，高层领导者还要牢记我们在第 6 章讨论的双向沟通问题：使用简单易记的语言，在"说教"和"问讯"之间求得均衡，并尽可能使用多种沟通渠道，无论是面对面的沟通，还是通过在线方式。

聚焦于成功

随着变革计划的进展，让故事更引人入胜的一种有效方法就是关注体现成功的环节。凸显成功带来的收获，可以更形象、更生动地体现变革的意义，也让人们坚信，变革就在他们的身边。如果高层领导者亲自担当这件事，那么，显然会比泛泛的企业沟通方式更有说服力。

在介绍如何亲自邀请高绩效团队为公司员工做演讲时，印孚瑟斯科技集团前董事长纳拉亚纳·穆尔蒂如是说，"这就向其他人表明，我们非常重视这种行为。"[11] 在从事医疗保健业务的百特国际（Baxter International），前董事长兼首席执行官亨利·詹森·克雷默（Harry M. Jansen Kraemer Jr）向全公司超过 55 万名员工转发了一封电子邮件。这封邮件来自一位女士，在信中，她感谢公司开发的产品，让她父亲的生命延长了 15 年。克雷默告诉他的员工，"这就是我们的工作"，并强调公司正在经历的变革注定会让他们有能力做得更多、更好。纽柯钢铁公司（Nucor）是美国最大的钢铁生产商之一，前首席执行官丹尼尔·迪米科（Daniel DiMicco）亲自分享了一位航运部门主管的故事，以说明采取变革行动的重要性。这位主管申请了 2000 美元经费，到其他地区的同行公司进行考察学习，在调查结束之后，他提出了自己的一揽子想法。在采纳这些建议之后，仅是在他负责的地区，每年即可为公司节约超过

15 万美元的开支。在巴西伊塔乌联合银行（Itaú Unibanco），董事长和高层团队都会参加颁奖晚会，以庆祝和表彰员工在推动预期变革方面做出的努力。在活动结束之后，他们会将表彰嘉奖结果在整个银行范围内进行广泛宣传。当领导者以这些方式关注和强调成功时，他们事实上就是在发出一个强烈信号，不妨引用汤姆·彼得斯的格言，"庆祝是为了让我们实现更多的理想。"

最后一点需要提醒的是，"成功"未必意味着所有事情都要做到万无一失。只要有合理的原因，失败同样值得庆祝，因为它可以为组织提供宝贵的教训。这也是谷歌采取的方式，正如谷歌前首席执行官埃里克·施密特（Eric Schmidt）所言："我们也庆祝自己的失败。在这里，我们鼓励员工去尝试极端困难的事情，即使没有成功，也能从中汲取教训，那就没有任何问题。"[12]

角色示范的变化

无论员工出于感情多么希望相信变革故事，但如果没有高层领导者的身体力行，很难让他们产生发自内心的信任。为此，易安信集团前首席执行官约瑟夫·M.图斯建议："你的每一个举动，你说的每一句话，都是有目共睹的。因此，最好的方法是以身作则。"[13] 毫无疑问，高层领导者是整个组织中最有影响力、当然也是最重要的楷模。为了充分展示他们的示范作用，不仅需要他们完成个人蜕变，还要采取有象征意义的行为。

经历个人蜕变

在本书先前的部分，我们曾指出，人们总倾向于认为自己在某些事情上会做得很好，但实际情况并非如此（见第 3 章中针对乐观偏差的讨论以及第 6 章有关自私偏见的讨论）。研究表明，在组织中，随着级别的提高，这种现象会表现得更越来越明显。跨国企业盛世广告集团（Saatchi and Saatchi）前首席执行官凯文·罗伯茨（Kevin Roberts）指出，"你在公司级别的梯子上走得越高，你就会变得越愚蠢……总有一天，你开始迷信自己，认为自己的一切都是对的。"[14]

他的感言也得到了实证研究的支持。以贝尔斯登银行（Bear Stearns）前首席执行官吉米·凯恩（Jimmy Cayne）的经历为例。在离开这家濒临破产的银行的最后一天，他自以为是地宣传，所有人都为他的离去而伤心落泪，乃至起立鼓掌送行。然而根据作家詹姆斯·科恩（James Cohen）在《纸牌屋》（*House of Cards*）一书中的描述，在很多贝尔斯登员工的心目中，凯恩早已成为过街老鼠，假如他继续待上一年，很可能会出现员工大量流失的问题。

受阅读凯恩故事的启发，西班牙IESE商学院的塞巴斯蒂安·布莱恩教授进行了一系列检验，以分析领导者会在多大程度上高估下属对他们的好感。结论如何呢？老板们确实明显高估了自己在员工心目中的地位和他们为员工提供支持的能力。此外，他们还习惯性地忽视他人行为中的细枝末节。这些错判确实过于明显，以至于布莱恩发现，当老板给下属讲笑话时，他们甚至无法分辨对方到底是在真笑还是假笑。[15]

基于这种现象，我们鼓励高层领导者不要给员工提这样的建议："去变成你希望在这个世界上看到的变化吧。"为什么呢？因为他们可能觉得自己已经完成了蜕变！因此，我们的建议是，高层领导者应该给出另一种类似但内涵又不尽相同的建议，"要想改变，首先需要我做出改变。"高层领导者不仅需要亲自演示预期变化的最终状态（转换后的心态和行为），还需要通过切实的改变行为以身作则。毕竟，变革计划就是要求所有人做出改变！因此，高层领导者以角色示范演绎预期心态和行为固然重要（或是他们自认为做得很好），但他们更重要的任务是以角色示范彰显持续改进的能力。

对那些处于组织最高层的领导者而言，能做到这样的谦逊确实不易，但正是凭借这样的谦逊和胸怀，才让他们拥有无比强大的力量。对此，伍德塞德石油公司（Woodside Petroleum）前首席执行官约翰·阿克赫斯特（John Akehurst）曾说过："我花费了很大精力才终于意识到，作为首席执行官，我需要对组织文化负有全部责任……但是在真正思考之后，我才恍然大悟，我的行为是多么不合时宜，给其他人带来了怎样的负面影响，以至于让我们所有人都不得不负重前行。"[16]

接受个人学习与成长带来的挑战，当然也需要足够的谦逊谨慎，因此，要走出舒适区，尝试采用新的工作方式，无疑需要巨大的勇气。在决定放弃首席执行官的权力转而成为印孚瑟斯"首席导师"这一新角色时，纳拉亚纳·穆尔蒂很清楚，他必须重塑自己："为了一项伟大事业，你首先需要牺牲自己，然后才能要求其他人也这样做……好的领导者要学会如何优雅自如地退居幕后，去鼓励他的接班人在自己昔日的岗位上取得更大的成功。"[17] 这种改变当然不必大张旗鼓地去造势。在率领通用电气以削减成本重振雄风的那段时期，被人们称为"中子杰克"的韦尔奇一度打造了硬汉形象，但几乎是在不经意之间，他逐渐让人们看到"头脑异常冷静，内心无比柔善"的韦尔奇，对于这样的转变，他并没有虚张声势，一切似乎顺其自然。但这种转变背后的意义重大，因为这标志着他和他的组织已完成了一场巨大的文化变革。

有些领导者认为，如果他们知道自己身上还有哪些可改进的，那么，他们实际上就已经在改变自己。如果他们觉得还没有做到最好的自己，这只会让他们感到羞愧。为此，我们经常会询问这些领导者，是否以正规方式取得360 度全方位反馈，对照他们对心态和行为的自我评价，看看是否与组织变革计划的目标保持一致。此外，我们还建议经常分析日程安排，看看他们为变革的优先事务到底投入了多少时间。最后，我们会根据调查结果，询问他们是否愿意接受专业辅导。

在实务中，我们至今未遇到这样的案例——在接受辅导并完成反思和分析之后，他们依旧找不到新的发力点，通过自己的角色示范给组织其他部门带来深远的积极影响。比如说，经过我们的讨论，一位高层领导者惊讶地发现，每当他为宣传当前任务的重要性而召集一次会议之后，随后还要针对其他人召集另外三次会议，也就是说，这三次会议根本不在计划之内。纠正官僚作风原本是变革计划的部分内容，但他的做法无异于火上浇油，让官僚作风变本加厉！还有一位领导者则收到了让她意外的反馈——尽管客户是当前组织变革的一个重要健康目标，但她并没有在这方面为员工带来角色示范效应。随后，对日常事务进行的分析显示，在过去整整一个月的时间里，她居然没有任何与客户相处的记录；最后，对她在最近的三次全公司讲话进行单词云分析表明，"客户"一词仅仅被提及三次。因此，这样的反馈对她而言"当之无愧"。

当然，对这种类型的洞见可以采取非公开方式，但一定要诉诸行动；也可以在更大范围内进行分享。作为全球最大生物技术企业安进集团（Amgen）的CEO，凯文·夏尔（Kevin Sharer）曾对公司职位最高的75名管理者提出一个问题："我还有哪些需要改进的吗？"并直言不讳地对他们讲述自己的发展需求以及对此做出的承诺。通过这种方式，他激励团队及其他员工也能效仿，毕竟，要更有效地推动组织持续改进，首先需要他们在个人层面上不断自我完善。

采取象征性行动

对于最高层领导者来说，给组织带来强烈冲击的最快方式，就是采取一两次经过精心安排的象征性行动，以最形象和最直接的方式告诉员工："从现在开始，一切都会有所不同。"

在得克萨斯州能源公用事业公司（TXU），为表彰一位长期负责关键业务行动的女员工，前首席执行官约翰·维尔德（John Wilder）向她发放了一笔巨额奖金。维尔德认为："这有助于员工认识到，奖励的基础在于贡献，只有这样，'绩效奖'制度才能真正地付诸实践。"[18]纽柯钢铁公司的丹尼尔·迪米科经常强调"时刻以一线为主"的理念，为此，他外出始终搭乘商业航空公司的航班，拒绝使用私人飞机，放弃高管的专用停车位，如果碰巧喝掉最后一杯咖啡，他马上会亲自煮一壶新咖啡。

个人薪酬显然是发挥这种效能的最佳着力点，借助与薪酬相关的举措，高层领导者可以向组织中的其他人发出强有力的讯息。在经营不善的时期，有些领导人会选择只领取象征性工资的方式，并尽量以股票期权形式取得报酬，以减少公司的现金流出，这无疑是他们对长期创造价值做出的最佳承诺。全食超市的首席执行官约翰·麦基在这方面显然更胜一筹。他始终坚守公司使命至上的原则，为此，他甚至决定不接受任何形式的薪酬："在人生已经走到这一阶段的时候，我已无须再为钱而工作，我之所以选择工作，只是为了追求工作本身的快乐，这种意识在我的内心深处无比清晰，而且始终在召唤着我，因此，我只有这样做，才能更好地去回应这个召唤。"[19]

　　亲自参与一线工作，可能是另一种极富典范效应的象征性行为。在西南航空公司，为客户和同事创造友好和热情的工作服务氛围是他们的一个重要原则，为体现这一点，前首席执行官赫伯·凯莱赫（Herb Kelleher）曾利用假期和乘务员一起为乘客供应花生，装卸行李，协助地勤人员完成一般性事务。迈克尔·戴尔（Michael Dell）每个月都会抽出一天的时间，来到戴尔公司的呼叫中心，与处理客户服务的员工一起工作，这无疑有助于强化以客户为本的必要性。

　　最后，我们用一个提醒作为结束语：尽管高层领导者以行为支持组织实现变革的做法固然重要，但同样重要的是，他们还要避免这些行为适得其反，甚至对实现变革目标造成破坏性后果。一家日常消费品公司实施了一项以创造合作价值为目标的变革计划。但是在涉及不同部门的问题导致业务受到影响时，一向爱踢皮球的首席执行官依旧不以为然，他说："我不在乎你们怎么做。如果没有办法的话，就扔给董事会去处理吧。你们只需完成自己的分内之事。"结果可以想象：问题依旧存在，因为涉及不同部门，因此所有部门都认为这不是自己的分内之事。渐渐地，混乱的信息开始让员工不知所措，他们对变革的抵触情绪自然也愈加强烈，不满和怨恨的情绪开始弥漫整个组织。

建立强大的领导团队

在推动变革计划向前发展的过程中，高层领导团队无疑是最宝贵的财富。分享一个有意义的故事，以变革的预期心态和行为为员工树立楷模，必定会增强全队的参与性。但投入必要的时间和精力去创建这个团队同样至关重要。这项工作包括为团队物色合适的人选，引导他们接受共同目标，然后在追求这个共同目标的过程中，把他们打造成一个密不可分的高绩效团队。

物色合适人选

在一个正在经历大规模变革的高层领导团队中，一定要有领导者带领这个团队进入变革所需要的状态。在某些情况下，驱动组织实施变革的需求来自外部，因此，变革并非源于团队的内在思考。但领导者的选择和行动有可能让公司陷入两难境地。不管怎样，高层领导者应始终不断拷问自己：在未来的旅程中，领导者本身是否是适当角色的适当人选。

高层领导者应投入大量时间去评价个别团队成员的能力，而后根据评价结果迅速采取行动。为确保评估的基础客观公正，有些领导者会征求第三方的意见。很多人发现，只要拿出时间绘制一个简单的技能（对应于未来角色所需要的技能，如技术能力、解决问题能力和情商）—意愿（对应于实现变革所需要的能力，比如对变革需求的认识、毅力和仆人式领导意识）矩阵，将团队成员和角色一一对应起来，就会让他们发现很多问题，并为下一步需要完成的任务提供线索。此外，有些领导者还发现，使用"强制排名"（forced rankings，杰克·韦尔奇为通用电气设计的绩效考评体系，由组织设定绩效等级，并根据员工实际绩效水平把他们强制分配到不同等级中，有人为对员工区分"三六九等"的意味）或"强制分配"（forced distributions）等方法，有助于从能力和投入意识等方面考察每个人在团队中的位置。

只要掌握了全部相关信息，最高领导者就不难确定该如何处置这些能力和意志品质低下的团队成员——或者说，业绩不佳、展现出负面行为的团队成员。但对那些"高水平、低素质"的员工，又该如何处理呢？虽然他们拥有不凡的业绩，但他们展现出的行为却无益于组织整体利益和变革实施？一种可取的策略就是为他们提供培训和辅导，重新定义他们的角色，并适当调整激励措施。但需要提醒的是，组织应密切跟踪关注针对这些员工的处理方式。对此，杰克·韦尔奇始终坚信："即便你的成果不菲，但只要不能践行我们的价值观，我就要找你的茬。"[20] 意大利国际银行的前首席执行官科拉多·帕塞拉对此深表赞同："如果有必要，一定要毫不犹豫地摆脱那些只喜欢喋喋不休地争吵但不喜欢合作的人，不管他们的才华有多么出众，千万不能手软。"[21] 我们曾发起一项调查，请高层领导者反思已经完成的变革计划——如果重新经历，他们会采取哪些不同的方法，44%的受访者表示，他们会以"更斩钉截铁的方式，踢开那些抵制变革的人"。[22]

但高层领导者应如何判断应在何时采取行动呢？受影响力模型的启发，我们可以把如下问题作为试金石：团队成员是否确切地知道，在推动变革方面，他们自己应如何作为？如果不愿参与变革，他们是否清楚会面对怎样的后果？他们是否有机会取得变革所需要的技能和信心？在团队成员身边是否有其他人（包括自己）能带来与预期心态和行为相符的角色示范效应？如果这些问题的答案是肯定的，那么，如何决策不言自明。

当领导者做出这样艰难的决定时，也恰恰体现出这些决定对企业的重要性，因此，他们是经过深思熟虑的。但是在这些决策面前，有些领导者可能会犹豫不决，因为他们担心这些行为有可能会给组织带来破坏性影响。但根据我们的经验，这种情况几乎从未发生过。相反，业绩优异的员工反倒会倍感轻松，因为真正的问题终于得到解决，这只会让他们对领导者心存感激。而绩效低下者开始怅然退出，因为他们看到得过且过的机会越来越小。而对这两个群体中间的大多数员工来说，他们会走出自满情绪的蒙蔽——很多人重新振作，主动去改善自己的业绩。

保持团队的和谐统一

确保团队的和谐统一，把有限的时间和精力用在有意义的工作上，这无疑是最高领导者不可推卸的职责。要让团队齐心协力，最高层领导者应引导团队成员去体会第 3 章介绍的"自主选择彩票号码"效应，从中汲取感悟和经验，并通过不断重申予以深化。即便领导者认为自己已找到答案，但他们还有一项更重要的任务，即引导团队自己去解答这些问题（或是走出当下，进入更优状态）。为此，应在整个高层领导团队中共享绩效和健康目标以及目标实现路径的理念，完成这项任务最有效的方法就是开展我们所说的"照镜子"研讨会，让他们面对最真实的自己。

在研讨会上，首先由全体团队成员分享案例库，具体可采用步行画廊的形式——两个人结为一组，对案例逐一开展讨论研究并进行相关分析，这样，他们可以按自己的节奏分享全部案例，而不是被动地跟随演示稿的节奏。之后，根据对案例后果做出的评论，采用电子投票等简单方法，确定他们对哪些方面已达成一致，在哪些问题上还存在分歧。在此基础上，下个步骤就是讨论和解决存在分歧的领域，这个过程须由专人主持，以确认导致分歧的基本假设（通常由外部人士主持，否则，即便参与者并非有意而为之，但依旧有可能把对话引入固有心态和行为的陷阱）。最后，对始终无法达成共识的问题，由最高领导者定夺，这就为下一步行动奠定了共同基础。

在确定绩效和健康的目标和方向之后，领导团队的下一项任务就是讨论和协调他们在推动变革过程中所发挥的共同作用——换句话说，哪些任务需要团队共同努力才能完成，而非个别成员可以做到的？他们认为自己应采取哪些行为才能共同以角色示范效应传递预期的心态和行为？领导力的内容不只是领导者自己怎样做，还需要他们引导其他人的行为——哪些是他们允许做的事情，哪些行为是他们不能容忍的？更具体地说，团队应花时间讨论的主题和问题是什么，哪些主题和问题不应纳入集体讨论？团队需要多长时间召集一次会议？会议地点如何选择？通常，可以把这些要素汇编到所谓的"团队章程"中，这样就可以把它作为考察团队未来合作方式的基准。

实现高水平绩效

即使分享共同愿景的团队已经建成，但仍须以合理方式把这些兼具智慧和抱负、却习惯独立思考的人笼络到一起，让他们齐心协力，为达成目标而共同努力。参加 1992 年奥运会篮球比赛的美国"梦之队"为我们提供了一个绝佳示例。这支球队的队员名单几乎覆盖了这项运动历史上最伟大的超级明星：查尔斯·巴克利、拉里·伯德、帕特里克·尤因、魔术师约翰逊、迈克尔·乔丹、卡尔·马龙以及斯科特·皮蓬，等等。有趣的是，尽管球队吸引了当时世界上最优秀的球员，但就在他们组建后的第一个月，这支"梦之队"就输给了一支由大学生组成的业余球队。用皮蓬的话说，"我们真不知道该怎样和这群小子打球。"[23]

另一方面，我们还可以想想 2016 年的德国国家足球队。就像《世界足球谈话》（*World Soccer Talk*）杂志评论员索伦·弗朗克（Søren Frank）说的那样，他们之所以能赢得世界杯冠军，凭借的是"集体努力和团队式打法……这支球队没有一个超级明星……这支德国队由勒夫（教练）组建，他们的打法就是发挥团队作用，在比赛场上，他们就是一支牢不可破的团队，以团队方式开展防守，以团队方式发起进攻。"[24] 对这个成功秘诀，迈克尔·乔丹给出了精辟总结，他说，"天赋可能会帮助你赢得一场比赛，但合作和智慧会给你带来一座冠军奖杯。"[25]

一旦确定了团队共同接受的目标，下一项任务就是厘清优先任务。为此，团队应以正规方式定期回顾和审查团队章程，确保团队始终在思考：如何更好地进行合作，找出妨碍组织实现更优绩效的所有障碍，并以合理措施消除这些障碍。在意大利国际银行，科拉多·帕塞拉定期召集团队会议，在会议上，"几乎没有不可分享的事情"，还要"让每个人都清楚，到底谁在做什么"，并确保"转型方案、预算和财务目标始终紧密结合。"[26]

按照经验法则，团队应把 80% 的时间用于沟通对话，只留下 20% 的时间用于演示。有效的对话需要结构良好、逻辑清晰的提纲。理想的做法是，在对重要主题做出有约束力的决策之前，团队首先应投入足够时间完成如下三项相互独立的任务：个人反思、小规模集体讨论和大规模集体对话。

通过个人反思，可以确保成员在谈话开始时即拥有独立的观点。当然，这样的观点必须富有建设性，因此，简单翻阅会议资料显然不足以达到要求，除非会议资料要求参与者在阅读基础上完成调查问卷。在会议过程中，一种可取的方法就是让参与者逐一分享自己的观点，但这种方法可能会引发明显的偏见，以至于歪曲对话的主旨。而效率更高、效果更好的方法则是使用电子投票。这就相当于所有人同时发言，如果投票结果表明某个观点得到一致认同，马上宣布接受这个观点，而后即可转入下一个话题——这就避免让人们在"暴力共识"状态讨论问题，以至于只看到分歧，忽略了共识。即使存在不同观点，所有人都能正视问题的存在，并以理性方式处理问题——需要让所有人都清楚他们不可能无所不知，在某些话题上，他们可能是门外汉，因此，最好的选择是倾听，而不是决策。

原则上，小规模集体讨论可以采取任何方式——既可以两两配对，也可以由最多 5 个人构成一组。在这些讨论中，参与者可以反思他们在形成个人观点时所依赖的假设，由于参与人数较少，因此，这个层面的思考深度远超过全员性讨论，从而让他们有机会进一步充实和深化自己的观点；另一方面，这也是他们达成初步共识的途径，这样，在后续的大规模讨论中，他们可以把重点集中于少数针对性更强的解决方案。此外，小规模讨论为他们提供了加深彼此了解的机会，这显然有助于强化团队成员之间的相互关系。视频会议有时无法取得这些效果，但也可以创建若干"分中心"，视频会议参与者加入这些分中心，这样，每个中心都相当于一个独立的小组，这就为视频会议参加者提供了发挥创造力的空间。值得注意的是，在这个话题上，我们不能不提到电话会议，这当然不是没有原因的。对此，我们赞同迪士尼前首席执行官迈克尔·艾斯纳（Michael Eisner）的观点，他不无遗憾地指出："我所做过的最糟糕的决定都出现在电话会议上。让你的团队聚在一起，面对面地讨论，这对强化纽带、成功合作至关重要。"[27]

在个人反思和小规模集体讨论之后，即可进入全团队范围的大规模讨论。如果前两个步骤已进行完毕，那么，这个层次的对话往往更有针对性，讨论方式也更有效，以期达成更有意义的解决方案。总之，这三个步骤创造了一种完全有别于我们习以为常的团队体验——议程貌似紧凑，实则内容烦琐，无休止的演讲成为会议的基本模式。但真正深入精髓并直抵细节的问题寥寥无几，没有讨论，更没有争论，只有面无表情的礼貌性点头。

场面浮华但实质空洞的表演并不困难，以我们描述的这种方式去组建高绩效团队绝非易事，但这些付出必将得到回报。例如，在领导希捷集团逆转颓势的时候，史蒂夫·卢佐（Steve Luczo）就把团队合作作为首要任务，这个举措产生了立竿见影的效果。对此，他的同事、前首席财务官查尔斯·波普（Charles Pope）指出，"今天，公司员工开始把自己视为团队。我们得到的反馈是，我们始终同舟共济。现在，我们正在携手前行，相互尊重。我们已拥有了打造共同目标的能力。"[28]

持之以恒地追求影响力

时代人寿集团（Time Life）前董事总经理杰克逊（C. D. Jackson）的观点尤其令人难忘，他认为，伟大的想法就像飞机，它不仅需要翅膀，还需要起落架。也就是说，启动大规模的变革计划或许并不困难；真正有意义而且更困难的是把变革坚持到底，度过布满荆棘的执行过程。高层领导者倾力投入他们的个人精力确保组织的变革努力带来预期结果，或许没有其他手段能代替领导者的作用。

亲力亲为

在任何大规模的变革计划中，都会出现第 5 章所述"绩效餐垫"中的诸多行动方案。入围这个名单的方案，当然都是关系到最重要的客户或是影响公司财务和形象的重大行动，因此，它的遴选和决策过程应有组织最高领导者的个人直接参与，以确保所有入选行动的总体影响力。此外，通过确定这份优先行动方案清单的过程，高层领导者也在向组织发出信号——这项工作很重要，另一方面，他们自己也借这个机会深入了解细节，以便制定更有利于目标加速实现的决策，并以个人智慧和质量控制推进价值创造的最大化。

但对某些高层领导者来说，在卷起袖子、亲力亲为之前，可能还需要他们三思而后行——哪些才是他们需要优先做的事情。曾在美国联信公司和霍尼韦尔担任过董事长的拉里·博西迪指出，"很多人认为，执行环节过于细化，没有挑战性，因此，亲力亲为会有损商业领袖的尊严。但这是错误的……这恰恰是领导者最重要的工作之一。"[29] 被称为"商界王子"的时装界大咖米基·德雷克斯勒（Mickey Drexler）曾因带领盖璞（Gap, Inc.）和安妮-泰勒（Ann Taylor）走出困境而声名大噪，他始终认为，在领导变革的道路上，"你必须亲自去现场，必须亲眼看，必须亲身体会。"[30]

亲力亲为的领导者不喜欢待在豪华的办公室，他们更愿意亲临现场，协助业务部门解决问题。山特维克材料技术公司（Sandvik Materials Technology）董事长彼得·格萨斯（Peter Gossas）表示，"在出现问题时，如果我亲自来到工作现场，站在板条箱上——以便让所有人都能看到我，并参与值班部门的讨论，共同寻找解决方案，这肯定会有所帮助。"[31]

有些高层领导者认为，参与具体行动是在剥夺直接负责人的权力。如果高层领导者不听取现场负责人的观点，甚至在尚未完全了解事件真相之前就试图接管权利，那当然是明目张胆地篡权。但另一方面，如果高层领导者参与的目的是为了表达行动的重要性，而且在形势可控条件下，这种参与不会妨碍或是延缓工作进度，他们在这个过程中兼具提供指导和自我学习的双重角色，那么，这种行为往往会让员工感到振奋鼓舞。

让领导者各司其职

组织的最高领导者既不可能、也不应该参与每一项变革行动。但是，他们必须对整体方案组合承担责任，并履行与此相关的义务，比如，主持评估计划进展情况的审核会议，庆祝成功，协助解决审核会议提出的问题，确保其他领导者对变革计划的执行承担责任。

要让领导者各司其职，切实履行自己的职责，不仅要看他们做的怎样，（是否言行一致，用行为兑现他们的承诺？）还要看结果如何。（是否创造出我们预期的价值？）此外，最高领导者的另一个重要职责，就是针对绩效和健康问题是否以同等时间和精力做出决策，约束短期行为及对财务指标的过度重视，避免因此而损害公司的长期利益和可持续增长。

按照第 7 章最后部分讨论的公平原则，最高领导者的重要任务之一，就是确保决策必须植根于事实。在安进集团的变革中，凯文·夏尔曾明确表示，对审核会议这个环节，"即兴发挥的日子早已一去不复返，一切皆要有依据。"[32]

站在最高处掌控变革计划显然并非易事。谈起这一点，霍尼韦尔前董事长拉里·博西迪的观点是，"你既要提供反馈，主持对话，还要向人们展现你对其他人或事做出的判断，如此巨大的个人投入不仅要占用大量时间，还要付出大量的精力。"[33]归根结底，让所有人各司其职至关重要；但就像《高效能人士的七个习惯》的作者史蒂芬·柯维（Stephen Covey）所说的那样，"责任感只会让你拥有敏锐的反应能力。"[34]

■ ■ ■

在大规模变革这个重大话题上，最高领导者的重要性不言而喻。只有这个人，才能通过把变革故事转化为个人故事，以开诚布公的方式广结良缘，引导组织聚焦成功，使变革走向名副其实的成功。也只有这个人，才能通过个人转型和深思熟虑的象征性行动实现角色示范的变化，为组织树立效仿的楷模。此外，在推动变革的同时，他们还通过物色合适人选、统一目标和打造高绩效团队，为组织创造兼具实力和忠诚度的顶级领导团队。最后，最高领导者还需要亲力亲为地为关键行动提供支持和赋能，确保团队成员各司其职并采取正确的行动，保质保量地实现绩效和健康目标，把追求影响力视为他们永久的使命。

我们承认，对很多风格彪悍的高层领导者来说，我们描述的角色确实包含了太多"软"要素。但我们可以保证的是，大量的力量研究和实证经验已明确无误地说明，无论能否看到它们直接创造的价值，这些"软"元素都同样重要。此外，我们还发现，不管领导者的风格如何，要做好这件事都绝非易事——因此，它们无疑是我们真正实现"个人转型"最理想的起步点。

变革领导者的角色：
成就伟大变革领导者的基础

不管你是自愿还是被迫，有机会代表组织去领导一次大规模变革计划总归是值得祝贺的事情！毫无疑问，这段经历注定会成为你职业生涯中最伟大、最辉煌的成就之一。如果像大多数新上任的大型变革项目负责人那样，你也会对未来的挑战充满期望、兴奋和焦虑。兴奋源于你拥有在这个更大舞台上展现自己的机会，并在组织的发展历程中留下永久的印痕（带来"化茧为蝶"的影响）。而焦虑则来自另一个不争事实——期望值越高，头顶的聚光灯就越强，你面对的工作就会越复杂。更重要的是，你其实很清楚，无数实证研究表明，大规模变革项目的成功概率并不高。

但如果你已看到本书的这个部分，我们相信，它肯定会给你带来更多的兴奋，并让你的焦虑大为缓解。因为此时此刻，你已经知道该如何克服困难。毕竟，你已经掌握了一张路径清晰、逻辑周密的五阶段路线图，它会让你专注于对成功至关重要，因而需要你有效管理的绩效及健康维度。但是，仅仅知道该做什么显然还不足以让你成为一名伟大的变革领导者。在过去的八章里，我们始终在探讨你需要"做什么"，而在本章中，我们将关注如何让你"真正成为"一名伟大的变革领导者。在深入讨论这个话题之前，我们不妨厘清这两者之间的区别。

从定义上看，在"行动"（doing）模式中，我们的目标是完成任务，做应该做的事情。比如说，在"统一目标"阶段，我们的思想和行动专注于制定合理的长期愿景，并把它转化为相对具体的中期目标，在这个过程中，防范各种心理偏见的影响尤为重要。此外，我们还需要对组织的健康状况进行检验，提示我们哪些卓越的地方需要发扬光大，哪些问题环节需要修复改善。当然，还有很多事情需要我们去做！在这种模式下，我们会对照预期或必要的标准，不断检测和评价当前状况。一旦发现不匹配问题，我们的大脑就会发出指示：采取行动，减小差异。

"行动"模式对推进所有与任务相关的工作尤为关键，当然也包括变革这样的大工程。但是在涉及变革领导者处理自身的情绪状态时，这种模式显然一无是处。但我们的情绪状态同样非常重要。毕竟，我们不是一台行为机器，我们是人，这才是我们的存在状态。正如我们在第4章结尾"大师点拨"中进行的讨论，对有血有肉、有情感的人类来说，如果一味地盯着问题，只会招致相互指责，让人们身心疲惫，进而萌生无尽的挫败感。尤其是对于变革计划这样的事情，并非所有决定成功的变量都是可控的。我们曾遇到过很多变革领导者，他们一开始充满了乐观、兴奋和坚定，但在推动变革计划的12个月后，他们开始体会到无穷的烦恼和厌倦，并听任于"竭尽全力，顺其自然"的宿命论，至于下一个角色，他们几乎已彻底丧失了耐心。

变革领导力的"状态"（being）要素同样至关重要，因为正是我们的状态帮助我们在领导变革计划的同时，依旧对本职工作激情不减，对生活感到心满意足。它让我们不会拘泥于把缩小预期和现状的差距作为唯一要务的狭隘思维。反之，在处理当前状况时，它让我们不因树木而不见森林。它让我们相信直觉，并充分发掘直觉的潜能，避免在复杂的环境中陷入挫折当中不能自拔。在面对挑战时，它告诉我们，挑战的背后就是机会，而且这是我们最好的学习机会。它激励我们发挥创造力，飞越迷雾，驾驭未知的世界，进而创造新的可能性。

当然，我们也清楚，有些人会回头阅读上一段，甚至会反复阅读几遍，但他们依旧会迷惑不解，想知道我们到底在说什么。我们发现，拿武术做类比或许有助于我们区分这两种模式。我们可以把空手道视为一种"硬"武术——它强调的是防住对手的进攻，而后以拳脚实施反击。因此，它首先以防守为基础，尽管这种战术某些情况下确有帮助，但其缺点也是显而易见的："不管你怎样防守，进攻始终存在。"

另一方面，我们可以把合气道视为一种"软"武术。它的核心不在于反击；而是通过顺应并利用进攻方的力量，顺势而为，从而达到分散对手进攻能力的目的，并最终把对手的力量转移到不会给自己造成伤害之处。这就需要发挥直觉的作用，瞬间判断出对手攻击的力量和方向。然后，根据对手的进攻改变自身姿态，以利用输入动量让对手失去平衡，这样，在你保持身体平衡的情况下，进攻方却失去继续进攻的能力。

作为领导变革领域的武术大师，阅读了这段介绍合气道与空手道差异的描述，你就会意识到，空手道中的黑带在变革领域意味着什么（"五框架"）。在本章，我们将学习合气道中最重要的动作——我们把这些动作统称为"正念领导"（centered leadership）艺术。

状态：成为正念变革领导者

我们的研究表明，成为一名正念变革领导者涉及五个要素，如图 9-1 所示。

图 9-1　正念领导力模型的基本要素

当这五个要素结合起来时，它们就会让变革领导者拥有强大的坚韧性和情感能力，去领导绩效和健康五框架所要求的"行动"。

1. 意义（meaning）：在内心深处认识到，我们所做的事情为什么对自己至关重要，并引导其他人去发掘各自的内在动力与目标源泉。

2. 框架（framing）：在逆境中发现机会，即使是最艰难的困境中，也能找到具有建设性和创造性的解决方案。

3. 联系（connecting）：主动采取措施，建立一个具有互惠性和可持续性的内外部关系网络。

4. 参与（engaging）：培养成功前进的信心和灵活性，即使面对不确定性和风险也不会缩手缩脚。

5. 赋能（energizing）：通过系统性投资激发我们的身体、心理、情感和精神能量，并打造激励他人的实践和规范。

我们的研究显示，正念领导力模型的这五个基本要素相辅相成，相互促进。[1] 经常练习这五个要素，会让我们对自己的工作充满激情；对于领导者来说，会让我们更有效；对普通人而言，会让我们对生活更满意（见图9-2）。

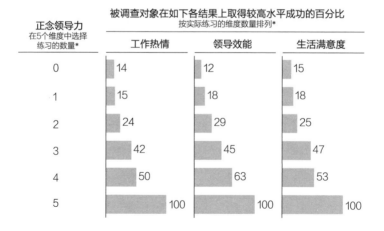

图9-2　收益倍增效应

* 被调查对象需要回答一系列问题，以评估他们对正念领导力模式中各个维度的练习频率；"频率"和"高水平的成功"均对应于每个类别中排名在前20%的被调查对象。

考虑到这些元素的力量源自它们的结合，因此，我们随后将逐一对这些元素展开详细研究。

意义

在正念领导力模式中，"意义"对应于变革领导者由内心出发激励自我和他人的能力，它源于一种根深蒂固的信念，即，"我或者我们正在做的事情非常重要"。丹娜·左哈尔（Danah Zohar）和理查德·巴雷特（Richard Barrett）等知名思想家的研究揭示了这种动机的源泉。这与魅力和激励无关，我们要全身心地去追求自己的目标，并帮助其他人与这个目标建立联系。[2] 当人的行为源自因真实目标而建立起来的纽带时，那么，如果他们能为实现这个目标而发挥角色示范效应，其榜样意义自然更有说服力，而且他们的沟通也必然会更有号召力。反之亦然：当你忍不住想到，"我为什么要这样做呢？"在这种情况下，你会发现，很难找到全力以赴去追求结果的动力，当你周围的人意识到你没有信心和信念的时候，他们怎样会有呢！

如果变革领导者在"意义"这个维度上得分较高，他们会对自己从事的工作有更高的责任感和更强的投入意识，会以更强烈的动力和激情去实现变革目标。在正念领导力模式的全部维度中，意义这个维度对工作及生活满意度的贡献最大。事实上，我们的研究也表明，它对整体生活满意度的影响力足足是任何其他维度的 5 倍。[3] 这个结论也得到积极心理学（心理学的一个分支，它的研究目标不在于治疗精神疾病，而是如何让正常生活更充实，更有意义，更有成就感）领域专家的肯定，他们无不认为，有意义的生活才是幸福的生活。[4] 譬如，著名心理学家肯农·谢尔顿（Kennon M. Sheldon）和索尼娅·柳博米尔斯基（Sonja Lyubomirsky）通过研究发现，从长远看，有意义的工作是提高整体幸福感的最佳方式。[5]

在商业领域，领导者应成为"意义创造者"的概念几乎人尽皆知。拥有强大影响力的商业理论学家加里·哈默尔始终坚持，现代管理者应该把自己视为"有意义的企业家"。[6] 在本书前述的讨论中，我们就已经大量提及与意义创造相关的各种方法，比如说，"自主选择彩票号码"效应（通过参与待执行解决方案的制定过程而强化执行的动力）和"五种意义的源泉"（确保变革故事被所有人接受）。但它们都是从"行动"的角度探讨意义。

在"状态"层面，可以从如下三个关键点掌握意义的内涵。首先是认识和利用我们所独有的"优势"。就像我们在第4章里看到的保龄球比赛，在继续巩固和放大自身优势的基础上，我们就更有可能以更高的激情去赢得比赛，而不再拘泥于查缺补漏，解决漏洞。

其次，对自己的领导目标有强烈的认识和感受。这种感受并不是"达到目标"（这是"行为"的目的）的强烈愿望；相反，我们在这里谈论的感受是你作为领导者希望自己给其他人产生的影响。要理解这一点，不仅可以想想我们拥有哪些优势，还要考虑我们的过去——在我们以往的生活经历中，我们在什么时候曾经感受到深深的幸福和满足？我们从曾经面对的挑战中学到了什么？当然，还可以考虑一下我们的本性，比如说，你的核心品质是什么？在即将走到生命尽头的时候，我们希望给这个世界留下哪些贡献？作为一个人，我们最有可能留下怎样的影响？通过这些问题，我们就可以确定，作为组织的领导者，什么样的目标既适合自己又能被你周围的所有人接受。当你退休时，作为组织的领导者，你希望给组织的领导力模式留下怎样的影响——你希望同事、家人和朋友如何描述你的退休演讲，对你做出怎样的评价？而对于你在即将开启的变革中承担的变革领导者角色而言，这种领导力遗产又意味着什么呢？

最后，要掌握意义的内涵，还需要与周围的人分享你的领导力愿景，让他们为你提供积极的挑战和支持。完成这三项任务，我们就会发现，我们在行动和决策中拥有了一个强大的指南针，随时为我们指明正确的方向，无论是在胜利的喜悦中，还是在困难的重压下，它都会让我们屹立不倒。

框架

在第4章中，我们讨论了对组织基本心态进行"命名和重构"的重要性，这也是改善组织健康和企业绩效的重要出发点。而对变革领导者而言，重要的就是要意识到，我们正在以怎样的潜意识框架去看待世界，看待我们所经历的过程。而选择怎样的框架，必然会对我们的生活和职业未来带来巨大影响。显然，通过探索个人心态去揭示和改变制约业绩发展或自我挫败的思维确实是高度个体化的事情，但是，有一种意识框架对变革领导者而言尤为重要，这就是乐观主义。

不难设想，积极的思维框架会对改善变革领导能力带来怎样的影响。悲观主义者倾向于把消极的事物永久化和普遍化，并把原因归咎于个人的内在因素。这就会限制他们的思想宽度，让他们对更有战略意义和长远价值的方案视而不见，转而陷入自我挫败的怪圈，以至于他们的能量很快就会消耗殆尽。反之，在乐观主义者的思维中，一切消极的事物都是暂时的，特殊的，源于周围环境中的外部要素。这显然有助于他们厘清事实，主动发掘更多新的可能性，并迅速采取行动，扭转局面。

想象一下，你正在为上司介绍演示稿。但你的上司明显心不在焉，演示刚进行到一半，最高领导者便起身离开。结果可以想象，在演示结束时，你很可能会得到不冷不热的回应，而不是你心里期待的掌声雷动。那么，在离开会议室的时候，你的脑海里会想到什么呢？你是不是在想：难道是我的内容或成果有问题吗？你是否开始担心：管理层是不是已经对我失去了信心呢？你的职业生涯是否也会陷入螺旋式下降的怪圈呢？如果是这样的话，那么，你就可以认定，你正在以悲观主义视角看待现实。如果你不能让自己及时走出这个怪圈，那么你的脑海里就会出现无数种对自己不利的结果，让你难以自拔，以至于它们会彻底击垮你的风险承受力——而这恰恰是所有成功变革领导者必须具备的能力。

反之，如果你是一个乐观主义者，那么你的思维则会走上完全不同的方向。此时，你想到的是，领导团队是否正在解决远比你的方案更重要的紧急事务，也许是你进行这次演讲的时机不对，但因为他们非常重视你和你的方案，因而不想打消你的积极性，才让你有机会完成这次演讲？你甚至可以借这个机会停下来问，"我还可以继续介绍吗？如果您现在有其他事情要处理，我们可以另外安排时间。您看我现在该如何处理更为妥当呢？"这些乐观的做法会创造出更大的弹性空间，让你拥有更大的韧性：这是一种缓解冲击、减弱冲击影响并做出有效反应的能力。不可避免的是，任何事情都不可能在所有情况下按部就班地进行，但即便是不顺心如意的时候，乐观主义者也能坦然地走出困境。

乐观主义不仅让我们更有可能实现成功，还会给我们带来其他收获：首先就是健康和人气。正如美国前总统比尔·克林顿说过的一句话："没有一个头脑正常的人愿意接受悲观主义者的领导。"作家罗尔德·达尔（Roald Dahl）也深谙这个观点，他说："不相信魔法的人永远找不到魔法。"[7] 再想想托马斯·爱迪生在67岁时的经历，他的实验室因为火灾被彻底摧毁。作为一个天生乐观的人，面对毕生付出毁于一旦的场面，他的反应是什么呢？他对这次事故的反思是，"灾难的价值同样不可小视。现在，我们所有的错误都被火烧得一干二净，现在我们可以从头再来。"三周之后，他发明的留声机便宣告面世。1984年，也就是与他人共同创建苹果公司的8年之后，史蒂夫·乔布斯被公司解职，他当时是如何看待这件事的呢？他并没有像悲观主义者那样认为这是对自己职业生涯的沉重打击，相反，他认为，"离开苹果公司是我所经历过的最有意义的事情。成功带来的负重终于再次被回归初学者的轻松所取代……它让我步入人生中最有创造力的一段时期。"[8]

当然，并非所有人都是天生的乐观主义者。其实，我们中的很多人并不具备这种禀赋。相关研究表明，一个人是否拥有乐观主义的性格，50%取决于遗传基因。但是在《学会乐观》（_Learned Optimism_）一书中，马丁·塞利格曼（Martin Seligman）认为，乐观主义是一种可以习得的属性。[9] 尽管悲观主义者不能改变他们的基本性格特征，但他们可以学会利用乐观主义者经常使用的工具，把事件和条件置于适当的环境中，从而帮助他们改变此时此刻的心境。实际上，在很多情况下，他们在无意间就已经在这么做。至于实现这种转换的技巧，与我们在第6章"让变革成为关键群体的个人使命"部分介绍的自我认知技巧如出一辙。首先，我们从研究存在于自身行为中的"冰山"开始（探究与心态有关的行为动机），然后，确定我们在什么情况下会下意识地进入乐观主义或悲观主义的思维模式中。这样，我们就可以深入剖析，通过这种行为，我们到底会满足哪些根本性需求（与失败、拒绝、伤害、被评判、被发现或是没有所有答案有关的希望或恐惧，等等）。基于这样的自我意识，我们即可探索转而以乐观主义视角实现这些目标的可能性。

需要澄清的是，这里所说的乐观主义思维框架完全不同于第 3 章所述领导者应规避的乐观偏差。这并不是说，在我们必须继续前进的时候，不再纠结于某个棘手的问题，也不等同于人们经常提到的"积极思考的力量"。相关研究表明，即使你能说服自己采取乐观主义态度，但这种思维框架的转变充其量也只是暂时的。另一方面，真正的乐观主义者往往是现实主义者。也许最令人感到不可思议的是，他们比悲观主义者更能面对残酷的现实。在代表作《从优秀到卓越》一书中，吉姆·柯林斯提出的"斯托克代尔悖论"（Stockdale paradox），生动形象地描述了这个心理机制。在越南战争最激烈的时期，吉姆·斯托克代尔（Jim Stockdale）上将被俘，并被关进所谓的"河内希尔顿"战俘营，当时，他是该战俘营中级别最高的美国军官。从 1965 年至 1973 年，他一直被囚禁在这里，经常遭受酷刑，不仅丝毫享受不到囚犯的权利，也没有释放日期，因此，他根本不知道是否还有机会见到家人。那么，他是怎么活下来的呢？"我从来没有怀疑过，我不仅能走出战俘营，而且迟早会成为人生赢家，我会把这段经历变成我一生中最有意义的事情……（但）你永远不要把信念和原则混为一谈，你的信念就是一定会成功——这是你永远都不能失去的东西，一旦丧失，你将一无所有；而原则就你必须要面对现实中最残酷的事实，不管有多么残酷，你只能忍受。"[10]

联系

中心式变革领导者的另一个标志就是能与来自不同利益相关者群体的有影响力的人建立联系。这些领导者拥有复杂的社交网络，这不仅扩大了他们的个人影响力，又加速了他们的个人发展，因为在与他人接触的过程中，他们会遇到形形色色的观点和经历，这对他们个人而言无疑是一种巨大的补充和丰富。

心理学理论早已验证人际关系对我们的幸福至关重要。事实证明，它们对我们的成功同样至关重要。哈佛大学的心理学教授罗纳德·海费茨（Ronald Heifetz）和马蒂·林斯基（Marty Linsky）通过研究发现，善于对个人关系进行深入思考的人，在变革领导者的角色上更有可能取得成功。[11] 同样，管理学者欧内斯特·奥博伊尔（Ernest O'Boyle）及其同事的研究表明，个人的情商（EQ）水平对绩效的影响深度远超越那些与性格和智商有关的因素。[12] 百事公司开展的研究验证了这些结论。在类似的装瓶工厂中，情商最高的团队比正常情商团队的业绩高出 20%，而情商最低团队的业绩则比正常情商团队低 20%。

心理学家兼科学记者丹尼尔·戈尔曼在《情商：为什么情商比智商更重要》（*Emotional Intelligence：Why It Can Matter More Than IQ*）一书中提出了情商的概念。他在这本书中介绍了一项调查：他选择了数百家公司的几千个职位作为研究对象，分析了拥有"优异"绩效者和"较好"绩效者之间的差异。结果显示，90% 的差异与情商有关——强调一下，是情商，而非智商。[13] 更重要的或许是，他的研究还表明，情商是一种可以习得的能力。如果领导者经常反思正确的话题和问题，那么，他们就可以改善自己在情感层面与他人建立联系的能力，并据此采取能实现最优效果的关系类型。

要成为一名善于结交关系的联系者，我们对变革领导者提出的第一个建议是要投入时间去培养情商，以为自己即将承担的角色做好最全面的准备。这里，我们不妨以信任这个概念为例，信任无疑是建立稳定关系的基础。假如我们这样问你：你有多么值得信赖？你很可能会回答"非常值得信赖"。但假如我们再问你，在信任的全部四个基本要素中，你在每个要素上体现的程度如何，那么，通过回答这个问题，你就会对如何与他人更好地相处有所了解。你有多可靠（言而有信）？其他人对你的接受程度如何（以同理心倾听和尊重他人的观点，而不带有个人偏见）？你的心胸有多开阔（毫不吝啬地给予他人帮助，直言不讳地向他人寻求帮助）？你有多一致（你的一言一行始终与自己的真实感受和信仰保持一致）？如果你需要在家庭行为和工作行为这两种不同的情境中回答这些问题，那么，你的答案会有所不同吗？为什么是相同的，或者为什么会出现差异？回想前几节针对"意义"讨论中提到的，我们希望会给组织留下怎样的领导力遗产，两者是否有异曲同工之处呢？

我们给变革领导者的第二个建议是，要从战略视角看待他们为最大限度成功履行职责所需要的关系网络，并有策略地去创建和扩大这个关系网。在这个过程中，他们应随时提醒自己，在思考他们所需要的网络时，很可能会受到性别歧视或其他偏见的干扰。相关研究已表明，女性更倾向于维护数量较少但富有深度的社交关系（这种类型的关系有助于获取"让我告诉你该怎么办"这样的建议），而男性往往喜欢拥有数量更多但相对肤浅的社交关系（有助于利用更广泛的资源获取更多的知识和机会）。[14] 对伟大变革的领导者而言，两者缺一不可。

尽管我们提倡创建良好的社交网络，但我们所说的网络，不只是由组织中同级别人员和上司构成的网络。我们还要思考第 6 章提到的各种类型的影响力领袖。在这方面，我们认为有必要听听网络咨询师卡罗尔·卡门（Carole Kammen）的建议，她认为，我们需要对自己的网络进行压力测试，并确保它能给我们带来一系列有价值的收获：智慧和经验、富有同情心的倾听能力、挑战和视角转变、有助于为社交系统提供导航、持续性辅导、富有远见的感知以及慷慨无畏的支持。有的时候，这项收获可能会以完全不同于预期的形式出现。比如说，在思考如何辅导员工有效使用互联网时，通用电气的杰克·韦尔奇想到"反向指导"（由年轻、资质较浅的员工向年长的资深员工提供知识和启发，以达到辅导的目的）的思路，于是，他在公司内部找到两名不到 30 岁的年轻人，帮助老员工加快了解互联网。[15]

最后，我们鼓励变革领导者深入思考如何确保这个网络拥有互惠性——双方平等地进行给予和索取。为什么要这么做呢？正如著名社会心理学家纽约大学的乔纳森·海特（Jonathan Haidt）所言，"一种关系到底能延续多久，取决于双方认为他们在这种关系中得到的收获与其投入成正比的程度。"[16]

参与

参与的内涵，首先就是全面参与与实现变革相关的所有事务。你要让所有人都意识到，你的唯一愿望就是赢得这场比赛。其次，参与需要我们必要时展现出足够的胆量和勇气。用爱尔兰足球运动员吉姆·古德温（Jim Goodwin）的话来说，变革领导者必须认识到，"不可能的事情之所以尚未成为可能，往往是因为没有尝试过。"最后，参与就是要切实承担责任，为自己、组织（团队、同事、上司和员工）及组织利益相关者的变革体验带来积极影响力。真正的变革领导者对待工作和生活的心态是，"既然如此，那就由我来承担。"

不愿意承担责任、缺乏参与精神的人，在互动中往往缺乏主动性，他们更愿意接受改良，而不喜欢变革，面对挑战，始终认为这已经超越他们所能控制的范围。他们从不尝试去解决问题，只会把责任归咎于他人。在我们针对正念领导力进行的研究中，所有不善于应对风险、恐惧甚至机遇的受访者，都会表现出明显的信心匮乏：在他们当中，只有13%的人认为自己具备领导变革的技能。[17]

参与和思维框架的不同之处在于，积极的思维框架让我们有能力在困境中发现机会，而参与则让我们有勇气去克服困难，抓住这个机会。在创作于1951年的书中，苏格兰作家、登山家威廉·亨利·默里（William Henry Murray）总结了参与的重要性："在一个人做出承诺之前，他会犹豫，他还有退缩的机会，总是想到各种艰难险阻……但是，当一个人斩钉截铁地做出决策的那一刻，天意也会为之感动。"他认为，参与会引发一系列连锁反应，这些反应进而"引发各种不可预见的机遇、人和物质上的支持，这种貌似天赐的良机是任何人都无法想象的。"[18]

那么，应如何提升我们的参与度呢？简单了解一下大脑的生理机能是如何支配我们的本能反应的，或许会给我们带来启发。简单地说，大脑由三个部分组成。第一个部分是脑干，负责控制呼吸等基本生理功能。第二个部分是调节心理情绪的边缘系统。第三个是大脑新皮质，支配我们的逻辑推理和创造能力。

在边缘系统中，存在一个被称为杏仁核的器官，它的功能是保护我们免受身体或情感伤害。在周围环境的信息进入我们的感觉器官时，杏仁核在信息通往新皮层的途中对其进行测试，以确定我们是否有时间思考。如果杏仁核检测到威胁，就会缩短我们进行理性思维的过程，并向我们的身体发出信号，立即对威胁做出反应。这个过程通常被称为"杏仁核劫持"；此时，我们并不是主动选择反应，这种反应的出现完全出于本能。因此，在我们被劫持时，我们会做出最原始的反应——战斗、逃跑或是原地不动。

不妨用常见的例子说明这种现象在现实生活中是如何发生的。假设今天是 4 月 1 日，在很多西方文化中，这一天被人们称为愚人节——人们喜欢用没有恶意的笑话或是恶作剧庆祝这个荒诞的节日。因此，到了这一天，一定要对同事保持警惕，因为即使在"正常"日子里，很多人也是恶作剧的始作俑者。当时你走进办公室，惬意地看到一切都井然有序。于是，你坐在办公椅上，却没有注意到有人在你的座位下安了一个空气喇叭，当你坐下的时候，你的体重会让喇叭狂叫起来。当这只喇叭发出 130 分贝的噪音时，你的反应是什么呢？你会本能地从椅子上跳起来，发出惊慌失措的尖叫，全身肌肉紧张，心跳加速。直到你跳离椅子，喇叭声音停下来，你感到威胁已经消失，你的大脑才有时间去思考，到底发生了什么——然后，你才注意到，在你办公室的玻璃墙外，你的同事们已经笑得前仰后合！

那么，刚才到底发生了什么呢？毕竟，坐在办公椅上，还不至于让你身处生死攸关的境地。此外，在心理上，你实际上已对今天可能发生的恶作剧有所警惕。但你的杏仁核还是被危险信号所触发，它向你发出了被劫持的信号。对此，你无能为力，这完全不是你所能控制的。因此，即便是先思考后行动，依旧有可能以灾难而告终，似乎只会是这样的结局。你刚刚体验了一次"逃跑"式反应。

　　现在，我们再换一种假设方式：在愚人节当天很晚的时候，你一个人在家。当你穿过餐厅时，你在不经意之间用余光看到了什么东西，好像有什么东西在动，这让你惊出一身冷汗。你马上进入另一种状态，一动不动，一声不响。实际上，你此时此刻正在经历一种原始的"原地不动"式反应——它试图让你无间隙地融入当时的环境中，以免让潜在袭击者意识到你的存在。然后，你慢慢地恢复镇静，开始理性评估环境的状态，而后，你豁然顿悟，罪魁祸首原来是窗外街道上行驶的汽车，前灯发出的灯光照射进来，反射在同事送给你的新花瓶上，光源的移动让花瓶的影子也随之移动。而同事之所以送给这支新花瓶，则是为白天的恶作剧向你表示歉意！经历了这一番惊吓，尽管你知道没有任何真正的危险，但你还是非常渴望有一个陪伴者，于是，你决定开车去朋友家。在途中，有人在高速公路上毫无理由地挡住了你的去路。你突然感到肾上腺素飙升，于是，你发出一连串的咒骂，并向对方做出最恶毒的手势。欢迎进入"战斗"模式！

　　上述示例清楚地表明，我们的杏仁核才是最恶毒的恶棍。当身体受到潜在威胁时，它会指挥我们做出某种反应，在生活中，这倒不至于带来什么大问题，但是在工作场所或是公开社交活动中，这些反应就有可能造成严重后果。为什么呢？思考一下，我们的杏仁核不仅会保护我们的免遭物理伤害，也能保护我们规避情感伤害。比如说，在会议结束之后，如果有一位同事说"我想对你的观点提一点意见"，听到这种反馈，很多人的第一反应就是进入"战斗"模式，即便貌似认真倾听，但内心则是充满了反感和排斥。有些人则会进入"逃跑"模式，他们会选择逃避，拒绝对方的反馈，选择避而不谈。还有些人会采取"原地不动"的反应，虽然他们不反驳对方的反馈，但并没有真正倾听，而是充耳不闻。因此，无论是在我们的内心世界中（譬如怨恨、复仇思维或是忽视他人），还是与外界的互动方式中（如被动反击、虚假接受或者公然争论），这些反应都有可能引发恶性循环。

　　掌握一种完全不同的反应方式，对变革领导者尤为重要。他们可以选择采取"创造性反应"，而不是把全部权限交给由本能控制的"被动式反应"。通过"创造性反应"，我们成为环境的主宰者，这样，我们就可以充分了解情况，尽可能采取双赢式的解决方案。要选择这种"创造性反应"，首先需要意识到让我们感觉威胁正在临近的身体信号。这些信号的具体形态因人而异，但典型的例子通常包括手掌出汗、心率加快、心慌、脸色涨红以及下颚紧锁等。一旦感觉身体向我们发出这些信号，下一步就是让自己回答一个问题，以激活我们的新皮质。在这方面，最有效的方法就是让个人成为主导者，因而需要对当下情况承担责任，这样的问题包括："我在这个创造过程中扮演什么角色？""我能从中学到什么？""在这种情况下，我们双方如何都能成为胜利者？"以及"这种情况如何才能拉近我们之间的距离？"要为我们的理性思维争取时间并重新获得掌控权，一种有效的方法就是向对方提出一个问题，比如"能向我介绍更多的情况吗？"或者"是否可以帮助我加深一下理解"。此时，不妨使用一种最原始的方法——在心里默默地数到 10。这样，我们就可以让新皮质赢得一个处理当前情况的机会。

　　再看看另一个假设：你在凌晨 2 点收到一封电子邮件。白天，你始终在考虑为行动团队配备人员的事情，在经历了一天的高强度工作之后，此时的你已经筋疲力尽。这封邮件中写道："我的一个想法是，简在目前工作中发挥的作用太大了，因此不应该让她全职加入你的项目，而且我还认为如果确有必要的话，我们或许需要重新审查这个行动方案。"此时，被动反应模式迅速呈现，促使我们不假思索地想到行动的执行发起人，他的言辞马上映入我们的脑海，我们马上就想以同样的语气回复邮件，比如："真是这样吗？我们之前已经商量好了；这种反思恰恰可以说明，我们为什么要这么做；如果你不这么做，就会出现问题；不这么做是不可接受的；我非常希望……诸如此类的话。但是按"创造性反应"模式，你会这样回复邮件："非常感谢你提出的建议。我非常期待在这些问题上了解更多情况——我们明天电话再聊。"然后，好好睡一觉。第二天通话之前，务必与执行发起人做好沟通，对如何拉简进入你的项目做好安排。

变革领导者也可以采取措施，彻底消除不必要和没有意愿的劫持行为。要做到这一点，首先要拿出时间了解引发采取劫持行为的触发因素（如批评、感觉被人议论、诚信受到怀疑、信誉遭到质疑、被打断、过于烦琐或是目标不明确等）。在厘清诱因之后，就可以分析背后的根源，看看它们为什么会触发劫持行为，这往往可以让我们认识到，这些格式化体验如何导致杏仁核做出如此虚张声势的反应。这就为领导者创造了一个可以选择的机会：他们是否愿意让古老的生理机制影响他们当下思维和反应的方式，并彻底释放引发他们做出劫持行为的阴影——往往是非理性的恐惧。这样，他们就可以有效地对杏仁核进行重新编程。

最后，我们还可以借用正念（mindfulness）领域的很多工具，它们的作用就相当于为管理杏仁核的肌肉进行举重练习。作为人类的一种基本能力，正念有助于我们体验当下的存在状态，认识我们现时的思想、感受、身体感觉和周围环境，因而既不会对这些事物做出过度反应，也不会因为它们而不知所措。在沉浸于当下存在状态的时候，我们不会因为重温过去而痛苦，也不会因为不知未来而忧虑。在这种状态下，变革领导者基本不会诱发劫持行为，即使出现劫持行为，他们也会泰然处之，巧妙应对，以确保变革不会招致意外后果。

高质量的睡眠练习、冥想、正念运动以及饮食练习等很多技巧都可以帮助改善正念。随着正念的提升，被动性反应模式就会相应减少——退缩、辩解、攻击、保持沉默、自我惩罚、咒骂、逃避和百依百顺这样的负面经历自然也随之减少，直至消失。反之，我们的正面体验会相应增加——拥有更大控制力的感觉，实现远大抱负的信心更坚定，实施大胆勇敢行动的意愿更强烈。[19]

赋能

我们曾在第6章中讨论过，在组织层面，变革计划创造的能量必须远多于消耗掉的能量。个人层面同样如此，尤其是对变革领导者及其团队更是如此。这意味着，他们需要系统性地恢复自身能量水平，并为其他人提高能量水平创造条件。

为此，我们可以通过三种方式鼓励变革领导者创造能量。第一种方法就是提高他们的"能量素养"（energy literacy），帮助他们更好地感知自身能量的生成及消耗情况。第二种方法是将"强化恢复性实践"（recovery practice）主动纳入日常事务中。第三种方法是创造条件，尽可能地实现"心流体验"（flow experiences）。

能量素养可以让变革领导者像管理时间那样严格管理他们的能量，甚至远高于管理时间的严格性。这会给他们带来巨大的收益。毕竟，他们的时间是有限的，因此，管理时间就像切饼一样，每一刀都要经过深思熟虑。但是，如果我们能有效地管理能量，那么我们会生成更多的能量，这就相当于我们让蛋糕变得更大。[20] 在生活中，为我们带来能量或是消耗能量的事物无处不在。但是在很多情况下，它们并非显而易见。对不同的人，同一种行为可能会带来不同的影响。比如说，在结束了一天工作之后，我们开车行驶在回家的路上。对某些人来说，这是他们平和心绪、养精蓄锐的机会——毕竟，这是工作生活和家庭生活之间的一个缓冲带，因此，开车给他们提供了一个摆脱每天奔波忙碌的空间，让他们得以休养生息。但是对另一些人来说，同样的路况，同样的行程，同样的汽车，却有可能让他们感到压力和疲惫。或者体验一下清洗和整理衣物的感觉。有些人喜欢刚从烘干机里取出衣服的感觉，温暖而柔软的衣服拿在手里，让他们感到温馨而惬意，而后，把衣服叠得整整齐齐，摆放在一起，让他们从衣服的井然有序中找到舒适感，当整理好的衣物归位之后，一种"大功告成"的感觉会油然而生。但是在另一些人的眼里，很难想象还有什么比这更浪费时间。

在现实中，能量素养的作用就是让我们能够识别出，到底是什么在增加或是消耗我们的四类能量储备：心理、情感、精神和身体。凭借这些认识，我们就可以合理调节每天或是每周的活动安排，避免让自己陷入能量低谷——长时间地从事能量消耗活动。一旦步入这个低谷，你实际上就是在为放弃做准备。相反，我们可以合理安排活动顺序，将能量的生成和消耗适当穿插结合起来，从而使能量水平始终维持在合理水平上。此外，我们还可以把尽可能多的能量活动委托给他人。这就像前述开车回家以及洗叠衣服的例子，对某些人来说需要消耗能量的活动，对其他人而言却会生成能量，两者相互结合，即可创造能量"双赢"的局面。这种双赢，不仅适用于家庭生活，也适用于工作。

赋能的另一种工具就是创建"恢复性实践"（recovery practice）。对此，我们必须认识到，任何人都不可能始终处于高强度作业模式。以马拉松运动员为例。他们不可能每天都要完成一次马拉松。每次比赛结束之后，他们都会用一定的时间恢复体力，然后才能开始针对下一场比赛进行训练。开车也一样：你不能无休止地把油门踏板踩到底，这样你的汽车只能加速行驶，直到油箱耗尽或是发动机过热停工。只要按时加油，定期维护发动机，我们就不必担心半路抛锚这样的意外——反之，如果你永远不想让汽车停下来，而且希望它始终高速前进，那么，汽车抛锚或是燃油耗尽当然是指日可待的事情，它迟早会把你扔在半路上。

最成功的变革领导者会采取某种规范化形式，把时间安排到每天、每周或每个月，这样，他们就可以用合理的方式进行自我恢复和自我更新。这其实并不难，比如，可以进行定期的散步、与朋友共度时光、锻炼身体、看书、冥想、充足的睡眠、放下手头工作吃一顿营养餐、享受彻底放弃科技产品的时光或是筹划一次度假。需要提醒的是：如果你不能在压力和恢复之间灵活转换，那么你很快就会从一个极端走到另一个极端：从高压力强度下的积极情绪（拥有巅峰水平的业绩），进入高强度下的消极情绪（愤怒、沮丧、不耐烦和负重感）。在这种情况下，如果你仍对增加恢复时间的建议置之不理，那就要当心了，因为它会把消极状态强加给你——让你陷入倦怠和抑郁之中。

赋能的第三种工具，就是寻求积极心理学奠基人米哈里·契克森米哈赖（Mihály Csíkszentmihályi）所说的"心流体验"，在这种状态下，工作会变得轻而易举，时间似乎静止不动。[21] 运动员把这种感觉描述为"进入状态"；音乐家则把这种体验称为"找到节奏"。为此，米哈里研究了数千个对象——从雕塑家到工厂的工人，他让这些研究对象把完整的工作日分成几段，而后每隔一段时间记录自己的感受。在把这些感受与绩效联系起来之后，他发现频繁出现心流体验的人在工作中更有效率，而且能从工作中获得更大的满意度。此外，他们还会为自己设定继续提高能力以应对更大挑战的目标，激励自己去挖掘看似无限的能量源泉。事实上，心流体验给他们带来了无比的愉悦，因此，即使没有报酬，他们也心甘情愿地重复这种能够创造心流的体验！

　　这听起来太有趣了，但是我们如何进入心流状态呢？按照米哈里的说法，在我们以更有意义的目标挑战自己并调动全部能力时（与前述讨论"意义"时所涉及的内容关系密切），当我们全神贯注、全力以赴时（恰如我们在讨论"参与"时提到的状态），当我们取得定期反馈并据此调整工作以实现最大可能的影响力时（我们可以凭借社交网络做到这一点），心流便会在不知不觉间进入我们的世界。但即便我们做到了所有这一切，但依旧未能实现努力争取的结果，该如何是好呢？如果出现这种情况——而且这种情况注定会发生，那么最关键的对策，也是我们唯一的选择，就是在困境中振作起来，利用经验实现学习和成长，并继续为追求美好的未来而努力（如"框架"部分所述）。此时此刻，也就是把正念领导力模式的全部要素整合起来，它们融会贯通，自成一体，让我们在引领变革的那一刻，充分调动我们所拥有的全部能量源泉！

■ ■ ■

　　我们很清楚，用莎士比亚在《哈姆雷特》中的一句名言作为这一章的结束，会让很多读者感到乏善可陈、过于老套。但对变革领导者来说，它显然是再恰当不过的："生存，还是毁灭？""生存"，就需要我们从深层次的"意义"出发。它把挑战"框定"为创造学习和实现成长的机会。它通过具有足够宽度和广度的网络，把重要的影响力领袖"联系"起来。面对逆境，它以有创造性、自信和主动的方式"参与"其中，而不会因"劫持行为"而陷入

"战斗、逃跑或原地不动"的被动性反应当中。在变革的整个旅程中，它以系统性方式实现赋能，让我们始终拥有饱满的身体、心理、情感和精神力量。

我们真诚地希望，作为一个成功的变革领导者，你不仅通过"行为"把变革目标化为现实，也能看到这种成功变革领导者所具有的"状态"给你带来怎样的力量和收获。当然，我们还鼓励你充分认识所有影响力领袖的价值，作为正念领导者，他们同样会给你带来力量和收获。在你的组织中，如果有25%~30%的人具有中心式变革领导者的特征，结果会怎么呢？这可不是可有可无、模棱两可的托词。事实上，我们在第6章介绍的"个人洞见研讨会"（PIW）能帮助我们做到这一点。我们可以利用这种方法培育能力和信心，让我们在上述所有领域都能发挥强大的角色示范效应。因此，无论是我们个人、我们的团队以及所有影响力领袖，都应加入PIW的试点群体。在经历这项训练（并通过反馈予以完善）之后，我们就会发现在不知不觉间，我们已跨越临界点，完成了令人振奋的质变。

因此，我们在现实中会看到，与变革领导力"行为"和"状态"方面相关的这些工作，原本就是共同融合于"五框架"当中的——正如绩效和健康同样在"五框架"中融为一体。

梦想成真：你拥有开启成功大门的钥匙吗？

在 1999 年公映的电影《黑客帝国》中，主人公尼奥需要从两种药丸中做出选择：一种是红色药丸，一种是蓝色药丸。如果选择红色药丸吃下去，他将会发现，原来自己只是生活在幻觉中，而现在不得不面对痛苦的现实——这个现实远比他想象得更复杂，更严酷。但如果选择蓝色药丸，他会回到原来的生活中，在幻觉中无忧无虑地生活，对现实的艰难一无所知。经过一番思考，他决定吃下红色药丸，而这个选择也意味着他即将开启自己人生中的史诗篇章。在经历了一系列英雄般的鏖战之后，尼奥终于把人类从牢狱中解救出来，而打造这个牢狱的不是别人，恰恰是人类自己——因为人类对智能机器的过度依赖，导致机器最终成为人类的敌人。

可以猜想，很多领导者——或许也包括你，在阅读本书之后也会面临同样的选择。如果选择红色药丸，你会坚定不移地采纳本书介绍的方法，以绩效和健康合二为一的均衡方式对组织实施变革。但我们要提醒你的是，一旦选择这条道路，你注定要面对比其他人更多的挑战，而且作为领导者，也需要你付出更多。尽管有科学方法可以依循，但这毕竟是一条把我们带往未知领域的道路——但只要你愿意，它必然给你带来一次信仰的升华。

另一种选择是吞下蓝色药丸。也就是说，把这本书扔到一边，或是送给朋友或同事，继续按你的习惯方式进行管理和领导。固有模式以往确实曾经让你受益匪浅，它让你优哉游哉地混迹于自己的舒适区，而且这也符合周围人对你的期望。你领导的变革计划或许不像本书描述的那么成功，那么完美（"蝴蝶"），但至少让组织向前迈出了一步（"更大、更可爱的毛毛虫"）。而且只要境况没有变坏，你很快就会进入新的角色，为你的接班人留下一个不错的打拼基础。

　　本章适合于那些选择红色药丸的人。也就是说，如果和我们一样，你也认为，使用传统方法只能达到30%的成功率，这远远不符合你的预期，那么，不妨认真阅读本章内容。在这方面，爱因斯坦的观点很有启发性，他说，"疯狂就是在做同样的事情时期待实现不同的结果"，因此，本章的适用对象就是那些不满于现状并希望以更有效方法实施变革的领导者。如今，他们清晰地认识到，通过"绩效和健康的五框架"模型，把人文方法和机械方法有机结合起来，这种方法的优越性已被实践所验证。此外，有些领导者不仅把影响力留在本职工作当中，也会成为组织领导力遗产的一部分，他们同样可以寄希望于这种方法。当然，这种方法带来的影响力不仅限于组织的财务绩效，通过培养能力以及重塑限制性心态，它还可以为个人和组织带来更大的施展空间。这种方法不仅给股东带来真实可见的回报，也会给客户和其他利益相关者创造福祉，无论是在感觉层面还是体验层面，他们都会把变革视为引导组织"以正确的方式做事"的航标灯。归根到底，它将进一步强化组织实现变革的力量，让组织更加强大，更加敏捷，在不断变化的行业环境中塑造一个更成功的未来。

　　在本章，我们将回答选择红色药丸者经常提出的前五个问题：如何让高层领导者加入你的变革队伍？把"五框架"付诸实践会给变革计划带来什么影响？在变革计划进入中间阶段时，如何弥补弱点或缩小差距？如何在较长时期内衡量健康状况的改善？在这本书中，我们已对很多话题进行了深入探讨，基于这些知识，我们认为变革领导者从中汲取的最重要收获是什么？最后，我们将以对本书重要观点的总结作为告别，鼓励所有人继往开来，不断前行！

如何让高层领导者加入你的变革队伍

在过去几年中，我们举办过很多场变革领导者论坛，在这些场合，我们听到最多的就是这个问题。很多人会说："我知道这很重要，而且我也清楚，建立一个卓越的组织需要兼顾绩效和健康，但是我的上级领导却没有意识到这个问题，或是不接受我的请求，那我们该怎么办呢？"对这个问题，我们提出如下三点建议。

首先，你需要回答一个问题：你是否运用了影响力模型所依据的思想去说服你的上司？我们不妨从创建理解和信念这个话题开始：你是否直接和他们讨论过平衡绩效和健康的"五框架"模型，或者说，你是否已先入为主地做出假设，他们不会接受你的邀请？你是否知道上司真正关心的是什么——或者说，激励他们的意义来源是什么（需要提醒的是，只关心财务业绩的可能性不到20%，这或许有点令人意外，因为这个数字肯定不符合正常逻辑），你是否利用这些激情为他们讲述有说服力的故事，让他们认识到为什么这才是对待变革的正确方式？

接下来，我们进入第二个话题——角色示范。你是否清楚你的领导者会从哪些人中征求建议，你如何争取这些人支持你？你是否给领导者创造过机会，让他们接触其他亲自经历过绩效和健康转型的高层领导者或咨询师，让这些人分享他们的智慧和实战经验？

再看看与培育技能和信心相关的下一个影响力杠杆：你是否和他们分享过本书（或是根据具体情况，有针对性地为他们写一份内容摘要）？或者说，你是否邀请过这方面的专家，和领导者进行一次对话？领导者是否愿意参加一场变革领袖论坛？

最后，以正规机制强化影响力的方法——激励、结构、流程和系统。显然，我们或许很难控制这些影响力杠杆影响高层领导者的方式。与此同时，通过进行组织健康指数（OHI）调查，可以创建一套针对组织的事实资料库，根据这些事实，可以从内部导向、执行质量和更新能力角度出发，就当前状况和期望的一致性话题与领导者展开对话。在此基础上，针对"五框架"的应用进行对话，也就顺其自然地成为下一步。

但是让我们感到震惊的是，很多人经常会有这样的想法：像强调绩效那样去强调组织的健康，可能会让高层领导者觉得不舒服。但事实证明，这种假设是不成立的。实际上，这种想法往往可以归结为一种误解：并不是高层领导者反对改善组织健康的观点，而是他们还没有找到兼具可操作性与可靠性的科学实施方法。

如果采用我们在这里介绍的影响力模式还不足以吸引高层领导者，那我们就可以看看第二条建议了，即，找到能在小规模内验证其可行性的办法。正如我们在第6章以苹果进行的类比，口若悬河地去谈论成功变革的好处，当然不如让他们亲身体验成功变革带来的影响。如果能在组织内找到一个不需要高层领导者全面支持即可成功的小型试点项目，或是高层领导者对变革的渴望原本就已存在（或是可以进一步提速），或者说，高层领导者更希望变革从试点起步，因而愿意为你的摸索尝试提供支持，那么，你就有机会进行一次"味道测试"。可以说，如果把每日一个苹果纳入高层领导者的管理实践菜单，这样的机会足以让你证明自己。

我们的第三条建议是：即便上述建议都未能奏效，但机会依旧存在，纵然没有得到允许，但你可以请求他们的谅解——毕竟，一切取决于你自己。而且我们掌握的所有证据也都无一例外地表明，即使你未必采纳我们的全部建议，你追求每个健康要素的过程也会让你成功的机会大大增加。这就像我们个人的健康状况：尽管我们偏爱的食物可能是汉堡和薯条这些不太健康的东西，但每周去健身房锻炼三次，仍有助于我们改善健康状况。因此，尽管高层领导者的参与肯定会让你如鱼得水，但即便没有他们的参与，也不代表你的变革计划注定会失败；当然，这可能会让你取得预期成功的难度有所增加。

总而言之，我们始终认为，不能吸引高层领导者加入变革团队，这只能说明他们不太可能扮演我们在第 8 章所描述的那些角色。这并不影响你自己去努力。但如果高层领导者出于某种原因极力反对你的绩效和组织变革计划，那么情况就大不一样了。如果你已经意识到这种情况，而且也实施了前面介绍的所有步骤，但情况依旧没有改善，那么最明智的选择就是另谋高就，把有限的时间和精力贡献给拥有变革土壤的组织。相关研究和经验都无一例外地表明，如果你继续争取，最后的结果很可能是以卵击石。换句话说，当你不能改变你的领导时，就是更换领导的时候（你可以换岗到其他部门，或是彻底告别这个组织）！

把"五框架"付诸实践会带来怎样的变化

在本书的第一部分，我们指出，如果对绩效和健康给予同等的重视程度，那么，领导大规模变革取得成功的概率就会从 30% 提高到 79%。在本书的第二部分，我们介绍了如何均衡实施绩效和健康五框架模型，该模型介绍了在变革计划各个阶段实现合理平衡所需的操作步骤。图 10-1 是对这个"五框架"模型的总体概括。

图 10-1 中显示的模型既是变革计划的总体路线图，也是实施变革的工作计划。需要提醒的是，这项工作具有单向性和顺序性，也就是说，在没有完成某个阶段的全部必要步骤之前，不能从这个阶段转入下个阶段。但还须牢记的是，你在任何阶段掌握的知识和能力都可能促使你重新弥补或完善之前的决定，因此，这个过程具有迭代性。但是，在彻底解决所有阶段的所有问题之后，你的组织必将会拥有更高水平的绩效和更健康的状态——进而拥有持续改进的自我发展能力。

唯一纳入图 10-1 中的要素是，高层团队应采取什么方式以及应在什么时候以团队方式共同做出决策。这个问题的答案在很大程度上依赖于具体情

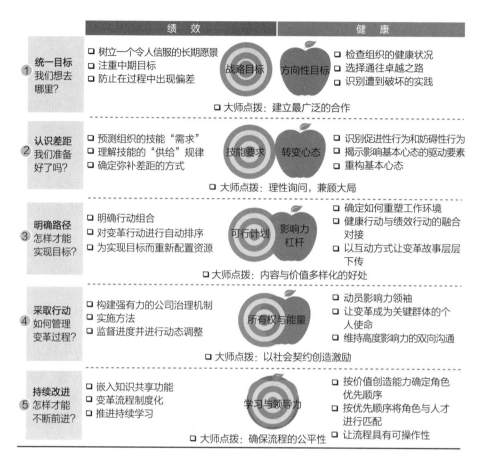

图 10 - 1　领导大规模变革行动的有效方法

况，但正如本书相关案例表明，图中包含的全部要素几乎适用于形形色色的变革挑战和机遇。不过，不妨回忆一下，我们在第 8 章实际上已接触到这个话题，当时我们讨论了如何使用"照镜子"研讨会方法实现团队的协调统一，并介绍了创建长期高绩效团队的相关技术。

也就是说，我们最经常看到的模式是，高层团队在变革计划开始时召开会议，对实现变革所需要的绩效和健康策略进行协调统一。这就为团队实施变更过程提供了一种共同的语言和方法。然后，在每个阶段进行到大约一半的时候，他们再次召开会议，以便以初期阶段取得的事实依据为当前阶段创建合理假设，并对执行团队在上个阶段进行的"实战检验"做出最终决定。

"采取行动"阶段通常会持续数月甚至数年，因此，高层团队通常以执行指导委员会的身份召集月度会议，审查变革在实现绩效和健康目标方面的进展情况，并根据具体需要调整工作。切记，作为个人，这个团队的成员须始终参与变革全过程，只不过参与方式各有不同，比如说，在"统一目标"和"认识差距"阶段接受访谈，在"明确路径"阶段进行头脑风暴讨论会，在"采取行动"和"持续改进"阶段承担执行发起人的任务，等等。

如何弥补以前被忽视的问题

作为管理咨询师，我们经常会接到组织领导者打来的电话，告诉我们他们的变革计划无缘无故地再次陷入了僵局。我们通过分析发现，导致变革计划无法推进的原因具有很大的共性：在变革的初期阶段，他们对健康或绩效的某些方面并未给予适当关注。因此，现在的问题就是如何让变革流程回归正轨。这些组织能否弥补以前被他们所忽视的任务？是否需要从头开始呢？是骑着这匹病马马不停蹄地继续前进？还是在中途换一匹好马，而后重新投入比赛呢？

我们发现，失败的关键点通常出现在变革计划的第四个阶段——"采取行动"阶段，此时，组织可能会发现，变革计划的执行进度远落后于预期，或是没有取得预期效果。而导致这种情况的原因往往让人无法接受：在变革计划的前三个阶段里，组织在落实健康框架和运用"大师点拨"方面缺乏原则性和严格性。在这种情况下，尽管已完成的大多数绩效相关工作或许还经得起考验，但是在前进的道路上，需要组织投入更多时间和资源去弥补健康工作方面的缺失。在实践中，这就需要他们开展组织健康指数（OHI）调查，选定与管理实践一一对应的健康目标，深入发掘有意义的心态，并利用影响力模型提供的工具推动必要的心态转变，关注将这些行动纳入绩效行动组合的实施过程中，当然，也包括其他广义上的绩效及健康行动（譬如，以互动式层层下传方法推广变革故事，充分调动影响力领袖，使变革转化为关键群体的个人行动以及维持高能影响力的双向沟通等）。

更笼统地说，要回答这个问题，还需要回到变革旅程中出现问题的第一时刻，并从这一点重新开始。比如说，如果一家公司在界定"艰难但可行"的中期绩效目标时没有达到必要的清晰度和明确性，那么，即便已在变革征程上走了很久，但它们最好的选择依旧是回到第一个绩效框架（"战略目标"），并在这里重新起步。另外，即便变革的主动性、参与性和能量水平有所下降，但公司在前三个阶段确实为变革奠定了坚实基础，那么，它们可能只需适当调整"采取行动"阶段的"所有权与能量"要素。

但是在大多数情况下，被忽视的通常属于健康层面的因素，而非绩效因素。因此，我们需要特别强调的是，无论是对绩效要素还是健康要素，开始的正确时机永远都是"现在"。就像个人健康一样，我们每天都在追求工作绩效的最大化，却很少去关注自己的身心健康，这当然会影响我们的寿命，所以，如果每天都以有碍健康的方式去推动我们的变革计划，归根到底，这会降低我们以同等付出创造可持续影响力的可能性。

如何衡量健康状况的持续性改进

如前所述，我们始终把组织健康指数（OHI）视为最有效的健康诊断工具，帮助我们全面衡量组织的健康状况。在第 3 章，我们把这个衡量过程比作在梅奥诊所做体检，梅奥诊所被视为全球最好的医院之一。但是，就像去梅奥诊所做体检一样，我们需要把时间投入有意义的事情上。OHI 调查通常是一份包含 98 个问题的调查问卷，大约需要 20 分钟左右的时间完成。考虑到强度较大，因此，大多数公司会选择进行一次全面的 OHI 调查，这就像我们每年做一次体检。

在此期间，组织通常采用"脉搏调查"法，随时关注健康状况。这种方法采用问答清单形式，通常包括一系列与目标具体转型情况相关的问题。更具体地说，在常见的脉搏调查中，针对每个优先管理实践设计两个问题，一个问题来自最初的组织健康指数调查，通过对比，衡量组织在相关管理实践上发生的绝对变化，另一个问题要求员工做主观描述——他们是否感到组织在相关管理实践上确实出现改进。随后，调查继续要求员工回答四个问题，对如下四个方面的改进发表意见：积极的角色示范、强化机制、讲故事，技能提高及其对预期心态和行为转变的信心。然后，调查通常会以两个自我反思性问题作为结束：员工是否认为，他们正在各自领域积极引导变革向着预期方向前进？哪些要素妨碍他们取得更多的成果？比如说，假设组织的变革计划涉及三种管理实践，那么，脉搏调查会提出 12 个问题，即：6 个问题针对管理实践本身，4 个问题针对影响力杠杆，再加上 2 个开放式问题。

　　除了有助于变革领导者监督变革进度情况之外，脉搏调查还有其他优势。通过调查，它们会强化健康优先事项在被调查者心目中的重要性，这也是约翰·杜尔（John Doerr）在畅销书《这就是 OKR》（*Measure What Matters*）一书中所倡导的品质。脉搏调查有助于突出须着重开展学习的最佳实践领域（以及存在问题的领域）。通过针对性的实施，它可以检验具体干预措施的有效性（将干预措施实施领域的结果与为事实干预措施领域的结果进行比较）。此外，这种方法还通过最后的开放式反思问题强化个人责任感，并通过分析实现自我认识，找到领导者对他们存在误解的环节。比如说，如果一份报告显示，员工感觉领导者的角色示范效应缺乏强度，不能给他们足够的热情和动力，但领导者却认为自身在主动引导预期变革方面已做到全力以赴，那么，等待这些领导者的评价就会从"没有意识到的能力不足"转变为"有意识的能力不足"。

　　越来越多的领导者开始采用另一种健康状况检测方法，也就是我们所说的"OHI Live"调查法。这种方法对员工进行轮流调查，每天只对员工提出一个随机问题，这就可以为组织提供相对可靠的实时健康信息。调查对象的选取采取抽样方式，这样，变革领导者每天取得的健康状况结果在统计上有效，这就可以让他们清晰地意识到，哪些环节有效，哪些环节存在问题因而需要尽早干预。

变革领导者的最大收获是什么

我们在本书中探讨的话题不仅覆盖面广，而且具有相当的深度。归根到底，在我们所看到的文字背后隐含着三个最基本的原则。这些原则也正是本书一系列研究成果的核心，因此，我们建议各位牢记这些原则，这样，我们才能在始终坚持绩效和健康基本原则的基础上，开启并推进大规模变革之旅。

第一个原则是，**绩效和健康同等重要**。因而，它们也需要以同等严格认真的方式去衡量和管理。如前文所述，在"绩效和健康"这个短语中，最重要的一个字就是"和"。在你作为变革领导者做出的每一个决策和采取的每一项行动中，我们都鼓励你尽一切可能兼顾两个方面，不要忽略任何单方面的问题。考虑到最容易被忽视的方面还是健康，因此，我们建议变革领导者应对健康问题给予特殊关注。在现实中，我们也一次次地看到，变革领导者越是把自己推到舒适区外，去解决健康方面的问题，他们所拥有的舒适区就越大，最终，他们在绩效和健康等式的两个方面均能体验舒适。在这里，有必要提及我们在第 1 章阐述的规律：绩效越好，领导者就越有可能对组织的健康状况感到满意。因此，变革领导者必须警惕偏向等式中任何一方的倾向，一旦出现，就应及时处理。

第二个原则是，**如果人不变，那么，一切都不会变**。组织绩效和健康状况的改善，归根结底源于人的变化——也就是说，以不同方式去做事情。这就要求我们意识到，我们的行为会给组织及个人带来怎样的影响（这是我们的基本心态），并主动采取措施，去扩大所有积极性信念，摆脱全部限制性信念。此外，我们还要接受并理性应对人类固有的心理偏见——"可预见的非理性"，尽管在清晰冷静的逻辑框架中，这些偏见确实显得愚蠢无比，但它们的确存在，而且不可避免。在我们选择方法和工具时，应始终坚持一个原则，即，"如何帮助我们理解组织中的其他人，并影响他们采纳为实现目标而需要的心态和行为？"当我们以这个原则去指导行动时，我们就是在改造人力系统。再次回顾第 4 章提到的自然界现象：通过这种类比，我们想表达的主旨是，我们正在实现由毛毛虫到蝴蝶这一"不可逆转"的变革效果——而不是创造一只更大、更胖、更毛茸茸的毛虫。

我们强调的第三个原则是，**选择无处不在**。作为变革领导者，我们已尽最大努力为组织提供必要的洞见和工具，以期引导员工去主动选择变革——既可以是引马入水的被动模式（如影响力模型），也可以是帮助这匹马主动形成口渴的意识（譬如，把组织变革转化为个人事业）。但归根到底，我们还是无法保证这匹马一定能从井里喝到水。尽管我们的方法还谈不上完美无瑕，但至少从我们的经验看，它们绝对是迄今为止最有效的方法。

选择这个概念不仅适用于我们希望影响的对象，也适用于变革领导者本身。这将把我们带回前述"选择红色药丸还是蓝色药丸"的问题。假如我们要求你做出这个选择，那么，我们绝对有把握说，只是根据你使用的语言，我们就能判断出你会选择哪个药丸。我们可能从你的语言中解读出猜测和怀疑的味道，比如说："我更希望把学到的东西付诸实践""我想把它们用到实践中"或是"我会努力把它们诉诸实践的"。但也可能从你的语言中感受到大师般斩钉截铁的信心，比如说："我一定会把我学到的东西付诸实践""我即将把它们用到实践中"或是"我正准备把它们诉诸实践"。

怀疑的语言来自那些更有可能成为失败统计数据一部分的领导者——70% 的变革计划以失败而告终。为什么？因为他们的语言在无意间暴露了内心的怀疑。因此，一旦面对阻力的迹象，他们就会选择退缩，回到了他们熟悉且不会受到其他人挑战的舒适区。而大师式的语言则会让人们感受到内心的执着和信念，表明即便遭遇困难，他们也会选择坚持到底，而且会根据已经实现的成就进行自我评判。

那么，在绩效和健康变革这个话题上，你的立场是什么呢？是喜欢变革，希望变革，还是愿意尝试变革？或者是，一定要变革，即将去变革，而且已经为变革做好准备？好莱坞电影的结局总是能给我们无限的遐想和启发，不妨用另一部经典影片作为鼓励——那就是《星球大战》中绝地大师尤达的一句话："要么做。要么不做。没有'尝试'的机会。"

■ ■ ■

英国著名诗人大卫·怀特（David Whyte）曾写道："矛盾的是，工作对我们的要求其实并不苛刻，是自身缺陷让我们走到今天这步。"[1] 利用"五框架"模型，我们得以充分发掘工作的最高理想以及最深刻的动机，从而让这个悖论化为乌有。而实现这种深层次挖掘的基础，就是它在变革的技术层面和人性层面采用了完全相同尺度的原则性和严谨性。因此，一旦诉诸实践，它必定会让更多人为推动变革而释放出巨大能量。在诸多情境中目睹它的巨大影响力之后，我们完全可以自信地说，以"五框架"模型推动大规模变革的领导者会发现，这项工作或许是他们职业生涯中最伟大的成就，至少是其中之一。我们无比期待，在未来的《超越绩效 3.0》中，也会看到你的成功变革！

注　释

前言

1. 有关30%成功率这个数字的相关研究的起源及演变，请参阅本书第2章的全面论述。其中，在《超越绩效》第1版出版时间段内进行的相关研究，包括但不限于：2008年，约翰·科特（John Kotter）在《紧迫感》（*A Sense of Urgency*）一书中多次重申"同样令人震惊的是30%这个数字"；2008年，托德·森图里亚（Todd Senturia）、洛里·福莱斯（Lori Fles）和曼尼·马塞达（Manny Maceda）提到："70%的变革计划仍以失败而告终。"在2008年和2010年，我们分别对3199名和2314名高管进行了调查，结果显示，只有1/3的大规模变革计划被认定为"非常成功"或"极为成功"；2012年，约翰·沃德（John Ward）和艾克赛尔·乌尔（Axel Uhl）也指出："我们对不同类型的企业转型进行了13项案例研究……其中，只有30%是成功的。"

2. David Jacquemont, Dana Maor, and Angelika Reich, "How to Beat the Transformation Odds," *McKinsey Quarterly* survey, April 2015.

   在这项调查中，7%的样本符合《超越绩效》第1版所发布的完整版"绩效和健康五框架"（在1669份全部已回收调查问卷中，116份符合该模型。需要提醒的是，这个数字与1713个样本总量之所以存在差异，是由于44份问卷因填写"不知道"而被剔除）。在这116份问卷中，84份问卷（72%）认为本组织实施的变革计划完全成功（在这里，定义"成功"的标准是实现绩效目标，并为这些长期的可持续性改进创造条件）。在同一项调查中，我们还对《超越绩效》第1版出版以来出现的新方法进行了检验，这些方法均已出现在本书中。大卫·雅克蒙特（David Jacquemont）、达娜·莫尔（Dana Maor）和安吉莉卡·里奇（Angelika Reich）发布的研究称，在同时采用这些方法的情况下，公司实施变革计划的成功率为79%。

3. Gary Hamel, "Foreword," in *Beyond Performance*, by Scott Keller and Colin Price (Hoboken, NJ：John Wiley & Sons, 2011), ix – xii.

4. William C. Taylor, *Practically Radical* (New York：William Morrow, 2011).

5. Malcolm Gladwell, *Outliers*：*The Story of Success* (New York：Little, Brown and Company, 2008).

6. 数据来自麦肯锡在1999年到2005年期间开展的多次纵向研究。本书第2章对这些内容做进一步解释，并提供了相关数据。

7. 数据来自2016年12月的"组织健康指数"调查。

8. 个人访谈。

9. Gary Hamel，"Foreword，" in *Beyond Performance*，by Scott Keller and Colin Price（Hoboken，NJ：John Wiley & Sons，2011），ix – xii.

10. Innosight，"Creative Destruction Whips Through Corporate America，" Winter 2012.

11. M. W. Johnson，*Reinvent Your Business Model：How to Seize the White Space for Transformative Growth*（Boston：Harvard Business Review Press，2018）.

12. 基于下述资料分析：Stuart Crainer and Des Dealove，"Excellence Revisited，" *Business Strategy Review*，March 2002，updated to 2006.

13. Chris Bradley，Martin Hirt，and Sven Smit，*Strategy Beyond the Hockey Stick：People，Probabilities，and Big Moves to Beat the Odds*（Hoboken，NJ：John Wiley & Sons，2018）.

14. Emma Margolin，"'Make America great again'—who said it，" *NBC News*，September 2016.

15. 相关信息来自：Yasmeen Serhan，"François Hollande's Legacy，" *The Atlantic*，December 2016；and Julian Birkinshaw and Gwen Delhumeau，"French Lessons：How Emmanuel Macron Is Turning the Tide on Populism，" *Forbes*，June 2017.

16. Laignee Barron，"Malaysia's Longest – Serving Prime Minister Returns to Power Promising a Tide of Change，" *Time*，May 2018.

17. Jesselyn Cook，"Justin Trudeau Promised 'Real Change.' Here's What He Accomplished in His First Year，" *Huffington Post*，November 2016.

18. "'This Will Be a Government of Change，' Jacinda Arden Tells Caucus，" *NZ Herald*，October 20，2017.

19. "How Andres Manuel Lopez Obrador Will Remake Mexico，" *The Economist*，June 2018.

20. 基于下述资料分析：Alusi，Sergey Kiselev，Jukka Maksimainen，Gauri Nagraj，and Maksim Varshavvskiy，"Global Trends Influencing Economies Throughout 2050，" *McKinsey Perspective*，November 2013；and Richard Dobbs，James Manyika，and Jonathan Woetzel，*No Ordinary Disruption：The Four Global Forces Breaking All Trends*（New York：Public Affairs，2016）.

21. Jon Clifton and Ben Ryan，"Only 1. 3 Billion Worldwide Employed FullTime for Employer，" *Gallup World News*，August 2014. 242 Notes.

22. Annissa Alusi，Sergey Kiselev，Jukka Maksimainen，Gauri Nagraj，and Maksim Varshavvskiy，"Global Trends Influencing Economies Throughout 2050，" *McKinsey Perspective*，November 2013.

第 1 章

1. Neville Isdell，David Beasley，*Inside Coca – Cola：A CEO's Life Story of Building the World's Most Popular Brand*，St. Martin's Press，New York，2011.

2. 同上。

3. Dean Foust, "Gone Flat," *Business Week*, December 20, 2004.

4. Adrienne Fox, "Refreshing a Beverage Company's Culture," *HR Magazine*, November 1, 2007.

5. 同上。

6. 个人访谈。

7. Larry Bossidy, *Execution: The Discipline of Getting Things Done* (New York: Crown Business, 2002).

8. 个人访谈。

9. Josselyn Simpson, "Transforming a Nation's Education System: An Interview with the Chief Executive of Bahrain's Economic Development Board," *Voices on Transformation*, McKinsey & Company, 2010.

10. 数据来自 2016 年 12 月的 "组织健康指数" 调查。

11. Mel Cowan, "Pixar Co – Founder Mulls Meaning of Success," USC News Bulletin, University of Southern California, December 10, 2009.

12. Ed Catmull, "How Pixar Fosters Collective Creativity," *Harvard Business Review*, September 2008.

13. "Gulf of Mexico Oil Leak 'Worst US Environment Disaster,'" BBC News, May 30, 2010.

14. Sarah Boseley, "Mid – Staffordshire NHS Trust Left Patient Humiliated and in Pain," *Guardian*, February 24, 2010.

15. "VW Admits Emissions Scandal Was Caused by 'Whole Chain' of Failures," *Guardian*, December 10, 2015.

16. 摘自: Steve Kovach, "Samsung's Culture Needs to Change to Survive," *Business Insider*, November 5, 2016. Also see Yoolim Lee and Min Jeong Lee, "Rush to Take Advantage of a Dull iPhone Started Samsung's Battery Crisis," *Bloomberg*, September 18, 2016; Miyoung Kim, "Samsung's Crisis Culture: A Driver and a Drawback," *Business News*, September 2, 2012.

17. Ken Sweet, "Wells Fargo Board Faults Aggressive Culture in Sales Scandal," *The Mercury News*, April 10, 2017.

18. Sheelah Kolhatkar, "At Uber, A New CEO Shifts Gears," *The New Yorker*, April 2018. Notes 243.

19. Marco della Cava, "Uber Has Lost Market Share to Lyft During Crisis," *USA Today*, June 2017.

20. Rick Tetzeli, "Mary Barra Is Remaking GM's Culture—and the Company Itself," *Fast Company*, October 17, 2016.

21. 同上。

22. Louis Lavelle，"Eight Isn't Enough，" *Bloomberg Businessweek*，February 28，2005.

23. Kurt Lewin，"Frontiers in Group Dynamics：Concept，Method and Reality in Social Science；Social Equilibria and Social Change，" *Human Relations* 1，no. 1（1947）：5－41.

24. George Johnson，*Strange Beauty：Murray Gell－Mann and the Revolution in Twentieth－Century Physics*（Vintage：New York，1999）.

25. 个人访谈。

26. 个人访谈。

27. 参见 www. ted. com/talks/dan_ariely_asks_are_we_in_control_of_our_own_decisions. html.

28. 见 Stratford Sherman，"How Tomorrow's Leaders Are Learning Their Stuff，" *Fortune*，November 27，1995.

第2章

1. John P. Kotter，*Leading Change*（Harvard Business School Press，1996）.

2. Michael Hammer and James Champy，*Reengineering the Corporation：A Manifesto for Business Revolution*（New York：Harper Business，1993）.

3. Martin E. Smith，"Success Rates for Different Types of Organizational Change，" Performance Improvement 41，no. 1（2002）：26－33.

4. 当然，我们现在都知道，这些观点往往会受到公司所选择方案的影响——这也是我们将在第3章探讨的主题。

5. 就地域覆盖范围而言，35%的受访者在北美，29%在欧洲，26%在中国、印度及亚洲其他发达经济体，其余分布在全球其他地区。这个群体的一半成员来自私营公司，39%来自上市公司，其余来自政府及非营利组织。

6. 对这些期刊的技术要求是根据2007年《期刊引文报告——商业期刊的社会科学数据》（Journal Citation Reports—Social Science Data for Business Journals）计算的影响因素或即时性得分前50名。

7. "Organizing for Change Management，" *McKinsey Quarterly* survey，2006.

8. 见"Creating Organizational Transformations，" *McKinsey Quarterly* survey，July 2008；and "What Successful Transformations Share，" *McKinsey Quarterly* survey，January 2010.

9. Ian Davis，"How to Escape the Short－Term Trap，" *McKinsey Quarterly*，April 2005.

10. 分析依据：Michael Beer and Nitin Nohria，editors，*Breaking the Code of Change*（Boston：Harvard Business School Press，2000）；Kim S. Cameron and Robert E. Quinn，*Diagnosing and Changing Organizational Culture：Based on the Competing Values Framework*（Reading，

MA：Addison-Wesley, 1999）；Bruce Caldwell, "Missteps, Miscues：Business Re-Engineering Failures Have Cost Corporations Billions and Spending Is Still on the Rise," *InformationWeek*, June 20, 1994；"State of Re-Engineering Report（North America and Europe），" *CSC Index*, 1994；Tracy Goss, Richard Tanner Pascale, and Anthony G. Athos, "The Reinvention Roller Coaster：Risking the Present for a Powerful Future," *Harvard Business Review*, November 1, 1993；John P. Kotter and James L. Heskett, *Corporate Culture and Performance*（New York：Free Press, 1992）.

11. "What Successful Transformations Share," *McKinsey Quarterly* survey, January 2010.

12. 同上。

13. C. K. Bart, N. Bontis, and S. Taggar, "A Model of the Impact of Mission Statements on Firm Performance," *Management Decision* 39, no. 1（2001）：19 – 35.

14. J. C. Collins and J. I. Porras, *Built to Last：Successful Habits of Visionary Companies*（New York：Random House, 2005）.

15. S. Lieberson and J. F. O'Conner, "Leadership and Organizational Performance：A Study of Large Corporations," *American Sociological Review* 37, no. 2（1972）：117 – 30.

16. C. A. Hartnell, A. J. Kinicki, L. S. Lambert, M. Fugate, and P. Doyle Corner, "Do Similarities or Differences between CEO Leadership and Organizational Culture Have a More Positive Effect on Firm Performance? A Test of Competing Predictions," *Journal of Applied Psychology* 101, no. 6（2016）：846.

17. J. P. Kotter and J. L. Heskett, *Corporate Culture and Performance*（New York：Free Press, 1992）.

18. J. B. Sorenson, "The Strength of Corporate Culture and the Reliability of Firm Performance," *Administrative Science Quarterly* 47, no. 1（2002）：70 – 91.

19. S. H. Wagner, C. P. Parker, and N. D. Christiansen, "Employees That Think and Act Like Owners：Effects of Ownership Beliefs and Behaviors on Organizational Effectiveness," *Personnel Psychology*, no. 56（2003）：847 – 871.

20. G. Brown, J. L. Pierce, and C. Crossley, "Toward an Understanding of the Development of Ownership Feelings," *Journal of Organizational Behavior* 35（2014）：318 – 338.

21. S. Davis and T. Albright, "An Investigation of the Effect of Balanced Scorecard Implementation on Financial Performance," *Management Accounting Research*, no. 15（2004）：135 – 153.

22. J. Gittell, "Coordinating Mechanisms in Care – Provider Groups：Relational Coordination as a Mediator and Input Uncertainty as a Moderator of Performance Effects," *Management Science* 48, no. 11（2002）：1408 – 1426.

23. A. M. McGahan and M. E. Porter, "How Much Does Industry Matter Really?" *Strategic*

Management Journal 8, no. 4 (1997): 15 – 30.

24. T. R. Crook, S. Y. Todd, J. G. Combs, D. J. Woehr, and D. J. Ketchen, "Does Human Capital Matter? A Meta – Analysis of the Relationship Between Human Capital and Firm Performance," *Journal of Applied Psychology* 96, no. 3 (2011): 443 – 456.

25. J. Krueger and E. Killham, "Feeling Good Matters," *Gallup Management Journal*, December 8, 2005.

26. C. P. Cerasoli, J. M. Nicklin, and M. T. Ford, "Intrinsic Motivation and Extrinsic Incentives Jointly Predict Performance: A 40 – year Meta – Analysis," *Psychological Bulletin* 140, no. 4 (2014): 980 – 1009.

27. S. F. Slater and J. F. Narver, "Does Competitive Environment Moderate the Market Orientation – Performance Relationship?" *Journal of Marketing* 58 (1994): 46 – 55.

28. C. Cano, F. Carrillat, and F. Jaramillo, "A Meta – Analysis of the Relationship between Market Orientation and Business Performance: Evidence from Five Continents," *International Journal of Research in Marketing*, no. 21 (2004): 179 – 200.

29. S. Zahra and J. Covin, "The Financial Implications of Fit between Competitive Strategy and Innovation Types and Sources," *Journal of High Technology Management Research*, no. 5 (1994): 183 – 211.

30. Paladino, "Investigating the Drivers of Innovation and New Product Success: A Comparison of Strategic Orientations," *Journal of Product Innovation Management*, no. 24 (2007): 534 – 553.

31. N. Schmitt, "Uses and Abuses of Coefficient Alpha," *Psychological Assessment* 8, no. 4 (1996): 350.

第 3 章

1. "Creating Organizational Transformations," *McKinsey Quarterly* survey, July 2008.

2. *McKinsey Quarterly* 2010 年转型调查。

3. *McKinsey Quarterly* 2010 年 1 月转型调查。

4. "Tesco Chief Sir Terry Leahy to Retire," BBC News, June 8, 2010; Marcus Leroux, "Sir Terry Leahy Checks Out at Tesco After 14 Years," *The Times*, June 9, 2010. 246 Notes.

5. Eugene Kim, "Microsoft Has a Strange New Mission Statement," *Business Insider*, June 25, 2015.

6. Howard Schultz, *Onward: How Starbucks Fought for Its Life Without Losing Its Soul* (New York: Rodale, 2011).

7. 1993 年 7 月新闻发布会。

8. Rajat Gupta and Jim Wendler, "Leading Change: An Interview with the CEO of P&G," *McKinsey Quarterly*, July 2005.

9. "What Successful Transformations Share," *McKinsey Quarterly* survey, January 2010.

10. "'Goals Gone Wild': How Goal – setting Can Lead to Disaster," *Knowledge@Wharton*, February 18, 2009.

11. Gautam Kumra, "Leading Change: An Interview with the Managing Director of Tata Motors," *McKinsey Quarterly*, January 2007.

12. Brand Finance 和 *Economic Times* 联合开展的年度调查活动。

13. Howard Schultz, *Onward: How Starbucks Fought for Its Life Without Losing Its Soul* (New York: Rodale, 2011).

14. Ben Rossi, "Kodak Presses the Digital Switch," *Information Age*, February 2006.

15. Chris Bradley, "Hockey – stick Dreams, Hairy – back Reality," *The McKinsey Strategy Corporate Finance Blog*, January 2017.

16. "Dan Ariely on Irrationality in the Workplace," *McKinsey Quarterly*, February 2011.

17. 相关示例见：Sheen S. Levine and David Stark, "Diversity Makes You Brighter," *New York Times*, December 9, 2015; "Better Decisions Through Diversity," *KelloggInsight*, October 1, 2010; Bill Synder, "Deborah Gruenfield: Diverse Teams Produce Better Decisions," *Insights by Stanford Business*, April 1, 2004.

18. 麦肯锡针对高层管理者举办的领导力务虚会，2010 年 2 月。

19. *McKinsey Quarterly* 2010 年转型调查。

20. John Roberts, *The Modern Firm* (Oxford: Oxford University Press, 2004).

21. 通过对 OHI 数据库进行综合性聚类分析确定组合方案。

22. Adam Morgan, *The Pirate Inside* (Hoboken, NJ: John Wiley & Sons, 2004).

23. Peter Burrows, "Welcome to Planet Apple," *Business Week*, June 28, 2007.

24. 同上。

25. 对麦肯锡 OHI 数据库进行的分析。

26. Chris Gagnon, Elizabeth John, and Rob Theunissen, "Organizational Health: A Fast Track to Performance Improvement," *McKinsey Quarterly*, 2017.

27. Bryan Burwell, "Tossing Off Pebble Costs the Cardinals Mountain of Bucks," *St. Louis Post – Dispatch*, Sports Section (NewsBank Access World News), November 23, 2003, F1.

28. Bureau of Labor Statistics (2016), "Nonfatal Occupational Injuries and Illnesses Requiring Days Away from Work, 2015." 摘编自 www.bls.gov/news.release/osh2.nr0.htm.

29. 全部洞见摘自 OHI 数据库。

30. William Schutz, *Profound Simplicity* (Los Angeles: Learning Concepts, 1979).

31. 摘自 Alex Bellos, *Here's Looking at Euclid：A Surprising Excursion through the Astonishing World of Math*（New York：Free Press, 2010）.

32. 参见："Creating Organizational Transformations," *McKinsey Quarterly* survey, July 2008.

33. 有关可口可乐公司在董事长内维尔·艾斯戴尔领导下开展的变革行动，请参见本书第1章开始部分。

34. 相关示例参见：Arne Gast and Michael Zanini, "The Social Side of Strategy," *McKinsey Quarterly*, May 2012.

35. Alex Dichter, Fredrik Lind, and Seelan Singham, "Turning Around a Struggling Airline：An Interview with the CEO of Malaysian Airlines," *McKinsey Quarterly*, November 2008.

36. 引用资料来源：Bronwyn Fryer and Thomas A. Stewart, "Cisco Sees the Future：An Interview with John Chambers," *Harvard Business Review*, November 2008.

37. 个人访谈。

第4章

1. "Chad Holiday," *Reference for Business*, 2019.

2. "E. I. du Pont de Nemours and Company Information Business, Information, Profile, and History," Company History JRank Article, 2019.

3. *McKinsey Quarterly* 2010 年 1 月转型调查。

4. Daniel Gross, *Forbes Greatest Business Stories of All Time*（New York：John Wiley & Sons, 1997）.

5. Erin E. Arvelund, "McDonald's Commands a Real Estate Empire," *New York Times*, March 17, 2005.

6. *McKinsey Quarterly* 2010 年 1 月转型调查。

7. Tom Vander Ark, "Hit Refresh：How a Growth Mindset Culture Tripled Microsoft's Value," *Forbes*, April 18, 2018.

8. 故事来源：Alan Deitschman, "Change or Die," *Fast Company*, May 1, 2005.

9. 引用资料来源：Tim Gallwey's website www. theinnergame. com.

10. Roger Bannister, *The Four-Minute Mile*（Guilford, CT：Lyons Press, 1981）.

11. 威斯康星大学的研究摘自：Bernard J. Mohr and Jane Magruder Watkins, *The Essentials of Appreciative Inquiry*（Arcadia, CA：Pegasus, 2002）.

12. *McKinsey Quarterly* 2010 年 1 月转型调查。

13. 引用资料来源：David L. Cooperrider, Diana Whitney, and Jacqueline M. Stavros, *The Appreciative Inquiry Handbook for Leaders of Change*（San Francisco, CA：Berrett-Koehlerz, 2008）.

14. 个人访谈。

第 5 章

1. Ram Charan, Dominic Barton, and Dennis Carey, "How Volvo Reinvented Itself Through Hiring," *Harvard Business Review*, March 12, 2018.

2. *McKinsey Quarterly* 2010 年 1 月转型调查。

3. 同上。

4. 同上。

5. *McKinsey Quarterly* 2014 年转型调查。

6. 同上。

7. *McKinsey Quarterly* 2010 年 1 月转型调查。

8. Stephen Hall, Dan Lovallo, and Reiner Musters, "How to Put Your Money Where Your Strategy Is," *McKinsey Quarterly*, March 2012.

9. Rajat Gupta and Jim Wendler, "Leading Change: An Interview with the CEO of P&G," *McKinsey Quarterly*, July 2005.

10. John Greathouse, "Steve Jobs: Five (More) Motivational Business Tips," Forbes. com, May 18, 2013.

11. Debbie Weil, "Three Things on Jim Collins' Stop – Doing List," *Inc.*, September 2008.

12. Rajiv Chandran, Hortense de la Boutetière, and Carolyn Dewar, "Ascending to the C – suite," *McKinsey Quarterly*, April 2015.

13. *McKinsey Quarterly* 2010 年转型调查。

14. Leon Festinger, *A Theory of Cognitive Dissonance* (Stanford, CA: Stanford University Press, 1962).

15. *McKinsey Quarterly* 2014 年转型调查。

16. 同上。

17. Giancarlo Ghislanzoni and Julie Shearn, "Leading Change: An Interview with the CEO of Banca Intesa," *McKinsey Quarterly*, August 2005.

18. 相关示例参见: B. F. Skinner, "Operant Behavior," *American Psychologist* 18, no. 8 (1963): 503.

19. Richard Pascale, Jerry Sternin, and Monique Sternin, *The Power of Positive Deviance: How Unlikely Innovators Solve the World's Toughest Problems* (Boston: Harvard Business Press, 2010).

20. 引用资料来源: Robert Howard, "The CEO as Organizational Architect: An Interview with Xerox's Paul Allaire," *Harvard Business Review*, September 1992.

21. *McKinsey Quarterly* 2010 年转型调查。

22. Felix Brück and Jack Welch, "Leading Change: An Interview with the CEO of EMC,"

McKinsey Quarterly, August 2005.

23. 引用资料来源：James Dunn, interview with Jack Welch, *Leadership Victoria*, Spring 2003.

24. *McKinsey Quarterly* 2010 年转型调查。

25. IBM research；John Whitmore, *Coaching for Performance: Growing People, Performance and Purpose*, 3rd ed.（London: Nicholas Brealey, 2002）.

26. *McKinsey Quarterly* 2010 年转型调查。

27. 同上。

28. Victor H. Vroom and Kenneth R. MacCrimmon, "Toward a Stochastic Model of Managerial Careers," *Administrative Science Quarterly*, June 1968.

29. 引用资料来源：Jon Ashworth, "Time to Move on for Chief Who Is Best 'Being Me,'" *The Times*, June 21, 2004.

30. Albert Bandura, "Social Learning Theory of Aggression," *Journal of Communication* 28, no. 3 （1978）: 12 – 29.

31. Karl Lorenz, *King Solomon's Ring*（New York: Crowell, 1952）.

32. *McKinsey Quarterly* 2014 年转型调查。

33. 采访资料参见：Gautam Kumra and Jim Wendler, "The Creative Art of Influence: Making Change Personal," *Voices on Transformation* 1, McKinsey & Company, 2005.

34. *McKinsey Quarterly* 2012 年 1 月转型调查。

35. *McKinsey Quarterly* 2018 年 7 月转型调查。

36. *McKinsey Quarterly* 2012 年 1 月转型调查。

37. *McKinsey Quarterly* 2014 年转型调查。

38. *McKinsey Quarterly* 2010 年转型调查。

39. Robert B. Cialdini, *Influence: The Psychology of Persuasion*（New York: William & Morrow Inc., 1984, 1993）.

40. *McKinsey Quarterly* 2014 年转型调查。

41. Natalie J. Allen and John P. Meyer, "The Measurement and Antecedents of Affective, Continuance and Normative Commitment to the Organization," *Journal of Occupational Psychology* 63, no. 1（1990）: 1 – 18.

42. Robert H. Miles, "Beyond the Age of Dilbert: Accelerating Corporate Transformations by Rapidly Engaging All Employees," *Organizational Dynamics* 29, no. 4（Spring 2001）.

43. Lawrence M. Fisher, "Symantec's Strategy – Based Transformation," *Strategy + Business*, no. 30（Spring 2003）.

44. Noel M. Tichy, *The Cycle of Leadership: How Great Leaders Teach Their Companies to Win*（New York: HarperCollins, 2002, 2004）.

45. 相关示例参见：Danah Zohar, *Spiritual Intelligence*（London：Bloomsbury, 1999）; Don Beck and Christopher Cowen, *Spiral Dynamics*（Oxford：Blackwell, 1996）; and Richard Barrett, *Liberating the Corporate Soul*（Oxford：Butterworth – Heinemann, 1998）.

46. Susie Cranston and Scott Keller, "Increasing the 'Meaning Quotient' of Work," *McKinsey Quarterly*, January 2013.

47. John Mackey, "Creating a High – Trust Organization," *Huffngton Post*, March 14, 2010.

48. Rajat Gupta and Jim Wendler, "Leading Change：An Interview with the CEO of P&G," *McKinsey Quarterly*, July 2005.

第6章

1. 个人访谈。

2. *McKinsey Quarterly* 2010 年转型调查。

3. 我们随后将在第 8 章探讨 CEO 在领导变革过程中扮演的角色。

4. *McKinsey Quarterly* 2014 年转型调查。

5. *McKinsey Quarterly* 2010 年转型调查。

6. 引用资料来源：Peter de Wit, "Scaling Up a Transformation：An Interview with Eureko's Jeroen van Breda Vriesman," *Voices on Transformation* 4, McKinsey & Company, 2010.

7. Darrell K. Rigby, Jeff Sutherland, and Andy Noble, "Agile at Scale," *Harvard Business Review*, May-June 2018.

8. Rita Gunther McGrath, "How the Growth Outliers Do It," *Harvard Business Review*, January-February 2012.

9. *McKinsey Quarterly* 2010 年转型调查。

10. Josep Isern and Julie Shearn, "Leading Change：An Interview with the Executive Chairman of Telefónica de España," *McKinsey Quarterly*, August 2005.

11. 数据来自麦肯锡 2012 年调查。

12. 引用资料来源：Carolyn Aiken and Scott Keller, "The CEO's Role in Leading Transformation," *McKinsey Quarterly*, February 2007.

13. 全部 WAVE 数据来自：M. Bucy, T. Fagan, B. Maraite, and C. Piaia, "Keeping Transformations on Target," *McKinsey Quarterly*, March 2017.

14. 改编资料来源：P. David Elrodd II and Donald D. Tippett, "The 'Death Valley' of Change," *Journal of Organizational Change Management* 15, no. 3（2002）; and an adaptation of the model proposed by Elisabeth KüblerRoss, *On Death and Dying*（New York：Scribner, 1969）.

15. *McKinsey Quarterly* 2010 年转型调查。

16. Aaron De Smet, Martin Dewhurst, and Leigh Weiss, "Tapping the Power of Hidden Influencers," *McKinsey Quarterly*, January 2014.

17. Ola Svenson, "Are We All Less Risky and More Skillful than Our Fellow Drivers?" *Acta Psychologica* 47, no. 2 (February 1981).

18. Mark D. Alicke and Olesya Govorun, "The Better-Than-Average Effect," in Mark D. Alicke, David A. Dunning, and Joachim I. Krueger, editors, Notes 251 *The Self in Social Judgment: Studies in Self and Identity* (New York: Psychology Press, 2005).

19. Michael Ross and Fiore Sicoly, "Egocentric Biases in Availability and Attribution," *Journal of Personality and Social Psychology* 37, no. 3 (1979): 322.

20. *McKinsey Quarterly* 2014 年转型调查。

21. 相关示例参见：Damon Centola, Joshua Becker, Devon Brackbill, and Andrea Baronchelli, "Experimental Evidence for Tipping Points in Social Convention," *Science* 360, no. 6393 (2018): 1116 – 1119.

22. 在阿姆斯特丹人力资源愿景论坛上的讲话。相关资料参见 https://www.youtube.com/watch? v = NRFWYwB0tNQ.

23. *McKinsey Quarterly* 2010 年转型调查。

24. 摘自：Chip Heath and Dan Heath, "The Curse of Knowledge," *Harvard Business Review*, December 2006.

25. 引用资料来源：Carolyn Aiken and Scott Keller, "The CEO's Role in Leading Transformation," *McKinsey Quarterly*, February 2007.

26. Giancarlo Ghislanzoni, "Leading Change: An Interview with the CEO of Eni," *McKinsey Quarterly*, August 2006.

27. 个人访谈。

28. Giancarlo Ghislanzoni and Julie Shearn, "Leading Change: An Interview with the CEO of Banca Intesa," *McKinsey Quarterly*, August 2005.

29. Upton Sinclair, *I, Candidate for Governor, and How I Got Licked* (New York: Farrar & Rinehart, 1935).

30. D. Kahneman and A. Deaton, "High Income Improves Evaluation of Life but not Emotional Well – being," *PNAS* 38 (2010): 16489 – 16493.

31. 案例摘自：Dan Ariely, *Predictable Irrationality: The Hidden Forces that Shape Our Decisions* (New York: HarperCollins, 2008).

32. 案例摘自：Stephen Dubner and Stephen Levitt, *Freakonomics: A Rogue Economist Explores the Hidden Side of Everything* (New York: Doubleday, 2005).

33. Sam Walton, *Sam Walton: Made in America* (New York: Bantam, 1993).

第 7 章

1. Mark Westfield, "Lame Duck Bank Is Flying," *The Australian*, April 27, 2001.

2. 引用资料来源：Ron Krueger, "A Cultural Transformation Journey," NSW Business Chamber, retrieved from www. nswbusinesschamber. com. au/? content =/channels/Building_ and_ sustaining_ business/Sustainability/Sustainable_ business/culturaltransformationjourney. xml.

3. Mark Westfield, "Lame Duck Bank Is Flying," *The Australian*, April 27, 2001.

4. *McKinsey Quarterly* 2014 年转型调查。

5. 引用资料来源：ANZ's 2002 annual report.

6. Bill Gates, *The Road Ahead* (New York: Viking, 1995).

7. *McKinsey Quarterly* 2014 年转型调查。

8. Joseph A. De Feo and William W. Barnard, *Juran Institute's Six Sigma Breakthrough and Beyond: Quality Performance Breakthrough Methods* (New York: McGraw – Hill, 2004).

9. 案例摘自：Susanne Hauschild, Thomas Licht, and Wolfram Stein, "Creating a Knowledge Culture," *McKinsey Quarterly*, February 2001.

10. 参见："What Successful Transformations Share," *McKinsey Quarterly* survey, January 2010.

11. Nathan R. Kuncel, Deniz S. Ones, and David M. Klieger, "In Hiring, Algorithms Beat Instinct," *Harvard Business Review*, May 2014.

12. S. Andrianova, D. Maor, and B. Schaninger, "Winning Your Talent Management Strategy," *McKinsey Insights*, August 2018.

13. Lisa Cameron, "Raising the Stakes in the Ultimate Game: Experimental Evidence from Indonesia," *Economic Inquiry* 37, no. 1 (1999); and E. Hoffman, K. McCabe, and Vernon Smith, "On Expectations and the Monetary Stakes in Ultimate Games," *International Journal of Game Theory*, no. 25 (1996).

14. "Who's Behind Me? The Powerful Overestimate the Support of Underlings," *The Economist*, June 2013.

第 8 章

1. "What Successful Transformations Share," *McKinsey Quarterly* survey, January 2010. Subsequent references to research or surveys in this chapter refer to this source.

2. John Mackey, "Creating a High – Trust Organization," *Huffington Post*, March 14, 2010.

3. "Women at the Top: Indra Nooyi," *Financial Times* supplement, November 16, 2010, 改编自 http: //womenatthetop. ft. com/articles/ women – top/ca66b59e – ed92 – 11df – 9085 – 00144feab49a.

4. Bronwyn Fryer and Thomas A. Stewart, "Cisco Sees the Future: An Interview with John

Chambers," *Harvard Business Review*, November 2008.

5. Jia Lynn Yang, "A Recipe for Consistency," *Fortune*, October 29, 2007.

6. Lou Gerstner, *Who Says Elephants Can't Dance? Inside IBM's Historic Turnaround* (New York: HarperCollins, 2002).

7. Rupert Cornwell, "The Iconoclast at IBM," *Independent*, August 1, 1993.

8. William A. Sahlman and Alison Berkley Wagonfield, "Intuit's New CEO: Steve Bennett," Harvard Business School case, May 24, 2004. Notes 253.

9. Giancarlo Ghislanzoni and Julie Shearn, "Leading Change: An Interview with the CEO of Banca Intesa," *McKinsey Quarterly*, August 2005.

10. Roger Malone, "Remaking a Government – Owned Giant: An Interview with the Chairman of the State Bank of India," *McKinsey Quarterly*, April 2009.

11. 引用资料来源：Carolyn Aiken and Scott Keller, "The CEO's Role in Leading Transformation," *McKinsey Quarterly*, February 2007.

12. Speaking at a Techonomy conference, August 4, 2010.

13. Felix Brück and Jack Welch, "Leading Change: An Interview with the CEO of EMC," *McKinsey Quarterly*, August 2005.

14. 引用资料来源："Expert Business Advice: Want Great Business Ideas? Leave Your Office！" press release, August 4, 2004, retrieved from pressbox. co. uk.

15. "Who's Behind Me? The Powerful Overestimate the Support of Underlings," *The Economist*, June 2013.

16. 个人访谈。

17. 引用资料来源：Carolyn Aiken and Scott Keller, "The CEO's Role in Leading Transformation," *McKinsey Quarterly*, February 2007.

18. Warren L. Strickland, "Leading Change: An Interview with TXU's CEO," *McKinsey Quarterly*, February 2007.

19. John Mackey, "Creating a High – Trust Organization," *Huffngton Post*, March 14, 2010.

20. 引用资料来源：James Dunn, interview with Jack Welch, *Leadership Victoria*, Spring 2003.

21. Giancarlo Ghislanzoni and Julie Shearn, "Leading Change: An Interview with the CEO of Banca Intesa," *McKinsey Quarterly*, August 2005.

22. *McKinsey Quarterly* 2014 年转型调查。

23. Todd Johnson, "'Dream Team' Documentary's Five Most Intriguing Moments," *The Grio*, June 2012.

24. Søren Frank, "Why Germany Won the World Cup and Why They May Not Be Perfect," *World Soccer Talk*, July 2014.

25. Dave Kerpen, "15 Quotes to Inspire Great Teamwork," *Inc. com*, https：// www. inc. com/ dave - kerpen/15 - quotes - to - inspire - great - team - work. html.

26. 引用资料来源：Carolyn Aiken and Scott Keller, "The CEO's Role in Leading Transformation," *McKinsey Quarterly*, February 2007.

27. 引用资料来源：Suzy Wetlaufer, "Common Sense and Conflict：An Interview with Disney's Michael Eisner," *Harvard Business Review*, January 2000.

28. 引用资料来源：Rosabeth Moss Kanter, Douglas Raymond, and Lyn Baranowski, "Driving Change at Seagate," Harvard Business School case, September 30, 2003.

29. Larry Bossidy, *Execution：The Discipline of Getting Things Done* (New York：Crown Business, 2002).

30. Nick Paumgarten, "The Merchant," *New Yorker*, September 20, 2010.

31. Johan Ahlberg and Tomas Nauclér, "Leading Change：An Interview with Sandvik's Peter Gossas," *McKinsey Quarterly*, January 2007.

32. Carolyn Aiken and Scott Keller, "The Irrational Side of Change Management," *McKinsey Quarterly*, April 2009.

33. Larry Bossidy, *Execution：The Discipline of Getting Things Done* (New York：Crown Business, 2002).

34. Stephen R. Covey, *Principle - Centered Leadership* (New York：Free Press, 1990, 1991).

第9章

1. *McKinsey Quarterly* survey of 1, 147 executives in financial services, July - October 2009. See Joanna Barsh and Aaron De Smet, "Centered Leadership through the Crisis：McKinsey Survey Results," *McKinsey Quarterly*, October 2009.

2. 相关示例参见：Danah Zohar, *Spiritual Intelligence* (London：Bloomsbury, 1999); Don Beck and Christopher Cowen, *Spiral Dynamics* (Oxford：Blackwell, 1996); and Richard Barrett, *Liberating the Corporate Soul* (Oxford：Butterworth - Heinemann, 1998).

3. Joanna Barsh, Josephine Mogelof, and Caroline Webb, "How Centered Leaders Achieve Extraordinary Results," *McKinsey Quarterly*, October 2010.

4. 相关示例参见：William C. Compton, *An Introduction to Positive Psychology* (Stanford, CO：Thomson Wadsworth, 2005); Tal Ben - Shahar, *Happier：Learn the Secrets to Daily Joy and Lasting Fulfillment* (New York：McGraw - Hill, 2007); and Martin E. P. Seligman, *Authentic Happiness：Using the New Positive Psychology to Realize Your Psychology for Lasting Fulfillment* (New York：Free Press, 2004).

5. Kennon M. Sheldon and Sonja Lyubomirsky, "Achieving Sustainable Gains in Happiness：Change Your Actions, Not Your Circumstances," *Journal of Happiness Studies* 7, no. 1 (2006).

6. Gary Hamel, "Moon Shots for Management," *Harvard Business Review*, February 2009.

7. Roald Dahl, *The Minpins* (London: Penguin Group, 1991).

8. 在2005年斯坦福大学开学典礼上的讲话。

9. Martin Seligman, *Learned Optimism: How to Change Your Mind and Your Life* (New York: Vintage, 2006).

10. 引用资料来源: Jim Collins, *Good to Great: Why Some Companies Make the Leap … and Others Don't* (New York: Random House, 2001).

11. Ronald A. Heifetz and Marty Linsky, *Leadership on the Line* (Cambridge, MA: Harvard Business School Press, 2002).

12. E. H. O'Boyle, R. H. Humphrey, J. M. Pollack, T. H. Hawver, and P. A. Story, "The Relation between Emotional Intelligence and Job Performance: A Meta – analysis," *Journal of Organizational Behavior* 32 (2011): 788 – 818.

13. 相关示例参见: Daniel Goleman, *Emotional Intelligence: Why It Can Matter More Than Iq* (London: Bloomsbury, 1996).

14. 相关示例参见: Roy F. Baumeister, "Is There Anything Good about Men?," address to the American Psychological Association, 2007; Shelley E. Taylor, *The Tending Instinct: Women, Men, and the Biology of Our Relationships* (New York: Holt, 2003).

15. Jack Welch, *Jack: Straight from the Gut* (New York: Warner Books, 2001).

16. Jonathan Haidt, *The Happiness Hypothesis: Finding Modern Truth in Ancient Wisdom* (New York: Basic Books, 2006).

17. Joanna Barsh, Josephine Mogelof, and Caroline Webb, "How Centered Leaders Achieve Extraordinary Results," *McKinsey Quarterly*, October 2010.

18. W. H. Murray, The Scottish Himalayan Expedition (London: Dent, 1951).

19. Y. H. Kee and C. K. J. Wang, "Relationships between Mindfulness, Flow Dispositions and Mental Skills Adoption: A Cluster Analytic Approach," *Psychology of Sport and Exercise* 9, no. 4 (2008): 393 – 411.

20. Tony Schwartz and Catherine McCarthy, "Manage Your Energy, Not Your Time," *Harvard Business Review*, October 2007.

21. 相关示例参见: Mihály Csíkszentmihályi, *Flow: The Psychology of Optimal Experience* (New York: Harper & Row, 1990).

第10章

1. David Whyte, *The Heart Aroused: Poetry and the Preservation of the Soul in Corporate America* (New York: Doubleday Currency, 1996).

推荐阅读

1. Ariely, Dan. *Predictably Irrational*: *The Hidden Forces that Shape Our Decisions*. New York: HarperCollins, 2009.

2. Barsh, Joanna, and Johanne Lavoie. *Centered Leadership*: *Leading with Purpose*, *Clarity*, *and Impact*. New York: Crown Business, 2014.

3. Beer, Michael, and Nitin Nohria. *Breaking the Code of Change*. Boston: Harvard Business School Press, 2000.

4. Boyatzis, Richard, and Annie McKee. *Resonant Leadership*: *Renewing Yourself and Connecting through Mindfulness*, *Hope*, *and Compassion*. Boston: Harvard Business School Press, 2005.

5. Charan, Ram, Dominic Barton, and Dennis Carey. *Talent Wins*: *The New Playbook for Putting People First*. Boston: Harvard Business School Press, 2018.

6. Collins, James C. , and Jerry I. Porras. *Built to Last*. New York: HarperCollins, 1994.

7. Fifty Lessons Limited. Managing Change: Lessons Learned—Straight Talk from the World's Top Business Leaders. Boston: Harvard Business School Press, 2007.

8. Gallwey, Timothy W. *The Inner Game of Work*: *Overcoming Mental Obstacles for Maximum Performance*. London: Texere, 2003.

9. Goleman, Daniel. *Emotional Intelligence*: *Why It Can Matter More than IQ*. London: Bloomsbury, 1996.

10. Grant, Adam. *Give and Take*: *Why Helping Others Drives Our Success*. New York: Penguin Books, 2013.

11. Hamel, Gary. *What Matters Now*: *How to Win in a World of Relentless Change*, *Ferocious Competition*, *and Unstoppable Innovation*. San Francisco: Jossey – Bass, 2012.

12. *Harvard Business Review on Change*: *The Definitive Resource for Professionals*. Boston: Harvard Business School Press, 1998.

13. Heath, Chip, and Dan Heath. *Switch*: *How to Change Things When Change Is Hard*. New York: Random House, 2010.

14. Kegan, Robert, and Lisa Laskow Lahey. *How the Way We Talk Can Change the Way We Work*: *Seven Languages for Transformation*. New York: Jossey – Bass, 2003.

15. Keller, Scott, and Mary Meaney. *Leading Organizations：Ten Timeless Truths*. London：Bloomsbury, 2017.

16. Kofman, Fred. *Conscious Business：How to Build Value through Values*. Louisville, CO：Sounds True, 2007.

17. Kotter, John P. *Leading Change*. Boston：Harvard Business School Press, 1996.

18. Mourkogiannis, Nikos. *Purpose：The Starting Point of Great Companies*. Basingstoke, UK：Palgrave Macmillan, 2008.

19. Peters, Thomas J., and Robert H. Waterman Jr. In Search of Excellence. New York：Harper & Row, 1982.

20. Pettigrew, Andrew, and Richard Whipp. *Managing Change for Competitive Success*. Oxford：Blackwell, 1993.

21. Pink, Daniel H. *Drive：The Surprising Truth About What Motivates Us*. New York：Penguin Group, 2009.

22. Schein, Edgar H. *Humble Inquiry：The Gentle Art of Asking Instead of Telling*. San Francisco：Berrett – Koehler, 2013.

23. Senge, Peter M. *The Fifth Discipline：The Art and Practice of the Learning Organization*. New York：Random House, 1993.

24. Sutton, Robert I., and Huggy Rao. *Scaling Up Excellence：Getting More Without Settling for Less*. New York：Crown Publishing, 2014.

25. Ulrich, David, and Wendy Ulrich. *The Why of Work：How Great Leaders Build Abundant Organizations That Win*. New York：McGraw – Hill, 2010.

致 谢

不同凡响最为重要。这也是大多数人发自肺腑的想法。很高兴看到我们的《超越绩效》第 1 版让那些敢于尝试红色药丸的领导者和组织实现了不同凡响的变化！我们希望这个经过全面修订的版本能带来更大的影响。至于这是否会成为现实，我们还无从知晓。但不可否认的是，很多人帮助我们共同塑造了您手中这本作品的理念，也让本书呈现出不同凡响的影响力，对此，我们给予真挚的致敬和感激。

麦肯锡公司针对组织卓越领域的领导力研究最早可以追溯到 1982 年，当时，托马斯·彼得斯（Tom Peter）和罗伯特·沃特曼（Robert Waterman）共同出版了《追求卓越》（*In Search of Excellence*）一书，毫无疑问，这也是有史以来最畅销、最具影响力的管理经典之一。感谢他们所完成的开创性探索。尽管我们还没有胆量把本书命名为《发现卓越》，但我们的目标就是以他们的成果为基础，为领导者提供创造性的工具和全新的洞见。

这些工具和洞见归功于很多人，他们热衷于帮助领导者实现成功的变革，并抽出宝贵时间与我们分享他们的事实、故事和智慧。有机会把从他们身上汲取的财富传播给更多的人，是无上的光荣。在这里，我们尤其感谢来自世界各地的 30 位最优秀的高层领导者，在我们的初步研究中，这些企业领袖的灵感和智慧让我们受益匪浅：

- 约翰·阿克赫斯特（John Akehurst），伍德塞德石油公司（Woodside Petroleum）前首席执行官，他用了 7 年时间完成对这家公司的转型，并使之成为跻身业务前 10% 的顶级公司，在他任职期间，这家市值 30 亿澳元的公司为股东带来 70 亿澳元的新价值。

- 安德（Don Argus），必和必拓矿业集团（BHP）已退休董事长，负责集团合并事务，创建了世界上最大的多元化矿业资源公司，公司市值高达 1900 亿美元。

- 亚历杭德罗·贝勒雷斯（Alejandro Baillères），墨西哥国家保险集团（GNP）首席执行官，他让这家墨西哥最大的保险公司走出困境，再现辉煌。

- 萨阿德·阿尔 – 巴拉克（Saad Al – Barrak），科威特 Zain 电信集团前首席执行官，在他的领导下，这家总部位于科威特的电信公司成功完成变革，成为地区性电信巨头，为中东和非洲 5600 万客户提供电信服务。

- 奥姆·普拉卡什·巴特（Om Prakash Bhatt），印度国家银行前主席，他让这家昔日的航母公司进入全球"财富 500 强"行列。

- 皮埃尔·博杜安（Pierre Beaudoin），庞巴迪公司总裁兼首席执行官，带领这家航空航天企业度过航空业有史以来最动荡的时期。

- 威廉·卡斯特尔爵士（Sir William Castell），威康信托基金会（Wellcome Trust）主席，在他的领导下，这家英国最大的慈善机构已开始着眼于应对气候变化和人口控制等全球性挑战。

- 富尔维奥·孔蒂（Fulvio Conti），意大利国家电力公司（Enel）首席执行官，在他的规划下，这家垄断型意大利电力企业公司已成为令人敬畏的跨国企业。

- 亚当·克罗泽（Adam Crozier），英国独立电视台首席执行官，此前曾担任皇家邮政局长，也是英国最大规模企业转型业务的缔造者。

- 汤姆·格罗瑟（Tom Glocer），汤森路透集团（Thomson Reuters）首席执行官，他带领这家公司成为信息服务的全球领导者，公司年收入超过 120 亿美元。

- 约翰·哈姆格伦（John Hammergren），麦克森医药集团（McKesson）董事长、总裁兼首席执行官，在他的领导下，公司年收入翻了一番，达到 1087 亿美元，位居《财富 500 强》第 14 位。

- 内维尔·艾斯戴尔（Neville Isdell），可口可乐公司前董事长兼首席执行官，他带领下的可口可乐走出困境，重振品牌雄风，公司的市值增加 300 亿美元。

- 伊德里斯·加拉（Idris Jala），马来西亚航空公司（Malaysia Airlines Bhd）总经理兼首席执行官，在他的率领下，这家国有企业仅用了两年时间便走出濒临破产边缘，创下史上最高的年度利润额。

- 拉维·康德（Ravi Kant），印度塔塔（Tata）汽车公司前副董事长兼董事总经理，他帮助塔塔汽车公司从一家顶级的商用车制造商，转型成为印度最大的全覆盖汽车制造商，并成为国际汽车市场上的一支重要力量。

- 里奥·凯利（Leo Kiely），米勒康胜酒业集团（Miller Coors）首席执行官，他通过一系列并购为公司发展开辟了新的方向，这些并购也让公司一举成为美国第三大啤酒制造商。

- 艾伦·雷富礼（Alan G. Lafley），宝洁集团已退休首席执行官，他领导下的企业变革计划令公司销售额翻了一番，利润翻了四番，公司市值增加 1000 多亿美元。

- 胡里奥·利纳雷斯（Julio Linares），西班牙电信（Telefónica de España）董事总经理兼首席运营官，他领导这家公司走出亏损，并从一家国内电信企业转型为拥有两位数收入增长水平的跨国公司。

- 纳拉亚纳·穆尔蒂（N. R. Narayana Murthy），印孚瑟斯科技集团（Infosys）前董事长兼培训总监，他协助创建了一家初始投资仅有 250 美元的初创企业，成为全球咨询和信息技术领域的领导者。

- 理查德·帕森斯（Richard Parsons），作为董事长兼首席执行官，带领时代华纳走出危机，之后又成为花旗集团董事长。

- 科拉多·帕塞拉（Corrado Passera），意大利国际银行（Banca Intesa）董事总经理兼首席执行官，也是意大利邮政总局前董事总经理。他领导这家银行完成了重大转型，并通过重组，帮助银行实现了创建 50 年以来的首次盈利。

- 亚历桑德罗·普罗福莫（Alessandro Profumo），意大利联合信贷银行（UniCredit SpA）前首席执行官，他领导该银行完成了一系列精心策划的合并，帮助公司市值从 15 亿欧元（22 亿美元）增至 370 亿欧元（534 亿美元）。

- 迈克尔·沙比亚（Michael Sabia），魁北克省就业安置协会总裁兼首席执行官，也是加拿大最大电话企业贝尔加拿大公司（Bell Canada）前首席执行官，他亲自指挥了这家电信公司的转型。

- 保罗·斯卡罗尼（Paolo Scaroni），从事跨国业务的意大利石油和天然气公司（Eni）首席执行官，此前领导了意大利国家电力公司（Enel）和英国玻璃制造商皮尔金顿集团（Pilkington）的企业转型。

- 罗伯托·塞图贝（Roberto Setubal），意大利联合银行（Itaú Unibanco）首席执行官兼副董事长，曾领导了意大利银行与联合银行的合并，并就此打造了进入全球市值前 20 的跨国银行集团。

- 吉姆·苏特克里弗（Jim Sutcliffe），英国耆卫保险公司（Old Mutual）前首席执行官，在担任英国精算师标准委员会主席之前，他帮助这家保险公司成功打入亚洲、欧洲、美国和南美等海外市场。

- 约瑟夫·M.图斯（Joseph M. Tucci），易安信集团（EMC）前董事长、总裁兼首席执行官，在互联网泡沫破裂的时候，公司股价曾在 9 个月内累计下跌 90%，在他带领公司完成重建之后，年收入再次恢复了两位数的增长。

- 约翰·瓦利（John Varley），巴克莱银行（Barclays Bank）前集团首席执行官，在他的领导下，巴克莱银行已发展成为全球第十大银行及金融服务集团，也是全球排名第 21 位的公司。

- 魏思乐（Daniel Vasella），诺华集团（Novartis）董事长兼前首席执行官，他领导了瑞士汽巴精化公司（Ciba Geigy）和山德士制药公司（Sandoz）的成功合并，并保持着制药行业首席执行官任职时间最长的纪录。

- 威利·沃尔什（Willie Walsh），英国航空公司（British Airways）首席执行官，他用了 3 年时间带领濒临破产的爱尔兰航空公司（Aer Lingns）走出低谷，成为一家盈利的低成本航空公司，而后，他又亲自带领这家公司完成转型。

- 约翰·维尔德（John Wilder），得州电力公司（TXU）前董事长兼首席执行官，他领导得州电力完成了世界上最大规模的杠杆收购业务，此前，他还负责完成了得州电力的财务及运营转型。

他们的故事都充满了人性的戏剧性、高风险的决策和胜败的博弈，也为我们汲取教训和收获智慧提供了不尽的源泉。在这里，我们尽最大努力客观反映他们的非凡壮举。

通过与高管合作的经历，我们认识到哪些方法是有效的，哪些是无效的。但为了挖掘这背后的原因，我们还是要求助于学术界。遵循天赋本能去自己解决问题的领导者，为什么经常会在无意中破坏他们坚持变革的能力？勤奋、有良好意图且不乏能力的人，为什么会在不经意之间妨碍他人发挥最大潜能？改变激励计划为什么没有带来激励水平的实质性变化？正是在探索这些问题的过程中，我们得到学术界同仁的大力协助：

- 海克·布鲁赫（Heike Bruch），战略领导力教授，圣加仑大学（Universität St Gallen）领导力与人力资源管理研究所所长。

- 道格拉斯·霍尔（Douglas T. Hall），波士顿大学管理学院"Morton H. 和 Charlotte Friedman"教授。

- 安德鲁·佩蒂格鲁（Andrew Pettigrew），牛津大学赛德商学院战略与组织学教授。

- 迈克尔·塔什曼（Michael Tushman）哈佛商学院工商管理学"Paul R. Lawrence MBA Class of 1942"教授。

- 森夏恩·桑希拉古思（D. Sunshine Hillygus），杜克大学桑福德公共政策学院政治学教授，调研专家。

不过，我们的学习和合作范围并不仅限于公司高管和学者。我们的方法是否可靠，或者说，是否能在不同环境中取得相同的结果，有赖于很多变革领导者的直接检验：他们通常是比组织最高领导者低一到两个级别的管理者，可以说，他们是激活组织变革的直接操作者。正如我们在前言提到的，15 年以来，我们每年都会把世界各地的变革领导者聚在一起，举办一场为期两天的同行学习活动，我们把这项活动称为"变革领导者论坛"（Change Leaders Forum）。今天，它已成为一个由 3000 多名同仁组成的社群，更重要的是，他们为本书的洞见提供了灵感来源、传声筒和试验台。由于这个群体往往是最早实施新理念和新方法的先行者，他们必须经常不可避免地经历"生死"时刻，每当他们的思维游弋至已知边界之外，唯有依赖他们永不枯竭的创造力和耐力。但不管怎样，他们还是做到了，他们不断在已知边界之外开辟新的认知世界。因此，我们或许可以坐享其成！无论怎样感谢他们都不为过。

我们还要感谢麦肯锡的同事们，正是有了他们的鼓励、支持与合作，才让我们激发新的灵感，产生新的理念，当然，他们的工作也为本书所述方法提供了最有力的验证。首先，我们要感谢 Simon Blackburn、Arne Gast 和 John Parsons，他们在全球各地最早设计并成功举办了一系列"变革领导者论坛"。关于组织与健康并存的这个"超级创意"，我们还要感谢 Aaron De Smet、Colin Price、Mark Loch、Chris Gagnon、Matt Guthridge、Richard Elder、Lili Duan、Brooke Weddle、Carla Arellano 和 Lisa Seem 的开拓性研究。如果没有他们及他们身后的其他支持者，组织健康指数及数据库或许永远都不会出现，当然，也就不会有本书的面世。更重要的是，他们的贡献不仅局限于数据，其广度与深度为我们提供了独一无二的研究基础；此外，他们非凡的才华也让我们受益匪浅，本书的大量洞见均来源于他们的研究成果。

随后，我们还要感谢 Joseph Isern、Mary Meaney、Giancarlo Ghislanzoni 以及 Felix Brück。其中，Mary Meaney 曾与本书作者斯科特共同出版《麦肯锡领导力：领先组织 10 律》（*Leading Organizations：Ten Timeless Truths*）一书。在我们提出和完善组织如何成功、可持续开展大规模变革的思想演变中，他们发挥了重要作用。本书中针对如何以整合方式认识变革计划的绩效和健康两个方面，正是以他们的研究为基础的。

此外，我们还要感谢 Michael Rennie、Carolyn Dewar、Tom Saar、Gita Bellin 和 Mike Carson。其中，Carolyn Dewar 曾与本书作者斯科特合著《行为文化的强制性》（*The Performance Culture Imperative*）。他们的研究为心态和行为的影响力转型实践带来真正创新。在管理"硬件"至上的大背景下，他们超越了职责的边界，为管理"软件"带来了宝贵的洞见、原则和标准。

此外，我们感谢麦肯锡的同事 Lowell Bryan，他是《为世界而战》（*Race for the World*）、《无疆界市场》（*Market Unbound*）和《调动智慧》（*Mobilizing Minds*）等畅销书的作者。行动组合即战略的思想就是由他提出的。最后，我们感谢 Joanna Barsh 和 Susie Cranston、Johanne Lavoie。她们都是高产作家，其中，Susie 是《杰出女性的领导之道》（*How Remarkable Women Lead*）的合著者之一，Johanne 曾与 Joanna Bash 合著《中心领导力》（*Centered Leadership*），与 Caroline Webb 合著《如何度过美好的一天》（*How to Have a Good Day*）。更重要的是，她们的研究已成为"正念领导力"理论的前沿。

特别感谢负责本书出版事务的同仁，他们的工作包括最重要的实地考察、项目管理和专家咨询，当然，还有参与本书第 1 版出版工作的其他同仁，包括 Svetlana Andrianova、Alice Breeden、Natasha Bergeron、Seham Husain、Taylor Lauricella 和 Rodgers Palmer。他们不知疲倦地工作，以确保本书能充分反映我们的最新成果和最佳理念。在整个创作过程中，我们与编辑 Louise Tucker 密切合作，没有她的鼎力支持，这本书就不可能达到如此程度的可读性和可理解性。此外，我们还要感谢 Rik Kirkland，他为出版过程提供了巨大支持，承担了大量的编辑任务。当然，我们还要感谢 John Wiley&Sons 出版集团的执行主编 Bill Fallon，他对本书修订版提供了宝贵的修改意见和弥足珍贵的鼓励。

谈到改变，我们当然要对家人致以最诚挚的谢意，在我们的创作过程、职业生涯乃至生活中，他们始终拥有无限的容忍和耐心，并给予我们无私的牺牲和支持。在创作本书的过程中，我们从未问过到下个截止日期之前还有多少个工作日，而是还有多少个周末，因为这是我们可以和家人共度的时光。在这里，斯科特衷心感谢"超级英雄"妻子菲奥娜，还有他们的三个儿子：拉克伦（一位已拥有出版作品的作家）；杰克逊（一个有特殊需求的青少年，他的神奇故事迟早有一天会成就一部作品）和卡姆登（一个狂热读者——在不打水球时）。比尔感谢他的妻子，也是他的终身伴侣，贝基·凯普特纳，感谢她的无尽呵护，当然还有他们的大家庭——他们的三个孩子，威尔、安娜和沃恩，永远是欢乐、动力和灵感的源泉。

最后，我们要感谢读者对本书的关注与厚爱。我们很高兴第 1 版提出的核心思想经受住了时间的考验。与此同时，我们很高兴有机会在这个全新修订版本中分享更多的新思路、更好的方法和更符合逻辑的解读。当然，我们更希望不断实现自我升华，不断扩大和提升这项研究的影响力，基于这个愿望，我们真诚期待您的反馈。

您可以通过电子邮箱联系我们：

scott. keller@ mckinsey. com,

bill. schaninger@ mckinsey. com.

作者简介

斯科特·凯勒（Scott Keller）

目前任职于麦肯锡集团。他于 1995 年加入麦肯锡，目前是麦肯锡南加州分公司高级合伙人，负责"全球首席执行官和卓越董事会"（CEO and Board Excellence）项目。该项目是麦肯锡"企业战略和公司金融"（Firm's Strategy and Corporate Finance）实践的组成部分。此外，他还是"企业组织实践"（Firm's Organization Practice）项目负责人。他的大部分时间服务于"财富 100 强"入围公司的首席执行官及高管团队，协助他们开展全公司范围的长期变革计划，并直接为公司首席执行官或高管团队提供辅导。

斯科特是麦肯锡"变革领袖论坛"和"高管转型大师班"项目的联合创始人兼首席讲师，他也是包括世界经济论坛在内的多个高管圆桌会议的主讲人。此外，他还是南加州大学马歇尔商学院、都柏林大学三一商学院及加州圣玛丽学院高管 MBA 项目客座讲师。

作为一位高产作家，斯科特著有大量有关组织有效性方面的论著，其中包括《麦肯锡领导力：领先组织 10 律》（*Leading Organizations：Ten Timeless Truths*，2017）、《组织答案：创建高绩效组织的实用指南》（*Organization Answers：A Practical Guide to Creating a High-Performing Organization*，2015）、《开拓新天地：打造新高管角色的成功过渡》（*Breaking New Ground：Making a Successful Transition into Your New Executive Role*，2013）、《超越绩效：组织健康比绩效更重要》（*Beyond Performance：How Great Organizations Build Ultimate Competitive Advantage*，2011）、《绩效和健康：变革组织的循证方法》（*Performance and Health：An Evidence-based Approach to Transforming Your Organization*，2010）和《绩效文化势在必行：以硬手段对待软事务》（*The Performance Culture Imperative：A Hard-nosed Approach to the Soft Stuff*，2007）。在他发表的众多文章中，其中有三篇已成为《麦肯锡季刊》有史以来阅读量

最高的文章，包括："首席执行官在领导变革中的作用""变革管理的非理性层面"及"增加工作中的意义熵"。斯科特还是《哈佛商业评论》特约撰稿人。

在麦肯锡之外，斯科特是 Digital Divide Data（DDD）的联合创始人之一，这是一家屡获殊荣的非营利组织，它采用可持续的 IT 服务模式服务于全球部分最弱势群体。此外，他还创建并管理一家全球亲和力组织，该组织专门为有特殊需求儿童的父母提供支持。

作为一名狂热的旅行者，斯科特的足迹遍及全球 194 个国家。但他最喜欢的地方依旧是他在加利福尼亚州海豹滩的住所，在这里，他和妻子以及三个男孩可以冲浪、晒太阳、沙滩浴和跳伞。他还是当地一支重金属乐队的主音吉他手。

斯科特拥有圣母大学（University of Notre Dame）的工商管理硕士和机械工程科学学士学位。斯科特的职务还包括宝洁公司制造业务经理及美国能源部光伏工程师。

比尔·沙宁格（Bill Schaninger）博士

2000 年加入麦肯锡伦敦办事处。比尔是组织健康指数（OHI）和影响力模型创建团队的核心成员。在麦肯锡任职期间，比尔负责领导组织诊断团队、北美变革服务业务和全球人才管理服务业务。他始终担任麦肯锡"企业组织实践"的全球知识领导人。

比尔目前主要负责协助公司首席执行官、首席人力资源官、政府领导人及其他高管处理各类组织问题。他在大规模变革、战略人力资源、组织再设计和企业文化等方面拥有丰富的经验。

比尔拥有宾夕法尼亚州墨瑞维恩学院（Moravian College）颁发的文学学士和工商管理硕士学位。此外，他在阿拉巴马州奥本大学（Auburn University）取得硕士和博士学位。比尔在各种学术和专业期刊发表了大量论文，也是诸多全球组织管理峰会的演讲人。

为服务于所在社区，比尔还任职于大利哈伊河谷联合之路（United Way of the Greater Lehigh Valley）董事会以及奥本大学哈伯特商学院咨询委员会，此外，他还是摩拉维亚学院信托基金的理事。